序

都市づくりにはげんでいる次世代へのメッセージ
——地方中小都市に対する私の思い

日本都市問題会議では、地方都市の話題が多く取り上げられた。人口が十万人から二十万人程度の地方都市が、今後どう生きてゆくかは、国政的課題である。それらの都市では就業の機会が少なく都市そのものの魅力がない。若者は流出し高齢者が増えている。地方都市の衰退が続くのであれば、自民党の政治基盤、ひいては中央政府の存在基盤がおびやかされることになる。日本が階層社会化しつつあるという声が聞かれる。それは大都市内での富める者と貧しきものの関係に焦点が向けられる。しかし同時に、将来の展望を掴むことができる大都市の市民と、その将来を見通せない小都市の市民の間に、〝情報による階層格差〟が生じてきている事実も注視する必要がある。

それならば、地方都市の市民は貧富にあえいでいるのであろうか。率直に言って、私はそうではないと思う。過去半世紀、我国は国土の〝均衡にある発展〟という政治スローガンのもとに、膨大な所得移転を大都市から地方に行ってきた。農業と中小企業を守るというスローガンのもとに、無数の種類の補助金が地方に投入された。また、産業振興や流通機能の改善という政治的課題のもとに、道路・港湾等の公共事業が惜しむことなく地方へ投入された。その結果、農家は立派な住宅を建てることができた。市町村役場や農協が多くのサラリーマンを抱え込んだ。地方都市の商店主も二十年位前までは潤沢な利潤を手にする商売を行ってきた。地方都市には、この過去の所得移転によって獲得した膨大な私的資産が蓄積されているると思う。問題はこの私有化された富が、銀行や農協に預けられたままで活かされていないことにある。この富を地方都市住民が彼等の人生を有意義にするためにどう流動化するかが、これからの課題である。個人の資産はあるが仕事がない。家の資産はあるが商売がうまくゆかない。市民が税金を払わないから市役所は貧乏になった。それならば、地方都市の裕福な市民がためこんだこの資産を、なんとか流通化させる都市像をつくれないか。これが、これから私が話す内容の前提である。

1　郊外住宅について

地方の人口が減少する中小都市にとって重要なことは、たとえ若年の人口が減り高齢者が増えたとしても、そこに残った市民が〝大都市とは異なる価値観〟を有し、誇りを持って暮らせる都市をつくることである。都市計画の面からみてこの異なる価値観とは、次のように説明できる。〝地方都市の戸建住宅の住まい方は現在の敷地を倍の大きさにし、菜園や庭づくりを楽しみ、品格のある屋敷づくりをすることである。それによって、欧米の中小都市の郊外にみられる戸建住宅地のような、美しい風景がつくられる〟という提案である。

地方都市の郊外の戸建住宅地でもその敷地規模は大きくはない。およそ二百平米程度である。その規模では、菜園もつくれず大きな樹木も植えられない。例えば、この程度の宅地規模の住宅地が丘陵地につくられた光景を眺めると、それは、建物だらけで緑はどこにも見られない殺風景な姿である。現状の二百平米という宅地規模では何の美しい風景もつくれない。しかし、ある住宅が空屋となりそれを隣の住人が取得したとしよう。敷地規模は四百平米位になる。実は今から半世紀前までの地方都市の戸建住宅の大きさは小さくてもその程度の大きさが常識であった。

まず、空屋を取り壊し空地にする。その空地には菜園もできるし、あるいは、芝生と樹木の庭園もつくれる。立派な花壇をもしつらえることができよう。敷地面積が百二十平米程度の質の悪い貧弱な住宅でも、隣接する空屋を二軒取得して建物を壊せば、三百平米を超える敷地が生まれる。そこには立派な庭をつくることができる。このように敷地が広い住宅が現在の郊外住宅地にたくさん増えてゆけば、庶民型住宅地は高級住宅地に変貌する。初めてその住宅地は、樹木と花に埋められた品格のある住宅地の風景をつくることができる。

建物は価値がないとして、空地だけで売却価値を推定すれば、坪当り十五〜二十万円として、一千万円から一千五百万円位である。地方都市の中堅層の市民は、それくらいの不動産を取得するには十分の金融資産を持っていると思う。なお、宅地の売主が、その都市の中心市街地に新しく住宅を取得する場合には、空家の残存価値と取り壊し代は、市役所が国の助成を受けて負担することを考えてもよいであろう。

それらの空屋・空地を隣の住人が取得しないのであれば、市役所がまずその住宅を購入し、その敷地を取り囲む数件の住民に共同して購入することを持ちかけてはどうであろうか。小さな共有地を菜園や花畑として、それらの住民が共同管理するという提言である。住人一人当たりの負担額が少なくなるのであるから応じるかもしれない。それは都市型の住民財産区をつくることである。それが不成立であれば、最後に市役所がそこを小さな広場にするか、高齢者用のコレクティブハウス等福祉施設用地にする。

しかし、空地家屋はこれからも増え続けるであろう。いずれ、この空地や空屋対策のための法律も必要となってこよう。その法律に基づき市役所が空地・空屋を定期的に借り上げ、果樹園や花畑として利用するように地域のＮＰＯに委託するとか、廃屋については市役所が強制的に撤去するということも必要となってこよう。私の夢は、郊外住宅地の空地をそこの地域住民が取得し、彼等の敷地を倍増させ、樹木と菜園を育て、生垣に囲まれた品の良い住宅地がそこに誕生することである。それが二十世紀初頭につくられ、現在でも高い評価を得ている、ロンドン郊外にあるレッチワースの住宅地を一般化して、我が国に定着させるきっかけになると思うからである。

2　中心市街地について

次に中心市街地はどうしたらよいのであろうか。まず、快適で便利、そして安心で安全な住宅を街の中につくることである。そこに郊外や他の大都市に居住する人たちに移り住んでもらう。その具体策として、街の中にある工場や倉庫の跡地、大型店舗の跡地に極めて質の高い集合住宅をつくりたい。そこにつくられる住宅の価格は少しくらい値が張ってもよい。ただし、住宅の性能は東京の高級マンション並みにすべきであろう。その評判によって、商店主や医者等、地元で金に余裕がある中・高年の人達が、そのマンションに入居するようになるであろう。農村集落に住む、豊かな農家の高齢の婦人もその対象である。この動向が中心市街地に多くの人々を移り住ませる引き金となると思う。富裕層や知識階級の動向は一般市民に大きな心理的な影響を与えると考えるからである。中心商店街の再整備はこの中心市街地に向かう大量の住民の回帰があって初めて成功するのであろう。

ただし、これらの集合住宅は、これまで中心商店街であったところに〝高層建築〟としてつくられるべきではない。なぜならば、中心商店街の家屋の大部分は低層か中層である。その家屋群の中に、乱雑に幾つかの高層集合住宅が突出するという都市景観は醜悪の極みである。中心商店街につくられる集合住宅は高さ二十メートル程度に抑えるべきであろう。

そのためには、駅前から中心商店街にかけて、五十～百ヘクタール位の市街地には、高さの制限と屋根の設置を義務付ける景観地区を定めるべきであろう。中心商店街のある市街地は低くし、他方でそこを取り囲む周辺地区に高層建築を許すという考え方である。将来は、この景観地区の建物の高さは四～五階を限度とし、容積率は二〇〇～三〇〇％にしてゆきたい。地方中小都市では、現行の商業地域の一般的な容積率である四〇〇％は高すぎる。

この景観地区に定められた中心市街地は美しくしたい。過剰な看板広告や旗広告は徹底的に取り除く。もちろん電柱はなくし電線は地中化する。屋根には瓦をのせよう。空地には木を植えて大きく育てよう。自らの街の美しさを市民自らが確かめ、観光客にも誇らしく紹介できる、高層の展望台を駅前か市役所に、景観地区の例外として一つだけつくることにしよう。その建物はホテルか市役所の集会施設が望ましい。街は美しく清潔でなければ、住みたくもないし観光客も訪れない。これから多くなる高齢の住民と観光客の楽しみは、中心市街地の散歩である。自動車を使うときは気配りを、歩くときは無心で歩ける中心市街地をつくりたい。

3　中心商店街について

中心市街地だけでなく一般の市街地でも多くの商店街はなくなってゆくであろう。なぜならば、それらの商店街には商売を努力する商人とそこの後を継ぐ若い世代がいないからである。コンビニエンス・ストアのほうが、はるかに日常の買い物には便利である。何よりも夜遅くまで店が開いていることは、街の防犯対策上も望ましい。多くの小さくて古い商店街を存続させようという努力は無駄である。商店街再生の狙いは中心商店街にしぼりこもう。

まず、中心商店街の店舗の構成は、時代の変化に伴い変ってゆくことを認識しよう。商売をする気力のない商店の経営者は、家主、地主に徹しよう。それらの店舗の商売は積極的に外からきた若者や大手のチェーン店にまかせよう。ところで、シャッターを閉じた店がたくさんある。私の考えでは、それらは新しいタイプの宿屋にしたら良いと思う。今様でいうなら街中ペンションである。英国流にいえばB and Bである。この経営も意欲のある外から来た人達に任せたほうがよい。シャッターを下した商店主は、地代と家賃収入を頼りにする地主に留まったほうがよい。

中心商店街には、これまでにない店舗を集める。NPO事務所・小さな展示・集会施設・いろいろな診療所・職人の手造り工房・落着いた雰囲気のある喫茶店・花屋・ペットショップ・携帯電話店等を、商工会議所は積極的に集めたらどうであろうか。そして私の最大の願いは中心商店街に住む人たちをできるだけ増やしたい。そのためにはシャッターを下ろした商店を一階から住居につくりかえてみてはどうであろうか。一階に住宅があることは、夜でも商店街の表通りに人気を感じさせる大事な役割を果たす。そして中心商店街といえどもその規模を小さくし、商店を限られた区域に集約すべきであると思う。商店が散在し、しかも個々の商店がみすぼらしければ客は寄り付かない。余剰になった旧商店街は三～四階の集合住宅（できれば、洒落た棟割長屋にしたい。）に転換すべきであると思う。今こそあらゆる努力をして中心市街地に新しい住民を引き寄せたい。

戦後新しくつくられた、郊外のスプロール型住宅地の人口は減ってよい。しかし長い歴史が培ってきた中心市街地が生み出す、その街固有の雰囲気は維持してゆきたい。中心商店街はこの中心市街地の中核である。将来の中心商店街は現在の〃一寸安っぽくて年寄りだけが目立つ街〃から〃人通りはあまり多くはないが落ち着いて洒落っ気ある大人の街〃へ変ってゆくべきである。そこの商店群の商品の品揃えは〃地元でしかつくれない付加価値の高い商品〃と〃東京が代表する先端的でファッション性の高い商品〃に重点が置かれるであろう。

4 ― 裏通りの建設について

地方都市の中心市街地で進められるべき都市計画事業について望みたいことがある。一般に歴史のある都市の中心市街地の宅地は表通りに面する門口は狭くて奥行が深い。奥行は二十～三十メートルに及ぶこともある。それであるならば、これらの宅地の奥にある背割線を中心にして巾幅四～六メートルの裏道をつくってほしい。そして自家用車と来客の車の駐車場をその裏道にそって設けてもらいたい。現在はこの裏道がないために、表通りの店舗や住宅の前面に自動車が置かれることになる。歩道と店の間に、平面の小規模な駐車スペースがたくさん介在すると、店は直接表通りの歩道に接しない。これでは、商店街の街並みは出来上がらない。また、商店街としての、楽しく人々が往来する雰囲気も生まれてこない。車に表通りの正面宅地を占拠させてはならない。車は敷地の裏側に駐車させるようにしよう。この裏道は是非つくって頂きたい。

実はこの裏道はヨーロッパの都市では一般的である。かつて、馬車が交通の主要手段であった十七〜十八世紀くらいに馬小屋は敷地の奥に設けられた。したがって、そこに面した裏の小道が馬車専用の道となった。今でもロンドンの中心市街地の裏路地にはMule（ラバ）という名前がついているところがある。

全てをヨーロッパ都市に学べとはいわない。しかし地方都市の中心商店街は自動車によって壊されてきたのである。それならば、それを防ぐ手段としてこの裏道の建設位は是非〝公共事業〟として実現してもらいたい。

＊　＊　＊

国道沿いに立地した郊外型の大規模商業施設はこれからどうなるのであろうか。私はこれらの商業集積は成長を続け衰退することはないと思う。なぜならば、自動車時代は続くからである。そして市民はそこに家族全部が乗った自動車で訪れることで、子どもも親も年寄りも一様に、東京と世界都市の繁華街の一端を垣間見ることができる。夏は涼しく冬は暖かく、食事をしながら心おきなくゆっくりできる。さらに初心者でも安全で安易に駐車できる広大な駐車場がある。市街地の小さな立体駐車場に比べて、女性や老人が運転する車が容易に駐車できる。

そこはもはや地方都市ではない。そこには類似的な銀座があり渋谷・表参道がある、類似的なロンドンやパリ、サンフランシスコの郊外のショッピングセンターがある。老人でも家族と一緒に行けば一日楽しく過ごすことができる。そこは、普通の市民が求める日常的で庶民的な欲求を最大限に満たす場所である。しかし、そこは毎日訪れたくなる場所ではない。野暮ったいが人間味のある地域の商店街ではない。そこは地方都市が備えるべき伝統的な誇りと倫理感を体得する場所ではない。その点で多くの市民が歩いて行ける、中心商店街が担う責務は大きい。

　中心商店街が美しく品格ある街づくりに挑戦することは、地方都市の市民の心からの願望を実現する実践である。郊外のショッピングセンターは地方都市の商業活動の主役となってしまった。それに対して、中心商店街が商業のみをよりどころとすれば対抗できない。中心商店街はこれまでの通念とは異なる街づくりを追求すべきである。郊外の商業集積とは別のベクトル上に価値観を置いた街づくりを行わなければならない。

　その答えは、文化的で知性のある街づくりである。地域独特の商品を提供できる場所である。若者と高齢者が交流できる場所である。その結果として来訪者に深い感動を与える中心商店街でなければならない。

　このような思いを次の世代の街づくりに励む人たちに伝えたいと思う。本書が、少しでも街づくりをこれからの生きがいのある仕事にしたい人達のために役に立てば幸いである。

平成十九年一月

伊藤　滋

都市は誰のものか　目次

第3章　都市の魅力を探る

第4章　都市と国土

第5章　日本都市問題会議三十年の軌跡

終章

第1章

首長による
まちづくりの実験

一 生涯学習まちづくりの市政二十八年

榛村 純一
Shinmura Junichi
前掛川市長

1 林業山村での生涯学習運動からスタート

昭和五十二年（一九七七年）、私は静岡県森林組合連合会専務理事から掛川市長になった。

そのころ、地方の時代という言葉が広がり出していて、政府は、同年十二月、第三次全国総合開発計画、定住圏構想を閣議決定した。私は、そのモデル定住圏に指定してもらおうと、当時国土庁の計画調整局長から次官になる前後の下河辺淳先生に頼んで、全国十二か所のモデル定住圏に選定してもらった。

そこで、定住圏まちづくりビジョンとして、第一に、東遠定住圏一市七町全体の総合計画を立てること。第二に、地域行動計画として生涯学習運動の内容を定め展開すること。第三に、定住圏確立の決め手として新幹線掛川駅を設置すること、この三つの旗印を掲げることになった。

生涯学習計画については、十八項目のテーマとプロジェクトを推進することとしたが、その始まりは昭和四十五年（一九七〇年）からやってきたものであった。同年に日本は、大阪で万国博覧会を開催し、高度成長のお祭りをやり、一方で田子の浦へドロ問題や光化学スモッグを発生させ、環境元年といわれた。

山村では過疎が深刻となり、林業では外材が五〇％を超え、全国の村々から、人々が子どもの教育のためと称して都会へ出て行った。そこで、林業団体の旗振りをやっていた私は、日本の教育が東京へ出て行って成功するための教育で、残る人の教育、農山村で生き抜く人の教育をやっていないということに思い至った。

そのため村の若者たちと住民生涯学習大学運動を起こして、「わが山・わが川・わが大学、わが森・わが村・わが教室、わが家・わが田・わが魂」というフレーズで、自分の山村そのものを大学キャンパスとして、地域づくりをしながら生き甲斐と誇りをもって一生を生き抜く運動を始めたのであった。

2 住民の意見・要望の在庫管理・進行管理をきちんと

それから七年後、この住民生涯学習運動の理念を、市長としてしっかり掲げ、市民とともにまちづくりをやろうと考えた。そのために、住民参加、市民参加の手法として、三層建て生涯学習施設ネットワークと市民総代会システムを考案した。三層建てとは、第一層が大字とか自治区であり、第二層が小学校区、旧村単位であり、第三層は全市民が集まるところという意味である。このうち、特に基本単位は、昭和の大合併以前の旧村にあたる小学校区で、学校は地域の太陽であるとして、生涯学習拠点になるよう各小学校内に大人のたまり場をつくった。

全国どこでも呼び名は違うが、自治区とか町内会には、区長さん、副区長さん、会計さんという三役が自主的に選ばれ世話役をしている。私はその方々に市民総代という名称を冠して、市役所とともに、定住圏構想と生涯学習と新幹線掛川駅という三つの大きな夢に挑戦することをお願いした。

当時、掛川市の十六小学校は、まだ古い木造校舎で地震対策もできておらず、貧弱なものであったが、学校は地域の生涯学習センターであると同時に、緑化センターであり、運動公園、防災センター、お祭り広場でもある多目的存在とPRし、できる限り広く充実させた。

そして、市民総代の方々には、秋に最寄りの十六小学校に、それぞれ集まってもらい、市民総代会地区集会を開き、住民の意見、要望、苦情、アイデアを聴取した。そして、それを来年度予算化するものと、調査検討するものと、運動準備するものと、当分できないとするものなどに分けて施政方針をつくり、三月の予算議会にかけ、次に五百名近い市民総代全体の中央集会を四月中旬に開くという、年間を通じての住民参加、市民参加回転システムをつくり上げた。

行政推進に住民の意見、要望、苦情、アイデアの在庫管理、進行管理、またそのまちの品質管理とセールスポイントという命名で、各自治区が市全体としてダイナミックに参加感を持って動いていくことは、生涯学習まちづくりの掛川方式として評価された。

3　生涯学習まちづくりは五つの目的と意味がある

生涯学習の目的と必要性は五つあるとした。まず第一は、学歴社会を改革し、人生の学歴決算をやめ、どこを卒業したかではなく、何を勉強し続けているかを評価する社会をつくること。第二に、自由時間や余暇が増えるので、五感を磨き、できるだけ充実した人生を送ること。第三に、勉強を迫られる生涯学習で、ＩＴにしてもＷＴＯにしても地球温暖化にしても、刻々技術革新と情報化とグローバリーゼーションで新しい知識を必要とするので、勉強を迫られ継続教育せざるをえないことである。第四に、健康長寿を実現するための生涯学習で、一世紀元気に生きて寝込んだら一週間でさよならをするというように、高齢化をマイナスと考えない終生教育のことである。第五に、明治以来の向都離村の教育をやめ、選択定住して、わがまちを立派にすることによって自分の人生を立派にし、自分の人生を充実しつつ、まちづくりを多彩に進めること。これら五つを総称して生涯学習まちづくりと説明しPRした。

一方、掛川市には大日本報徳社があり、勤労、分度、推譲という世のために貢献する市民性が養われていたので、第三セクターの株式会社が十一社もでき、市民募金で新幹線駅やインターや天守閣もつくることができた。その出資・募金総額は五十五億円にのぼった。

これより先、昭和五十二年、同年に発足した日本都市問題会議という研究集団に、まちづくりの手法を考えるために私も入れてもらった。そして、このメンバーにわが国最初の生涯学習都市宣言を検証してもらいながら、「地方都市整備シンポジウム」を昭和五十四年（一九七九年）に開催してもらった。その結果は『地方の時代への模索』という本にまとめられ、一万数千部売れて、日本都市問題会議の離陸時の切手代に役立たせてもらった。

生涯学習の理念は、明治百年の教育が地域と両親を乗り越える教育であったのに対し、これからは地域と両親を尊敬する教育に移行し、地域と両親に尊敬できるものがないならば、地域に名物、名産、名所、名人をつくって尊敬できるようにし、両親も一生涯学び続けて、伊達に年は食わない生涯成長する人生を送ることが大切であるとした。

4―市と誘致企業の関係は四つの関係で緊密に

市政の夢を理念先行型で進める場合には、住民市民は、雇用開発とか自分の産業振興に役立つか、収入増になるのか、どんな影響があるかだけが関心事で、後はなかなか信用しない。

そこで、掛川はまだ工業出荷額が二千四百億円程度であったので、第一次列島改造ブームで土地だけ買って操業していない企業五社に強く操業開始を求め、またできるだけ企業誘致を行った。そして、新幹線の駅ができるようになってきたころ、約百ヘクタールの里山地帯にエコポリスという工業団地を造成して坪六万〜七万円で売り出し、十二社を誘致することに成功した。これにより工業出荷額は、十年で九千億円まで伸びることになり、夢ばかりではないことを証明した。

同じように、農林業では、お茶が全国で一番であったので、茶の文化振興に力を注ぎ、公共茶室をつくり、和食文化のお米百キロ・お茶二キロの運動を展開した。そして、お茶のカテキンの効能等をＰＲするお茶サミットを全国の茶園百ヘクタール以上をもつ九十八市町村に呼びかけて結成したり、消費地への宣伝を強化したり、お茶に関わる市民のやる気を引き出す有力な材料とした。

また、掛川にしかない葛布を柱にいろいろな産物について、これっしか文化を演出し、第三セクター「これっしか処」という販売所をつくったり、お城ができたときにはこだわって立派という「こだわりっぱ」という第三セクターの販売店をつくった。

なお、誘致企業とまちづくりの関係については、四つの関係をお願いした。すなわち、普通、企業誘致は雇用開発と税収増の二つを目的とするが、私は欲張ってその企業の持っている技術力、商品力、文化力の影響・波及を求め、四つ目にその企業の持っている社長さんや従業員たちの企画力、演出力、社会貢献力で市に寄与してもらうことであった。

5　道路は都市の人工軸、河川は自然軸、その多目的機能に注目

まちづくりにおいて公共土木事業は、主として道路整備と河川改修、土地改良と区画整理そして防災計画ということになる。

掛川市は、都市計画ができる前に東海道新幹線と東名高速道路が東西十七キロメートル、よじれるように通られてしまい、それ以前の東海道本線と国道一号線と合わせ、四本の大動脈が千五百メートル以内に束のように通過して南北交通を遮断され、不便をかこってきた。そこで、アンダーボックスやオーバーブリッジをつくったり、折から石油ショックの不況対策で国債増発の福田財政のときかなり起債が認められたので、思い切って懸案事項の解決に乗り出した。今では南北のオーバーブリッジが三本、アンダーボックスが二本、大小合わせて五本つくられ、二本が改良されている。

河川改修としては、町中を通る逆川について、昭和五十四年に住宅宅地関連公共施設整備促進事業の適用を受けて、カルチャーショック的に改修事業に着手し、五十七年の大水害のときに激甚災害の指定を受け、一挙に六十六億九千万円をかけて五年間で十三橋のつけかえと改修を行った。そのほか、掛川市は他町村から流れ込む川がなく、大きくはないが水源のまちなので、何本かの川が普段の水は少なくて、大雨のときは一遍に出るという水害の多い町であった。そこで、それらをそれぞれ改修し、道路はまちの人工軸、河川はまちの自然軸として、防災と美感の兼用公共空間として整備した。

都市河川は、堤防の五機能として、①洪水防止機能、②交通・道路機能、橋文化機能、③親水・淡水魚・水質機能、④緑化・美化・景観機能、⑤防災・防火帯機能、がある。この観点で市内中央部を流れる逆

川を緑の精神回廊と名付けて整備した。

このような多目的、多機能の公共事業は、予算確保やデザイン、工法技術の検討が大事であり、日本都市問題会議のメンバーに実際的な設計指導を受けて、効果が大きかった。

また、昭和五十四年以来、市助役を八代にわたり国土庁、建設省、国土交通省から招聘し、技術的に、予算的に、職員指導的に、情報的に、市長と議会の落差を客観的に埋める調整機能的に、大いに活躍してもらった。

6　新幹線掛川駅設置のドラマ、理論武装とお金集め

掛川市の生涯学習まちづくり二十八年の事業としては、何といっても最大のプロジェクトは、新幹線掛川駅の設置事業百三十五億円であった。

このことに思い至ったのは、掛川市がそれまで静岡～浜松の谷間といわれ、磐田、島田にも引き離され、隣の袋井と菊川には追い上げられ、まことに元気がなく、何事も停滞の悪循環のまちであった。

そこで、この流れを変えるためには、新幹線の駅をつくることしかないとの結論に達し、まず、静岡～浜松間の駅間距離が七一・五キロメートルあり、日本最長であること。次に、早く通りたいという高速鉄道の論理と、とめて、降りて来い、乗せてくれ、静かにしてくれという沿線都市の論理の妥協点は、三十キロメートルに一駅ではないかという理論武装、そして、在来東海道線駅の構内に新幹線が隣接して通っていること。それからもう一つ、天竜川と大井川の間には約四十五万人の人がおり、その駅勢圏人口はうっすらと散らばっているので乗降客が少ないように感じるが、駅ができれば五十万都市の利用客に匹敵す

る需要があるはずだという乗降客推定を示し、地元全額負担については、山本敬三郎知事が県の三分の一負担を内々に了解してくれていたので、強気で推進することができた。

国鉄本社に百四回通い、当時国鉄の高木文雄総裁から七十回目ぐらいに「全額負担をしてくれれば、つくること考えるよ。そのかわり、国鉄二俣線を引き受けてくれ」といわれた。

昭和五十九年、百十六億円お金を出してくれればつくるという通達が静岡鉄道管理局長から来た。しかし、どう計算しても掛川市の財政では破綻する危険大であったので、私は前述の市民総代会に相談したところ、皆さんが、これは一大事だから、一戸平均十万円ぐらい出しても、つくるべきだということになった。これが神武以来、最高の募金といわれる三十億円募金の始まりであった。当時、自治省の財政担当者からは、こんな寄付に依存した財源計画ではだめだ、超過課税せよと叱られたが、掛川は、お祭りの屋台とかお寺の本堂の修復には寄付が集まる町であり、大日本報徳社という二宮金次郎の教えで、推譲の精神が発達しているので必ず集まると反論した。結果は五年間で三十億円を集めることができたが、このなかには、資生堂、ＮＥＣ、ヤマハの御三家や中部電力、指定金融機関のスルガ銀行など一億円組が五社あった。

近隣の駅勢圏市町村の四市二十町村には十六億円をお願いし、負担していただいてありがたかった。負担の目安がついたら次にせっかくつくるのだから、駅を日本一美しい名物駅にしよう、街路樹の豊かな駅前広場にしようと、駅前広場の美学を追求した。まず三十三種類の街路樹を植え、木造駅舎を残し、ゴールドセラミックのモニュメントと二宮金次郎の銅像を飾り、これっしか文化の第三セクターの販売店を設置し、同じく第三セクターで天竜浜名湖線の駅もつくった。これを日本一掛川駅八景と名付けたが、設計は駅の北口を東大系の伊藤滋先生、高橋洋二先生、南口を早大系の戸沼幸市先生が担当し、面白い対比を見せて評判となった。

7 土地改良事業と区画整理事業を社会貢献的に多用する

掛川市のように後発の都市がいいまちをつくるには面的整備が早く有効なので、農村部においては土地改良事業を、都市部においては区画整理事業を大いに進めた。それぞれにある減歩という概念を減歩率といわず貢献率、推譲率という考え方で、みんなで生産性、快適性、利便性、安全性を上げるためにやる公共事業だと説得して、生涯学習まちづくりの二大事業に位置づけ県下一実施した。

区画整理事業は五つの原理、すなわち第一に、どういうまちをつくるかというマスタープラン、第二に減歩率、第三に換地交換分合、第四に適正評価、第五に精算金で成り立つが、これらは自分の屋敷の庭を開放して公園や街路樹に変えることでもあるので、緑の開放運動ともいった。

農地については、優良農地の確保が第一で、これが後に生涯学習まちづくり土地条例に結晶した。平成元年から三年にかけて、日本列島は土地ブームとなりハイエナのような地上げ屋の狂乱地価に見舞われた。そこで、私権を制限する土地条例をつくることを考え、悪徳不動産屋を追い出し、住民地権者の八割の同意を得たら特別計画協定区域を設定して、建設省の都市計画区域、農水省の農振地域の間の問題について市町村長が調整権限を持つ道をつくった。これからの地方都市づくり、生涯学習まちづくりでは、美しい景観やアメニティーや農業の安定生産のために、首長の権限できちんとした土地利用政策が遂行できることが最も大切なことである。

8　市庁舎、図書館、体育館、天守閣の建設

以上述べてきたハード事業、ソフト事業により市の財政力もついてきたので、後回しされた三大ハコモノ公共施設として、市庁舎の建設と図書館、体育館の建設にとりかかった。

市庁舎については、敷地八ヘクタールを長谷の区画整理保留地に確保し、生物循環パビリオンの衛生センターと水質保全パビリオンの下水処理場と各階生涯学習フロア付きの市役所と、三つの公共施設を迷惑施設と歓迎施設の美しく共存する新行政ゾーンとして、一目瞭然ガラス張りの市庁舎を建設した。

図書館は掛川城の一角に木造でつくり、天守閣と御殿と大日本報徳社と共に木の文化の四大建築の固まりを形成し、市の商業・観光ゾーンにアクセントをつけた。

体育館については、都市整備公団にお願いし、温水プールやバレーコートが四面とれる観客席千人の総合体育館を、四十八億円で整備した。

この三大公共施設の少し前、掛川城に天守閣を木造で本格復元した。戦後五十数城につくられた天守閣は、すべて鉄筋コンクリートであったが、本物志向の時代に鑑み、木造でなければならない、建築基準法をクリアするのに大苦労したが、何とか城郭建築の権威、宮上茂隆氏がいたおかげでつくることができた。

いま、東海道新幹線で通ると、夜のランドマークは掛川の天守閣が一番際立っているといわれている。

9 森の都ならここの里経営と森林整備の責任者について

小都市の魅力は、森と自然がどのように生活にとけ込んでいるか、あるいは生活や暮らし方を包んでいるかが一つの鍵である。

そこで、掛川市山間部の三千ヘクタールは過疎地帯であるが、そこを「森の都ならここの里」と命名して、林業構造改善事業により林業経営を振興しながら、一大キャンプ場や自然教育の場をつくることにした。キャンプならここ、ヤマメをおいしく食べたいならここ、温泉ならここ、自然教育ならここというように、食と農と森の文化、これっしか文化等をつくることで、山村部の活性化と都市部の人や子ども達の自然教育に資するようにした。

同じ構想で、国際交流事業として、掛川市は第三セクターによりオレゴン州に生涯学習村、八十ヘクタールの農場と森林を取得し、地球温暖化やアメリカの大自然と大農場を勉強する自然教育の国際プロジェクトを並行して行った。約二千五百人の中高大学生や市民が渡米し、地球田舎人となった。

ところで地球温暖化防止や森林の公益機能については、林家の人たちの林業に任せてきたが、林業経営が材価の暴落でできなくなってきたので、都市側、工業側が森林整備について責任を持つ必要が出てきている。またＣＳＲ（企業の社会的責任）としても、工業で生産効率だけを追求するのではなく、その背景の山村や水の供給者としての森林について責任を持つようにしていかなければならない。地方都市経営と森林整備計画は別のものではなくなったという認識を持つべきである。

10―全市をテーマパークとする生涯学習社会の構築

二〇〇一年、生涯学習まちづくり二十四年の帰結として、私は生涯学習社会の構築とかスローライフということを考えるようになった。すなわち、その地に「名」とつくもの、名物、名産、名所、名人、名医、名僧、名工、あらゆるものを磨いて、全市域を大学キャンパスにみなし、三十六景の「名」を教室でもあり、教材でもあるとし、それらを巡回学習化して、わがまちをそのまま独立採算型のテーマパークにするという構想であった。そして、そこに専従する市職員はテーマパークプロ職員で、仕事で八倍の生産性を上げることを指示した。すなわち、やる気と郷土愛を持ってやれば二倍、チームワークと足並みがそろえればもう二倍、さらに命令と目標がはっきりすればもう二倍と、八倍の生産性を上げることができるとした。市議会も市民団体も連携をよくして、先の市民総代会システムとともに、わがまちの特色・名物名勝を強化・脚色していく。そして、それらを巡礼で有名な四国八十八番、西国三十三番のように巡回コース化することが、合併新都市のビジョン形成にふさわしいと提唱した。

大切なことは、そのまちのいろいろなアイデア・プロジェクトが出てきたときに、それがまとまる方向にいくまちか、分裂してなかなかまとまらないまちであるかが、これからＩＴと情報公開がすすむなかで活性化の勝負が決まることになろう。市民資質の広汎な向上、透明性、ガバナビリティーというようなものが、まちの品格として大事になってくる。

11　日本都市問題会議による掛川市の定点観測と応援

最後に、掛川市と日本都市問題会議のやりとりの定点観測論に触れておきたい。

かねて林業山村問題について御指導にあずかってきた伊藤滋代表から私は、日本都市問題会議に参加しないかと誘われて、なりたて市長として参加させてもらった。

そして、生涯学習都市宣言をした昭和五十四年、先述したとおり「地方都市整備シンポジウム」という名の研究集会を開いてもらった。これは、日本都市問題会議が毎年一回は行う、地方巡業の始まりであったが、そのとき十年後に掛川市がどうなっているか、もう一遍やろうという約束が成立したのであった。

十年目の一九八九年（平成元年）、「小都市の魅力」と題して約束どおり二回目のシンポジウムが行われた。日本には当時、人口十万人以下の都市が四百四十八あり、うち大都市圏のものを除くと三百三十三の小都市があった。その小都市の魅力は日本の国の美しさと安定に役立つという観点で開かれ、結果は『小都市の魅力』という本が出版された。だれが言うともなく、これ以来、掛川市は都市変遷の定点観測点となり、入れかわり立ちかわり、日本都市問題会議のメンバーが掛川に来てくださった。

そして、二十年目の一九九九年（平成十一年）、三回目のシンポジウムが開かれ、地方分権とか変革の時代という呼び声が高かったので、その成果は『分権と変革の都市経営』と題して世に問われた。

このように掛川論と都市論と並行して十年ごとに三回も観測討論され、何がしかのアピールもした例はないであろう。お蔭で、掛川市が最も面目一新した都市といわれるようになったのは、日本都市問題会議の方々の冷やかしも入れた御指導の賜物であると深謝している。

二 田舎町の都市再生
――三春町の都市計画三十年の歩み

伊藤 寛
Ito Hiroshi
前三春町長

三春町は福島県のほぼ中央に位置する、人口二万人弱の小さな田舎町である。地方中核都市として工業化が進んでいる郡山市に隣接していて、就労機会や商業サービス等の面では大きな影響を受けているものの、起伏の多い丘陵地帯である町域にまでは都市的開発の圧力は及んでいない。

このように小さな田舎町では、どのような都市計画を考えるべきであり、それに取り組もうとすれば何が問題になるのだろうか。三十年の歩みを回顧してみたい。

1 都市計画事業の難しさ

都市行政の継続性

都市計画事業は、十～二十年と長い歳月をかけて、一貫した計画に基づいて積み上げていかなければならない。政争が激しく、首長や議会（政策決定機関）が頻繁に変わり、それに伴って政策も変わってしまうのでは、立派な都市計画を実施できる自治体にはなりえない。

また、町職員（実務者機関）が、二〜三年で人事異動が行われる一般職型の行政組織では、都市計画関連の込み入った法律・制度に精通した専門職員は育たず、都市計画事業への一貫した取り組み（継続性の維持）は困難である。

三春町の場合はどうであったかといえば、一人の町長が、飽きもせず、飽きられもせず（といえるかどうかは別として）、六期二十四年、助役期間も含めると三十年近く在任した。都市行政の安定性・継続性ということでは、三春町にとってはプラスであったかと思われる。反面、多選の弊害ということも考えれば、人は代わっても、政策は変わらないような自治体運営を実現することが、都市計画行政の基盤であろう。

都市政策の立案能力

従来の中央集権体制では、国が「政策メーカー」、県が「政策卸問屋」、そして基礎自治体が「政策小売店または最終消費者」といったシステムによって地方行政は運営されてきたと、辛らつに指摘する人がいる。特に小さな基礎自治体は、独自の政策形成力を発揮できるような組織体質の形成に向けて自らを鍛えることは難しく、メーカーが問屋を経由して卸してくる政策メニューをつまみ食いすることしかできなかったといえるかもしれない。したがって、農業分野などの政策（補助金）メニューは、政策形成力の貧困な弱小自治体でも困らないように、まことに懇切丁寧にできていた。

ところが、都市計画行政は、専門的に高度な行政力が必要とされる分野であって、「お取次ぎ行政」に頼るだけではどうにもならない。したがって、国・県の都市計画部局では、小さな田舎町は相手にしていないと感じられることが少なくなかった。所詮、無理な政策課題と看做されていたのだと思われる。

三春町の場合はどうであったか。町職員のなかには、顧問の先生方に直接ご指導いただくことによって、政策メーカーや問屋の人たちとも臆することなく、情報交換をしたり、折衝したりできる人材が、幸いにも育っていった。各種の都市計画事業は、彼らが粘り強く頑張ってくれたお陰で実施することができたのである。

専門家の指導

小さな自治体のことであるから、専門職を採用する余裕はない。一般行政職が自己研修によって、ある程度の専門性を身につけているわけだが、当然のことながら、それには限界がある。そして、首長は行政の素人であるのが一般的である。三春町の場合も、その例外ではなかった。

したがって、都市計画のような分野については、専門家による指導が必要不可欠であり、それによって、町の政策内容が決まるといってもよい。「都市行政の継続性」という点からいえば、なるべく同じ専門コンサルタントに一貫して指導していただくのが理想でもある。

都市計画分野は、本来広範な領域に深く関連する。あまりに個性の強い人ではマイナスの影響が生じる場合もあろう。顧問グループによる協同・合議体制を組んでいただくことができれば、自治体にとっては、まことに好都合なわけである。

都市計画事業は、最終的には国・県の事業支援がなければ実施できないから、顧問グループに国・県との橋渡し役まで期待できれば、虫が良すぎる話であろうが、自治体にとっては好都合なわけである。三春町の場合、この面でも、まことに贅沢といってもよいほどの顧問グループに恵まれたのは、強運としかいいようがない。

しかし、私たち自治体側の当事者にとっては、「一流の専門家」集団に愛想をつかされないだけの見識をもって向き合えるような「一流の素人」にならなければならないということであり、難しいことであった。自然体を装いながらも、肩の凝ることであった。

住民の参加

都市計画事業のもう一つの難しさは、関係住民の利害関係が複雑に絡むことが多く、住民の参加と協力が不可欠だということである。三春町の場合、行政全般の方針として、「町民参加のまちづくり」を標榜して、様々な取り組みを進めていたことが、都市計画事業にも活きていたと思う。まちづくりのための住民自治組織づくりには、丁寧に時間をかけることを心がけていた。城下町の文化的伝統とも相俟って、まことに心強い住民参加に支えられることができた。それでもなお、都市計画担当職員による「裏方的な」苦労は大変なものであった。

都市計画に関連して活動している住民参加の常設組織としては、次のようなものがある。

・中心市街地の活性化（市街地整備協議会）
・歴史民俗資料館（歴民友の会）
・三春交流館「まほら」（三春交流館運営協会）
・コミュニテイ自治組織（地区まちづくり協会）
・住宅政策関連（三春町住宅研究会）
・三春町建築賞（建築賞審査委員会）
・景観行政関連（美しいまちをつくる景観審査会）

2　三春町のまちづくりと都市計画の基本的ビジョン

政策の「継続性」を確保するということは、「軸足」をしっかり定めるということでもある。それは、明確なまちづくりの理念（ないしはビジョン）を住民と共有することではないだろうか。三春町の総合計画の柱は、そのような観点から次のように定められた。

①　市街地における生活提案
②　新しい時代の田園生活の提案
③　若い世代のための生活提案
④　高齢者が生きる喜びを失わないための生活提案
⑤　参加する喜びのある地域生活の提案

また、「①市街地における生活提案」の骨子は次のようなことであった。

(1)　公共施設や商業施設が中心市街地に集積していて便利な町
(2)　買い物や要件を済ませるだけでなく、楽しい時間が過ごせる美しい町
(3)　小さな町なりに文化的な刺激がたくさんあり、歴史の深みが感じられる町
(4)　マチとムラの交流が盛んで、経済的にも豊かな町

3 三春町の都市計画策定の経緯

「都市行政の継続性」と「住民の参加」を確かなものにするための基本は、お飾りのものではない都市計画の策定である。三春町の都市計画策定の経緯は次のようなものであった。

① 地区住宅計画（一九八三年）
② 店舗併用住宅群整備計画（一九八六～八八年）
③ 市街地整備基本計画（一九八九年）
④ うるおい・緑・景観モデル整備計画（一九九二年）
⑤ 中心市街地活性化基本計画（一九九九年）

4 都市計画顧問の「まちづくりメッセージ」要約

三春町における「専門家のご指導」の中心は、大高正人先生であった。三十年前に大高先生に都市計画のご指導をお願いしたときから、折に触れて強調されたことを要約すれば、次のようなことではなかったかと、私なりに理解している。しかし、どこまで実行できたかと問われれば、恥じ入るほかはない。

①「まちづくり」というが、古くて貴重なものを保存することが先決。自然景観・町並み景観・歴史的建造物は、いったん壊されれば、復元は難しい。

② 新しいものをつくることの怖さ・難しさの自覚を。今の時代は品格を欠いた安っぽいものができて

三春町の都市計画実施状況

事業項目	実施事業名
1．都市基盤の整備	
幹線街路事業	荒町新町線幹線街路事業
裏道整備事業	街並み環境整備事業―磐州通り
駐車場整備事業	駐車場用地対策と整備（数か所）
都市河川整備事業	桜川改修事業
上下水道事業	公営企業に一本化し、経営合理化
ごみ処理施設	ごみ焼却施設・最終処分場建設
2．都市景観の形成	
景観条例の制定	美しいまちをつくる三春町景観条例 一般地区―まちづくり協会景観部会 特別地区―景観審査会一件審査
街並み景観の形成	三春町建築賞 建築協定（6か所） 住区設計協定（コーポラティブ方式） 中央商店街町並み形成協定 景観審査会の相談活動
景観照明	景観照明基本構想の策定 中心市街地・三春駅周辺の照明デザイン 風致地区指定
歴史的景観保全	公園整備 建築ガイドライン作成 歴史的建造物の保全
3．公共施設の集積と整備	町役場、保健会館 福祉会館、高齢者住宅、生活伝承館 歴史民俗資料館、自由民権記念館 郷土人形館、文化伝承館 国際交流館「ライスレークの家」 三春交流館「まほら」および交流広場 町民図書館、中央児童館
4．商業の集積と振興	町並み形成型店舗改築支援 第三セクター「三春まちづくり公社」設立 共同店舗兼住宅「一番館」建設 商業核施設計画
5．住宅政策	地区住宅計画（ホープ計画） 土地区画整理事業 「三春町住宅研究会」設立 「カントリーライフ研究会」設立 生活提案型住宅設計コンペ 福祉住宅対策

城下町の風情をいかした
裏道整備

街路事業完成後の
メイン・ストリート

メイン・ストリートの
核施設「三春交流館」

しまう危険性が大きい。

③ よその真似（外国や東京）は駄目。町固有の伝統と地域特性をよく考えて、それに磨きをかけることが基本。

④ 見栄をはったり、背伸びをしたりしてはいけない。小さな城下町には、身の丈に合ったものを。しかし、小さくても本物をつくる気構えを。

⑤ 時間や金がないからといって、安物をつくってはいけない。良いものをつくるコツは、十分に時間をかけること、そして仕事を頼む人を厳選すること。

⑥ 単年度でできなければ二年、二年でできないものは五年かけてでも、しっかりした計画づくりや事業実施を。

⑦ 行政だけでできることには限度がある。良いまちづくりを実現するためには、住民の理解と協力が必要。住民参加のまちづくりを。

⑧ 町だけの力には限界がある。国・県の支援も必要だが、かといって政治的な力に頼ってはいけない。町に高い志と立派な計画があれば、国・県を動かすことはできる。

「うるおい・緑・景観モデル都市」の指定条件は、県庁所在地、あるいはそれに準ずる地方中核都市とされていた。三春町は、強烈に異議申し立てを行った。当時の建設省の担当部局の責任者たちは、「ヨーロッパにみられるような魅力的な田舎町の都市計画を、日本でも実現したいと願っています」と理解を示され、三春町をモデル都市に特例的に指定していただいた。国際的に著名な照明デザイナーも、「月明かり・星明かりを大事にした、小さな田舎町にしかできない景観照明のデザインに協力させてください」と、申し出てくださった。

いずれも、まことに心強く、ありがたいことであった。三十年を回顧して、そうしたご期待にお応えするような地方小都市の都市計画を実現することができたとは、とても思えない。厳しいご評価をいただくほかはないと覚悟している。

しかし、道なお半ばであり、今後とも、志を同じくする方々に、三春町に対するご叱正・ご指導をお願いしたい。

三

「造る」より「造らせない」古都のまちづくり

竹内 謙
Takeuchi Ken
元鎌倉市長

「まちづくり」といえば、一般的には「造る」方向のイメージが強いが、古都鎌倉の市長は「造らない」あるいは「造らせない」ことに過半の精力を注がなければならない。緑の丘陵に囲まれた静閑な佇まいが気に入って、この地に終の住処を定めた住民が多いから、住環境の変化には強い抵抗がある。「守る」ことが「まちづくり」の重要な要素になっている、といってもいい。

「造らない」といえば、田中康夫・前長野県知事の「脱ダム」が、その好例だろう。私は、この作家知事が打ち出した奇抜な呼び名を付けた提案を聞いたとき、費用対効果と環境を無視して進められてきた国主導の公共事業を問い直す痛快な一撃として大いに共感を覚えた。と同時に、「脱ダムなら、さほど難しいことはないな」との感想をもった。なぜなら、県営ダムの建設は国土交通省が何といおうが、県知事が予算を付けなければ止めることができる。県議会はいくら知事の方針に反対でも予算化はできない。「脱ダム」は県知事の権限内でできるからだ。

それに比べて、民間事業者が法律の範囲内で「造る」ことを「造らせない」のはずっと難しい。憲法は「財産権」を保障している（第二十九条第一項）。周辺住民が求める環境や風致を「守る」ためには、財産権の制約を認める「公共の福祉のため」（同第二項）という理屈をもち出して現行法の不備を主張するか、法律の網の目を潜って奇策を講じるか、事業者に「企業の社会的責任」を声高に叫んで尻込みさせるぐらいしか方策がない。「環境自治体の創造」を基本理念にした私の鎌倉市政は、そんな戦いが絶えない毎日だった。そのことをできるだけありのままに紹介したいと思うが、話題が全般にわたると、肝心の戦いの雰囲気が伝わらなくなるので、この稿では、あるパチンコ店の出店騒動に絞ることにする。

1 ― 「書店」と偽ったパチンコ店

私が市長に就任（一九九三年十一月）して一年ほど経ったある日、奇妙な話が建築主事から舞い込んできた。

主事「『書店』を建てたいと窓口に相談に来ている人がいますが、建築主はパチンコ屋です」

市長「『書店』といっておいて、パチンコ屋にするのではないか？」

主事「窓口に来る度に何度も確認しましたが、『書店』だといっています。パチンコ屋が書店を建てていけないというわけにはいきませんから、建築確認は下ろさざるを得ません」

聞くところによると、この話は一年以上も前から市役所にもち込まれていた。鎌倉市は景観や風致を守るために、早くから要綱行政を取り入れてきており、五百平方メートル以上の開発行為に適用される「鎌倉市開発事業指導要綱」に基づく事前相談に来ていたのだ。はじめは書類に「貸店舗」とだけしか書いていなかったために、開発手続きの窓口担当が業種を明確にするように求めたのに対して、後日「書店に決まった」と回答してきた。現場に建築計画を告示する標識にも「店舗（書店）」と書かれていたため、近隣住民から説明会の開催を求められることもなかった。指導要綱に基づく協定書でも「書店」であることを確認して、開発許可を下した。建築主事の言い分は、建築確認の申請書類に書かれた建築物の用途も「書店」であり、これまでの手続きのなかで、口頭でも、書類でも、何度も「書店」を確認しているということだったが、私はもう一度文書で「書店」であることを確認しておくように指示した。

現場は鎌倉市の西端、藤沢市に通じる街道沿いの新しい商業施設が急速に拡大している地域（「手広」と呼ばれる）であった。都市計画法の用途地域は「工業地域」。工業地域はパチンコ店をはじめほとんどの用途の建築物が建てられる。もっとも規制が緩い地域である。事業者は、そこに二階建て千四百平方メートルほどの建築物を建てる計画であった。

建築確認が下りて工事が始まった。やがて、近隣住民から「外観からみてパチンコ店ではないのか？」という問い合わせが市役所に入るようになった。そこで、市の担当者から事業者に問いただしたところ、あくまでも「書店」であるといい張り、改めて提出させた書類にも「書店」と記載してきた。建物は完成し、検査済み証を受けるに際して提出した報告書にも「書店」と書かれていた。

「建築物の用途を書店からパチンコ店に変更したい」と事業者が市役所の窓口に現れたのは、検査済み証の交付を受けたわずか八日後だった。窓口の担当者は「節操がなさ過ぎる」と再考を促したが、事業者は法に基づく手続きを強行する構えを見せて引き下がろうとはしなかった。建築基準法は用途変更について構造的な問題がなければ簡単に認めることになっている。そんな法の不備を利用して、当初からの策略として「パチンコ店」を覆い隠してきたことは明白であった。

2 おかしな建設省の有権解釈

それは当然予想されたことである。私は「断固認めない」との腹を固めていたが、建築主事は基本的に「弱気」であった。私のところに「建築主事の立場」について説明にきた。いわんとすることは、建設省（当時）が全国の特定行政庁に押し付けている建築基準法についての解釈で、「建築確認は具体的な技術上の基準を定めている法令に適合するか適合しないかだけを判断する羈束《きそく》行為であって、自由裁量の余地はない」「確認事務は建築主事固有の権限で、市長自らが確認をしたり、建築主事の確認を取り消すことはできない」「市長は違法な指示・命令を建築主事にすることはできない」といった内容であった。要は「建築確認は建築主事に任されており、市長は口出しできませんよ」と、私に念を押しておきたかったのだ。

私は建築基準法第四条に「市町村は、その長の指揮監督の下に、確認に関する事務をつかさどらせるために、建築主事を置く」とあることを根拠に、長に指揮監督権はあると解釈している。そうでなければ、なんのための特定行政庁か。地域に責任をもつ行政の長が務まるわけがない。長よりも技術公務員に任せようとする建設官僚の硬直した発想が今日の構造計算偽装事件を生む一因になったともいえる。

私は建築主事に用途変更の建築確認を「留保」するよう指示するとともに、「建築主が市長と取り交わした協定に違反する行為は、建築主の権利の乱用に当たるので、建築確認を留保することができる。判例もあるのでしっかり勉強してほしい。私は、その点を建築主事を指揮監督する立場からいう」と伝えた。

そして、事業者には、次のような文書を送り付けた。

「あなたは、必要な法令及び市の指導要綱に基づく手続きでは、予定建築物の用途を書店であるとしていましたが、建築行為が完了するや旬日を経ずして、風俗営業に該当するパチンコ店に用途を変更するという意志を明らかにしました。あなたは、当初予定建築物が青少年教育にも寄与し、一般的に受け入れられやすい書店であると申請したうえで、本市と協定を締結し、その後の職員の事情聴取、建築物確認の際の質問にも重ねて書店であると強弁しました。こうしたあなたの行為は、法申請を受けた本市はもとより、書店としての計画の公開を受けた周辺住民をはじめ鎌倉十七万市民を欺き愚弄する重大な背信行為かつ社会通念上正義の観念に反する行為であり、鎌倉市長としてこれを容認することはできません。従って、私はあなたに対して、この建築物を当初の予定通り書店として使用することを強く指導します」

同時に、ことの経緯を公表した。当初から「パチンコ店ではないのか」との疑いをもってきた地域住民はすぐに反対運動に立ち上がった。じつは、ここから五百メートルほど離れたところ（「深沢」と呼ばれる）でもパチンコ店の出店計画があり、「パチンコ反対」の運動が燃え盛っていた。やはり工業地域ではあったが、私（市長）が都市計画法上の「手続き不備」を理由に不許可処分にしたために、事業者が神奈川県に不服審査を申し立てている最中であった（深沢のパチンコ店については、事業者が許可申請――鎌倉市が不許可処分――事業者が神奈川県開発審査会に不服審査の申し立て――審査会は鎌倉市の不許可を取り消す――再度、鎌倉市が不許可処分――という循環を何度も繰り返し、ついに事業者は断念した）。

3　損害賠償を怖がった建築主事

話を書店のパンチコ店に戻すと、事業者側は連日のように市役所の窓口に来て、確認を迫った。手続きに関係する各課は「都市計画法上も、建築基準法上も、法的には認めざるを得ない」と内々には思いながらも、窓口では「本市の総意としてパチンコ店の撤回を求める」「住民と話し合って住民の納得を得てほしい」などと、私（市長）の意を体して確認申請書の受け取りを拒否し続けていた。事業者側は自主的に住民説明会を開いて、「建物の竣工後にパチンコ店への変更を検討した」などとの住民の説得を試みたが、配布されたパチンコ店の資料が竣工前に作成されていたといった「ウソ」が発見されて、住民の不信感は増幅するばかりだった。

行き詰まった事業者はついに訴訟に出てきた。建築主事に確認申請書を郵送したうえで、その十日後には「建築確認不作為の違法確認」を求める訴訟を起こした。その後も裁判所の示唆に従って、市と事業者の法定外の話し合いが何度か持たれた。事業者は「謝罪」「書店営業」を約束して、住民との話し合いも行ったが、説明が矛盾だらけ、書店は二階の一部に古本を並べただけで実体はなく、住民の納得は得られなかった。

一方で、建築主事は建築確認をこれ以上「保留」し続けると、やがて「損害賠償」で訴えられることを恐れていた。担当部長が「訴えられるのは市長ではなく建築主事ですから、建築主事をかばってやってください」と言ってきた。そこで、私は「留保」しているのは市長の「指揮監督」によるものであることを明確にするため、建築主事に宛てて「横浜地裁が紛争解決に向けて示した示唆の内容の一つである『近隣住民の同意を得るべく誠意をもって十分な説明を行う』すら達成されていないと判断しますので、建築確認を引き続き留保するよう指揮監督します」と書いた市長名の文書を渡した。

事業者は「違法確認」の前訴から一年後には「損害賠償」請求の訴訟を起こした。横浜地裁の判決は、建築確認の「留保」について鎌倉市の敗訴であった。ただ、理由は「用途を偽って建築したという原告の不公正に対するペナルティー期間として処分を留保できるのは二回目の提訴後半年程度で、すでにペナルティーの期間を経過している」と比較的に「留保」に理解を示したものであった。そして、損害賠償請求については「本件パチンコ店が開店できるかどうかは現段階では不明」と却下した。

4 ― 思わぬ伏兵現る

私は直ちに控訴することにしたが、そこに思わぬ伏兵が現れた。「建築確認は機関委任事務であって、法務大臣の指揮を受ける」としゃしゃり出た法務省の出先機関である東京法務局の役人が「控訴を断念すべきだ」といってきた。いわれて調べてみると、確かに「国の利害に関係のある訴訟についての法務大臣の権限等に関する法律」(一九四七年法律第十九号)というわけのわからない法律があり、「行政庁は法務大臣の指揮を受ける」と書いてある。国は機関委任事務だといって勝手に自治体に任せておいて、国にとって都合の悪い訴訟になったら(この場合は建設省の有権解釈が揺らぐ)、自治体の裁判権を蹂躙するとは何たることか。断固許すわけにはいかない、と私は大いに怒った。

私は小役人を相手にすることなく、法務大臣を訪ねた。事件の一部始終を話して、控訴についての意見を求めた。大臣は「明日、担当局長に話しておくよ」と約束してくれた。本省の局長から指示がいったらしく、その後、東京法務局の担当は沈黙した。控訴理由のさわりは「ウソをついてルールを回避するような社会正義に反する重大な行為でも、時を経ればルールを守った者と同じ結果を得られることになるという、第一審の判決を全面的に容認することは、地方公共の秩序を維持する、地方自治行政の責務を放棄することになりかねない」と、法務官僚とは肌合いを異にする野人的な表現になった。事業者側も損害賠償の却下を不服としたため、事件は双方からの控訴となった。

建築確認は依然として「保留」したままである。私は担当者たちの心配と緊張をほぐすために、雑談のなかで「高裁は和解だよ」とつぶやいておいた。法律は門外漢とはいえ、かつて政治記者として法務省を担当したこともある。裁判の大きな流れぐらいは承知している。和解の内容とタイミングをどう図るか、私が依頼した腕利きの弁護士に、そのことを頼んだ。

控訴審は私の予想どおり、和解に向かった。裁判長は膠着化した事態に対して「裁判所が鎌倉市の保留について適法、違法、いずれの判断を下したところで、紛争の抜本的な解決にはなりません。最高裁に行っても同じです」と、鎌倉市が建築確認をしなければパチンコ店は永久に開業できないとの見通しを示して、事業者側にも和解を勧めた。その後、裁判所が示した和解案を双方が飲んで和解は成立した。事業者は和解案に盛り込まれた「五回以上の住民説明会を開いて、住民の理解を求める」など五項目の約束を実施したことを見届けて、鎌倉市は建築確認を下ろした。

パチンコ店が開業したのは建物が完成してから五年後だった。横浜地裁の判決文を借りれば「虚偽の申請をしたペナルティーとしては十分」と私も矛を納めた。それ以降、鎌倉市内にパチンコ店を出そうという申請はない。

パチンコ店に関する虚偽申請とその後の経過についての説明は以上で終わるが、ことの流れを、改めて時系列に沿って整理しておく。

【手広パチンコ店出店問題の経緯】

一九九三年九月　事業者が開発相談に来庁

一九九三年十一月　事業者に「貸店舗」の業種を明確にするよう指導
一九九四年一月　開発事業事前審査申請書受付
一九九四年二月　住民公開
一九九四年八月　開発事業に関する協定締結
一九九四年九月　開発許可
一九九四年十二月　建築確認
一九九五年六月　建築基準法に基づく検査済証交付
一九九五年六月　事業者が用途変更手続きに来庁
一九九六年一月　事業者が建築確認申請書を郵送
一九九六年一月　事業者が建築確認不作為の違法確認請求訴訟
一九九七年一月　事業者が損害賠償請求訴訟
一九九八年九月　横浜地裁が鎌倉市の留保を「違法」の判決
二〇〇〇年三月　東京高裁で和解成立、鎌倉市が建築確認

5 ― 街づくりを妨げる法律と官僚

私がパチンコ店の事例を持ち出して言いたかったことは、次の三点である。

一、法律は中央官僚たちが市町村行政の隅々までを支配（官僚主権）するようにつくられており、地域づくりに責任をもつ市町村長には裁量の余地がほとんど与えられていない。市町村長が地域住民の意思の基づく行政を実践（地域主権）するうえで、法律が大きな障害になる。国会は立法を官僚に任せることな

く、「分権の時代」にふさわしい法制に改めるべきである。

二、私が目指した「環境自治体」を創るうえでの第一の敵は環境に配慮しない開発事業者であることは間違いないが、ほかにも自治をほとんど理解していない国の役人が妨害要因として存在し、長年にわたって国や県のステレオタイプの法解釈から一歩も抜け出そうとしない職員をいかにして意識改革するかが、大きな課題になった。

三、「三権分立」なのだから、「裁判沙汰」を避ける必要はない。裁判所に登場してもらったほうが法的な議論は明確になることがある。変な政治的妥協よりはよほどわかりやすい。

ついでに、もう一点、付け加えておきたい。私がパチンコ店の迂回申請拒否にこだわったのは、こうした姑息な手法が全国的にかなりまかり通っているうえに、鎌倉市でも焼肉店や家具店で申請した建物がパチンコ店に化けた事例が過去にはあったと聞いたからだ。しかも、それを指導したのが、いつもきれいごとばかりをいうことが好きな革新政党の市議会議員だという話も聞いて驚いた。パチンコ店に限らず、開発業者の裏にはいつも県議会議員や市議会議員の影があるが、保守、革新を問わない、こうした旧態依然たる議員たちを覚醒させるには容易ならざるものがある。

6――いまに生かされた伝統の力

鎌倉にとってもっとも大きなテーマは緑地保全である。私が子どもの頃は、市域の三分の二が緑の山林だった。私が市長になったときには、それが半分に減って三分の一になっていた。これ以上減らすわけにはいかない。「三大緑地」と呼ばれる大規模山林をはじめとする緑を守ることが、私に与えられた大きな課題だった。これもパチンコ店と本質的には同じ問題だった。なんといっても法律が悪い。緑の基本計画や緑条例をつくって対応したが、悪法の壁を超えるほどの法的な効果はない。結局は開発事業者とずいぶんケンカをすることになった。県とも法解釈をめぐってやり合った。地域の意思、世論の高まりを「力」にする以外に悪法を乗り超える方法はない。

幸い、鎌倉には「伝統」があった。戦後の住宅開発の波が、鎌倉のシンボルともいうべき鶴岡八幡宮の裏山に迫ったとき、作家の大佛次郎氏、画家の小倉遊亀氏ら多くの文化人が反対運動に立ち上がり、市民がブルドーザーの前に立ちふさがって開発を断念させた。有名な「御谷騒動」（一九六四年）である。日本初のナショナルトラストが成立、翌年には古都保存法が議員立法で制定されて、鎌倉の中心部の緑は守られることになった（残念ながら、古都保存法が保全の対象にしたのは、中心市街地を取り囲む山の稜線までで、その外側の緑は浸食され続けた）。鎌倉市が「鎌倉市開発事業指導要綱」をつくったのもその直後（一九六八年）のことで、鎌倉にふさわしくない乱暴な開発行為を市や市民が監視する時代は、この頃から始まったといえる。

「三大緑地」はいずれも都市計画法の市街化区域にあり、これを保全することは法的には非常に難しかったが、結局は「御谷騒動」の伝統が生きた。二十年に及ぶ市民のねばり強い運動が業者を断念させることになる。私がやったことは、事業者の開発計画区域内にある「赤道」（市有地）を譲らないという抵抗であった。それ以前の鎌倉市の道路行政は、赤道は開発後の新しい道路と交換しなければならないと思い込んでいた。そんなことは法律のどこを探しても書いてない。私は開発業者に「あなた方の開発計画区域には市有地が入っていますが、これは譲らないかもしれませんよ」と言い渡した。

開発派の市議会議員は私の発言を撤回させようと、「赤道を譲らないことはできない」との議論を執拗に繰り返した。一人で同じ質問を連続三十二日間し続けたので、私も同じ答弁を三十二日間繰り返した。市民有志は「赤道を市民の散策道」にするための運動団体をつくって、シャベルやクワをもって散策道づくりを始めてしまった。第二の「御谷騒動」、市民の実力行使である。市も「市民健康ロード」と命名して赤道を散策道として利用する計画を策定した。私の発言は市民を勇気づけ、事業者の意気を削ぐことに役立ったのかもしれない。やがて事業者は事業を断念した。

7——「八メートル都市」の実現

「鎌倉のかたち」を創り上げるうえで「鎌倉市開発事業指導要綱」による行政指導が大きな役割を果たしたことは間違いない。パチンコ店と緑の保全についてはすでに述べたが、もう一つ、建築物の高さ問題も欠かすことができない。海岸から鶴岡八幡宮に通じる都市軸「若宮大路」に沿った建物高は長年十五メートルに抑えてきた。八幡さまの石段の最上段の高さよりも低くという市民の提案を行政指導に取り入れたのだ。これには商工業者が反発し続けたが、結局従わざるを得なかったのはやはり市民の目が気になったからだろう。一般住宅も高さ八メートルに抑えてきた。この高さは一九九九年には神奈川県風致地区条例でルール化された。鎌倉の五五・五%が風致地区に指定されており、「八メートル都市」が実現した。この条例には色彩、意匠、木竹の伐採、土地形質の変更など風致に関することはすべて市長の許可制になっているので、都市づくりに極めて有効な武器を備えたことになる。

いずれの問題についても、パチンコ店で指摘した三点は共通している。私が実践した「環境主義」「市民主義」とは、そんなことであった。

人それぞれに個性があるからこそ楽しい社会ができる。都市もそれぞれの個性があってこそ人々は地域への愛着を燃やす。なにごとも全国一律の法律が都市の個性を奪ってきた。市町村長の腕が振るえる法と財政にしなければ、都市が生き生きとする時代はこない。

四 住み続けられる生活都心・港区

原田 敬美
Harada Keimi
元東京都港区長

1 港区の概要と政策課題

港区はメガシティ東京の中心に位置し、東側は東京港に面している。面積は二十平方キロメートル、夜間人口は約二十万人（うち一割は外国人）、昼間人口は約九十万人である。土地利用は、業務、商業、住宅、文化などが調和した複合機能である。

港区は「港」である。「陸・海・空・情報の港である」。陸の港は新幹線品川駅（品川駅は港区）で西日本への陸のゲート。海の港は埠頭があり、海のゲート。港区はそもそも港があることで戦後に「港区」と命名された。空の港は、モノレールが浜松町駅と羽田空港を結び、鉄道が品川駅・新橋駅と羽田・成田空港を結び、空のゲート。情報の港は東京タワーがあり、また民放各局が所在し、情報のゲートである。

港区は歴史とトレンディの共存する街である。増上寺、泉岳寺など寺社が二百六十あるなど歴史事物が多い。一方、六本木、青山、表参道、白金などトレンディな街がある。

江戸時代に大名屋敷や寺社があったことから、そこに外国の代表部が設置され、その結果、六十六の大使館がある国際的な街である。

明治維新後、鉄道が新橋（現在の汐留）を起点に開通し（明治五年）、ガス事業、新聞発行（明治七年）、ラジオ放送（大正十一年）など新しい産業の発祥地である。

港区の財政は、外国、国の経済の影響を直接に受けやすい脆弱体質にある。

政策課題として、安定的な行財政運営のための改革、業務・商業地化の影響を受けるなかで住宅の確保、環境保全、都心にふさわしいインフラ整備、活力ある都心生活を支える施設整備など、住み続けられる生活都心をいかにつくり出すかである。

2　日本初の建築家区長

私は二〇〇〇年六月から二〇〇四年六月までの四年間、東京の港区長を務めた、日本初の建築家区長である。ちなみに建築家市長はブルガリアの首都ソフィアの元市長ゲオルギ・ストイロフ氏（元国際建築家連盟会長、国際建築アカデミー会長）がいる。

私はしばしば、「原田さんはどうして港区長になったのですか？」という質問を受けた。私は一九八三年、三代前の区長の私的諮問機関「港区街づくり懇談会委員」（座長は故丹下健三氏）、その後は、主な公職として港区都市計画審議会委員、港区環境調査審査会委員、港区定住対策研究会会長、港区超高層住宅問題研究会会長と、三人の区長の下で公職を務め、とりわけ街づくり行政のご協力をさせていただいた。

前区長が突然病気引退となり、次はどなたがと思っていたところ、前区長から選挙の一か月半前、後継者として区長選に出馬してほしいと要請された。街づくりの専門家として一定の貢献をしたという自負はあるものの、政治を動かすことに関心はなく、「名もなく、貧しく、美しく（一九六一年の映画のタイトル）、高潔、清浄、自立」といった人生観をもち、「野球でいえば直球しか投げない投手です」と即座に出馬をお断りした。しかし、前区長から「これからの時代はそのような価値観の人で原田さんのような国際人が政治をやるべきだ。区長選に出たがっている政治屋にやらせてはいけない」と口説かれ、「前区長の政策は継承するが私流でやらせてもらう」と確認をとって出馬、多くの政党、団体にご支援をいただき当選、区長に就任した。

3　NPM——新たな公共政策への挑戦

区長就任後、直ちに行政評価、複式簿記作成、PFI（Private Finance Initiative〈民間活力導入〉）、外部監査など行政改革に手をつけた。いわゆるNPM（New Public Management）である。NPMの要素は、行政評価、複式簿記作成、PFI活用、外部監査である。区長就任時、NPMという専門用語を知らなかったが、途中で自ら実施した施策だと気がついた。

行政評価の目的は、行政運営の効率化、アカウンタビリティ（区民への説明責任）、職員の意識改革である。港区の全事務事業を整理すると約千八百事業ある。すべてを職員自ら、区民サービス、必要性、効率性など様々な観点から評価し、公開した。

複式簿記は民間では当然であり、総資産、負債を明らかにし、また、行政サービス単価を出し、受益と負担の関係を明らかにした。従来、行政は単年度会計で、歳入、歳出を示すが、総資産、負債は明らかではない。複式簿記を予算編成や行政評価に活用し、単価やサービス内容の適切性など効果的な行政サービス供給を可能とした。

PFIは財政再建と効率のよい行政の一環として二度実施した。一つ目は新橋六丁目福祉施設で、特別養護老人ホームと障害者の入所施設である。工事費は約四十一億円で、港区は土地だけ提供し、全国公募で提案を公正に審査し、最もふさわしい社会福祉法人を選んだ。二つ目は、JR浜松町駅近くの区有地に百五十戸の区立住宅と三百戸の民間住宅で、約百億円近い事業である。

外部監査については、一つ目は、公認会計士に担当いただき、区長から一切注文をつけず、公認会計士の立場から現在の港区政の課題を見い出し、政策提言をいただくやり方である。二つ目は、技術士による技術監査である。技術の専門の立場から、建築、土木工事が仕様書のとおりに進んでいるか、積算が適切かなどを監査いただいた。

4　財政再建

港区の一般会計はおよそ八百億円。港区は一九九〇年代にバブル経済崩壊の影響で財政危機に陥った。一九九六年の財政の健全度を示す経常収支比率は九六・六%と、二十三区のなかで最下位だったが、二〇〇二年には七三・四%とトップにした。区長就任時は貯金四百三十五億円、借金五百五十債円、経常収支比率八五・五%だったものを、退任時には貯金を八百億円、借金を四百億円にした。

港区の税収（住民税）の特徴は、土地取引と証券取引での利益に対する住民税収入が多かった。バブル崩壊後、こうした活動が冷却し、税収が激減した。周辺の住宅を中心とする自治体とは全く異なり、国や外国の経済動向の影響を直接受け、税収が乱高下する。

実行したことはいたって単純。「入りを増やす、出を減らす」である。「入りを増やす」は、①人口を増やす（住民税を増やす。一九九六年の十四万人台から十七万人台へ。ちなみに私は一九九六年から二〇〇〇年まで港区定住対策研究会会長を務め、人口増、住宅増対策をつくった）、②徴税活動の強化（区民税滞納率が二十三区最下位から中位へ。区の歴史始まって以来初めて区民税滞納者への家宅捜索をし、預金差し押さえ、電話債券差し押さえなど徹底した滞納整理対策を実施した）、③補助金の活用（利用できる金と事業は利用する）、④企業の協力（開発事業者からの協力金など。品川駅、田町駅東西自由通路は民間企業の協力で実現）、⑤3S運動（スマイル、スピード、スマート）、⑥港区ブランド作戦展開（港区の魅力をさらに向上）、である。

「出を減らす」は、①組織機構改革（部の数を半数にする）、②人員削減（十年間で四百名削減）、③事業評価、④外部監査、⑤公共工事費の見直し（自ら積算書をチェックし、例えば三十億円の積算書を自ら赤ペンを入れて三億円減にした）、⑥ＰＦＩ（Private Finance Initiative〈民間活力導入〉）、である。

5　ユニークな施策

生活安全条例

都心の犯罪の激増に対応するため、生活安全の施策を強化しようと考え、二〇〇二年四月に警視庁から警視の警察官を派遣してもらい、区役所で生活安全担当課長として治安対策を担当していただいた。また、二〇〇三年四月には生活安全条例を施行した。治安担当の警察官の導入と治安対策を目的とする生活安全条例の施行は東京都で初めてであり、おそらく全国的にみても例がないと思う。

一九六九年と一九七四年の二回、合計三年間、アメリカで留学生活をしたときの私の体験から、治安対策は問題が顕在化する前に手を打たねばという思いがあった。ニューヨーク市では一九九〇年前後、殺人事件での被害者は年間二千人を超えた。警視庁管内で交通事後による死者が年間三百人台であることからしても大変な数字である。

港区の生活安全条例の特徴は三つある。一つ目は、共同住宅など確認申請を提出する前に警察署で設計に関して防犯協議をする。規制緩和の時代で、個人的にも規制緩和主義者だが、手続きが増える不便より治安を優先させた。二つ目は、商店街の防犯カメラを設置する場合には、港区が四分の三の補助金を出し、防犯カメラの設置を促進したことである。新橋、赤坂、六本木商店街と順次防犯カメラを設置した。三つ目は、生活安全を区民とともに維持するため、生活安全活動推進協議会を各地区（芝、赤坂、麻布、高輪、芝浦港南）ごとに設置し、区民に生活安全の意識をもってもらい、各地区の実態を踏まえながら、地域で様々な生活安全活動を港区が支援することである。

その後、治安担当警察官の行政派遣は広まり、現在、東京都庁をはじめ都内九区役所で警察官を採用するに至った。

介護保険白書

二〇〇〇年にスタートした介護保険制度であるが、様々な問題点を整理・検討する必要に迫られた。そこで二〇〇三年九月に「介護保険白書」を作成し、国や東京都に提出した。「介護保険白書」の作成は全国初で、ＮＨＫや全国紙各紙で取り上げられた。その一週間後、厚生労働省の介護保険課長が詳細を知りたいと港区役所に面会を求めてきた。また、全国の自治体からも問い合わせをいただいた。

白書を作成した目的は、二〇〇〇年から介護保険を保険者の立場で運営して区が直面した課題を整理し、二〇〇五年に予定されていた介護保険法の改正に向け、大都市都心の区における運営者や利用者の要望を取り入れてもらうことである。内容は、十一の骨子と四十一の具体的な項目にまとめた。介護保険制度に関し、基礎自治体の裁量権を広げ、地域ごとに柔軟に対応できるよう制度を見直すべきであるとした。例えば、都心は地価が高いため必要とする介護老人福祉施設を増設できないので、国の遊休地など財産の無償譲渡や無償貸付を積極的に推進すべきであるといった内容で、その他、介護保険サービスの供給量の確保、利用者支援と苦情処理システムの充実、介護保険の安定的運営、公平公正な要介護認定の推進、介護支援専門員の質の向上の支援、劣悪な事業者を排除するための事業者の責任の明確化、要介護認定の平準化と認定事務の簡略化、低所得者対策の強化などである。

子育てサポートセンター

二〇〇三年四月に廃園した旧区立青葉幼稚園施設を活用して子育てサポートセンターを開園した。地域と連携し新たな子育てニーズに対応するための施設で、ＮＰＯと連携しながら地域で子育てをするという点で日本で初の試みである。

子育てに関し、母親が孤立したりストレスに陥ったりすることがある。そうした問題を緩和するために、母親にはリフレッシュが必要である。特に夜間や緊急時の子どもの預け先に苦労する。そこで、子育てに一段落した女性や社会経験の豊富な定年を迎えた周辺の区民を有償ボランティアとして地域の子育てに参加してもらい、子育て真っ盛りの親をつなげる仕組みをつくった。

このような母親を助けたいというボランティアには様々な研修を通じて子育てのスキルを身につけても

らい、地域の子育て力を支援した。

夜間、休日に親が子どもを安心して預けられる「家庭保育室」を開き、昼間保育園や学校で集団生活をしている子どもたちにとってはアットホームな環境で過ごせる第二の家庭になることを期待した。開園して二年が経過したが、利用実績は伸び、また、利用者の評価は高い。

港区は提携するNPOを公募で選定した。公募選考の際には区民にも投票してもらった。また、港区の担当部門は子育て部門ではなく「戦略事業推進室」という特別目的、時限的組織が担当した。戦略事業推進室の役割は新しい施策をつくり育てることである。子どもの専門部署でないがゆえに前例にとらわれず、新たなチャレンジができた。施設運営が安定的に推移したといえる二〇〇六年から区役所の子育て部門が担当することとなった。

子ども中高生プラザ

都心の子どもの居場所づくりを目的に「赤坂子ども中高生プラザ」を二〇〇三年の春に開設した。ゼロ歳から十八歳までの幅広い年齢層の子どもたちに利用してもらおうと、音楽スタジオ、コンピューター室、体育施設なども設けた施設である。前述の子育てサポートセンターと同様、廃校になった旧区立氷川小学校の施設をコンバージョン（再利用）したものである。

開館時間は朝の九時から午後八時まで、土日曜日も開館している。音楽スタジオは防音設備を施し、ロックバンド、ダンスなど音のことを気にせず練習ができる。乳幼児の親子がゆっくり遊べるキッズルームがある。運営は公募で社会福祉法人を公正に選定し、「ここに来れば、子どもたちが心を落ち着けることのできるような場所とする」点を心がけて運営している。

当初は港区の北西に位置する赤坂に一か所だけの設置計画だったが、大変好評なので、赤坂地区の正反対の地域である港区の南東の品川駅（品川駅は港区）周辺に第二の施設を計画中である。

女性人権相談所（愛称：コミュニティカフェ）

港区は「みなと男女平等参画プラン」において「あらゆる場所における男女平等の推進」「人権尊重と生涯を通じた健康支援」を掲げている。しかし、現状では家庭や子育ての役割は女性に偏り、セクシュアルハラスメント等のジェンダー（社会的に創られた性別）に起因する暴力等の問題は後を絶たない。私自身、アメリカに二回、スウェーデンに一回、計三回の海外留学経験と、私自身の人権被害の体験により、人権問題には鋭い意識をもっている。港区には百二十か国の外国人が住み、様々な人権団体があり、また、私自身が東京都男女共同参画審議会委員を務めたこともあり、政策として人権問題に積極的に取り組んだ。

港区は気軽に男女平等参画について学び、交流するとともに、性差別などの相談に応じるため施設開設を検討していた。利用低下から廃止した旧白金公益質屋が約百平方メートルと手頃な規模であることから、建物を再利用して二〇〇三年十二月に開設し、専門分野で活躍するＮＰＯに運営を委託した。

一階は「気軽にコミュニケーション」というコンセプトでカフェとオープンスペースを設け、お茶を飲みながら気軽に男女平等参画について学び交流する場とし、二階は「本格的に相談」ができる相談コーナーを設けた。二〇〇五年の延べ相談件数は七百六十八件、男女別では男性二百二十九件、女性五百三十九件と、立地が良いので区民以外の利用も多い。

既存施設の再活用とユニークな戦略事業推進室

以上では、ユニークな施策の一部を紹介した。まとめると次のように整理できる。

まず、施設についてであるが、施設はいっさい新設せず、既存施設を再利用した。建築家区長の本音としては、自らプロデュースし、能力ある建築家に設計してもらい、建築学会賞にノミネートされるようなすぐれた建築施設を期待したが、財政再建途上であることから抑制し、区自ら施設建設はせず、再利用と民間活力（ＰＦＩ：Private Finance Initiative）を活用し、区の支出を最小限に抑えた。

子育てサポートセンターは、廃園した幼稚園施設をリフォームした。機能的にはほぼ同様である。子ども中高生プラザは、廃校となった小学校を従前とは異なる機能へコンバージョンした。女性人権相談所は、従前倉庫（質屋）をコンバージョンしてカフェとした。

既存施設を再活用したことで、解体除却して新築することを考えると、産業廃棄物を最小限に抑えたことは環境にやさしい行政でもある。

次に運営についてであるが、運営者を公募、公正な選定方法で、その事業に最もふさわしい団体組織を選んだ。特に子育てサポートセンター、女性人権相談所はＮＰＯに運営を委託した。弾力的な運営、経費削減も大きな目的の一つである。地域のＮＰＯとの連携は港区が標榜する「官民協働」の一環である。

行政組織については、「戦略事業推進室」という部門を時限的に設置したことである。新しい施策を実施する際、従来から存在する組織だと問題が発生する場合がある。治安を担当する生活安全担当課は区にとって初めての組織であり、従前の組織内に設置するには課題があった。そこで戦略事業推進室なる組織をつくり、そこを受け皿とした。また、子育てサポートセンター事業開始に際しても、従来と全く異なる子育て施設であるので、新たな制度設計をするという観点から戦略事業推進室で立ち上げ、安定するまで担当させた。

第2章

二十一世紀へのメッセージ

一　都市の主体者を問う

尾島 俊雄
Ojima Toshio
早稲田大学建築学科教授

1　都市の主体者

私たちの家の主体者は誰かと問われると、戦前までは戸主がいて、戸主が家の主体者であり、絶対者であった。しかし今日は、主婦が家の主体者かといえば、主人や亭主と称する者もいて、全員が平等で皆が主体者。同様に町や都市の主体者は、日本国家と同様にその存在が見えない。したがって、家や都市を評価するにしても、また、町づくりにあたっても、主体者の要求性能が確かでないため、良し悪しの判断ができない。

社会の主体者が明確でないまま都市や環境の評価ができていないのが、日本の昨今の現況である。江戸時代の城下町では、領主や大名の如き絶対者がいたため、その都市の風格も形づくられやすかったし、その評価も容易であった。明治維新には帝国の天皇を主体者として帝都がつくられ、各都市も相応に格付けされた都市基盤づくりが行われた。

しかし、今日の町づくりは主体者不在である。企業が時として要求性能を明確にするために、企業城下町とか企業のためのインフラが優先された。昨今ではその反省もあって、首長選挙にマニフェストが求められている。韓国のソウルで清渓川が復活したのが良い例である。

図表1　都市の主体者（領主・市民）

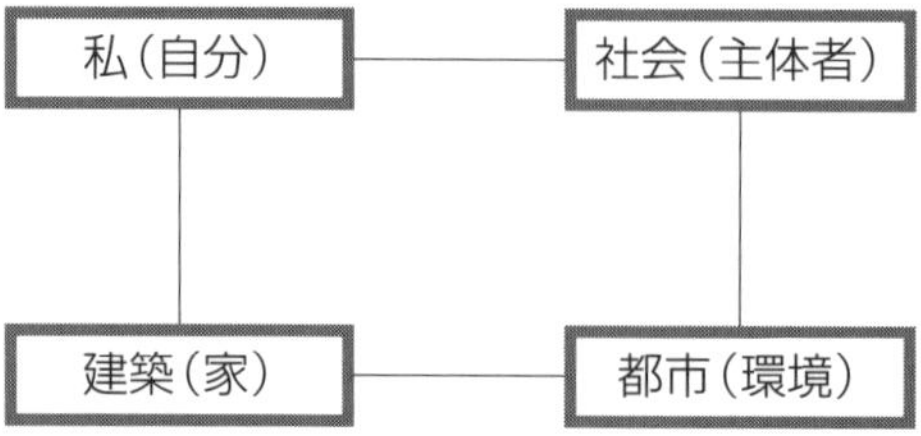

2　近代都市の人口増大

工業が興る以前の農業時代には、地表面に人々が分散配置されることが効率のよい生産方法であった。

日本列島においては、農業による生産力では三千万人程度しか生存できない。しかし今日、日本の人口は約一億三千万人で、その多くは工業に属する人口である。

人口増に伴う食料危機が話題になるが、農業専門家によれば、寒冷地で化石エネルギーを使用した食料生産をしなくとも、また、過剰に化学肥料を投下しなくとも、現在でも耕作可能な土地を有効に活用すれば、生産可能な食料は百億人分と推定する。問題は、その運搬や貯蔵など、生産と消費の時間・空間の流通・分配・貯蔵のために、化石エネルギーの大部分が、都市とその近郊工場地帯で消費されていることである。

すでに農山村では生産と消費のバランスが崩れ、そこから追い出された人々が都市に吸い込まれている。人々は、農業よりも生産性の高い工業に従事することを望み、その結果、ますます工業都市への人口集中が起こる。少なくとも、都市における生活基盤の背景が、地球資源のバイオバランスに基

図表2　近代都市の巨大化（近代化—先進国）

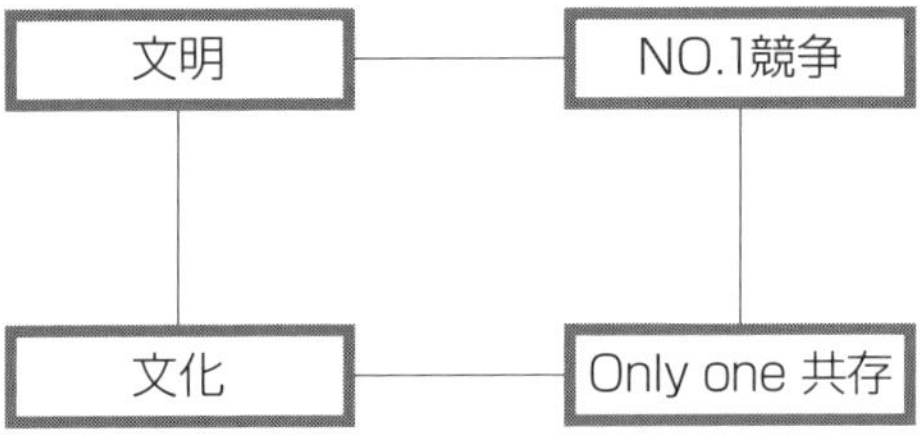

図表3　世界の人口の増大と CO_2 の増加状況

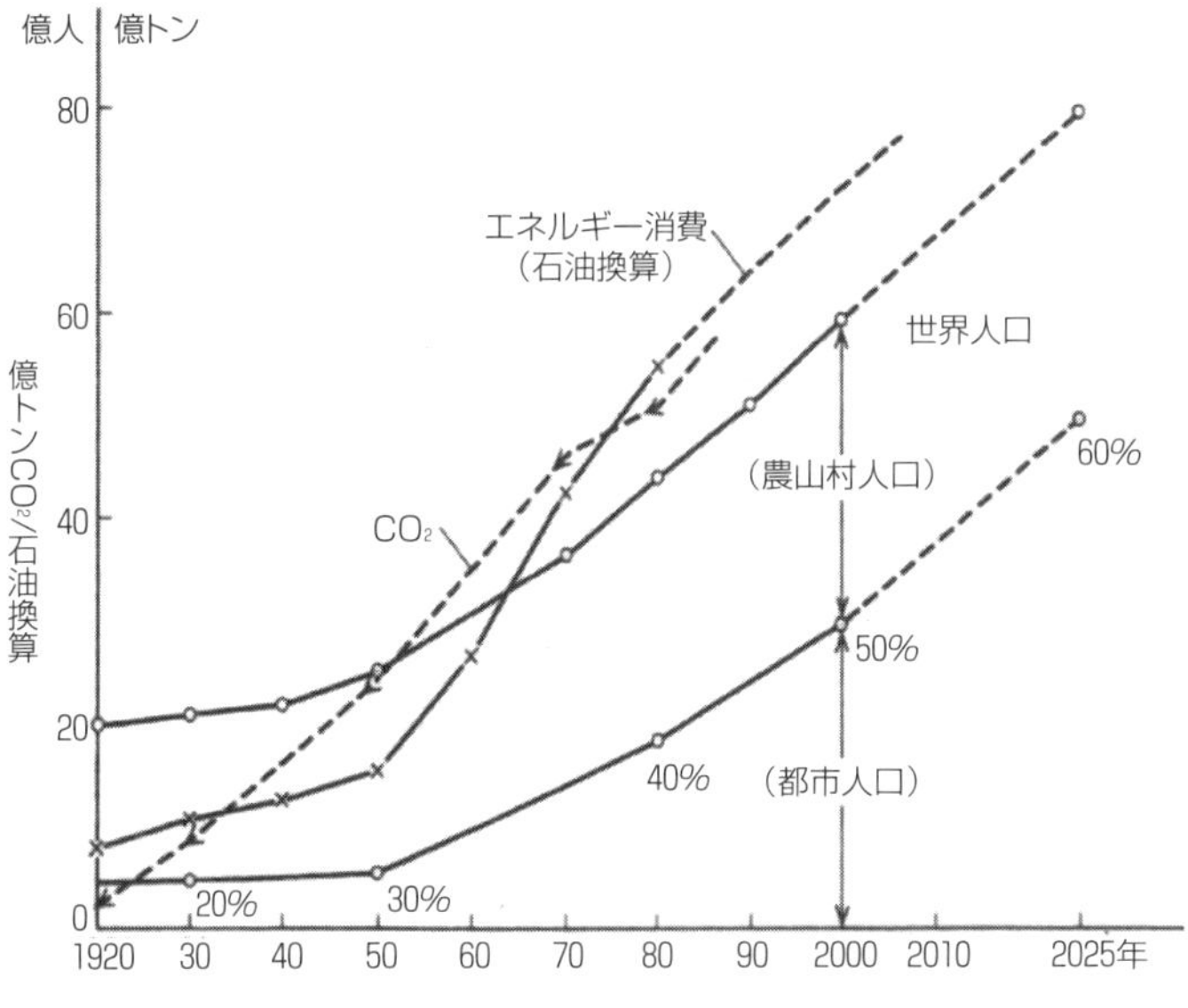

づいているのではなく、地球の資源を消費することにある。しかも、今後予想される世界人口は、二十一世紀中には百億人を超え、そのほとんどが化石エネルギーに頼らざるを得なくなる。そのために人々は、ますます消費効率の高い都市に集住することを強いられる。中国では地方に工場を移転させる形で分散化政策がとられた結果、かえって公害が多発し、地球環境の負荷を増大させることになり、分散化の行き詰まりがみられる。

日本における各都市のエネルギー消費量と大気汚染量を比較すると、巨大都市ほど一人当たりの環境負荷が少ない。巨大都市は、人間生活に厳しいが、逆に地球環境には優しい生活様式となっている。実際、巨大都市にあっては、人々は集合住宅に住まい、満員の大衆交通機関を利用せざるを得ない日常生活を強いられている。そのため、利便性や効率性が高まり、結果として大都市ほど環境負荷の減少につながっている。こうしたことからも、アジアの成長都市にあっては、高層集合住宅化と高過密化などのスケールメリットを追求した都市形成が進み、それが、競争社会に打ち勝つためのやむを得ない国策となっている。

3　持続可能な都市生活

わが国の場合、新幹線や国際空港などのインフラストラクチャーをもつかもたないかで都市が盛衰し、企業の栄枯もそれに追随する。かつての造船・鉄鋼・自動車といった重厚長大産業中心の第三世代都市は、情報産業などの軽薄短小製品を世界中に販売する第四世代都市の前に影が薄くなりつつある。

第四次全国総合開発計画おいては、地域間で相互に補完しあいながら交流する多極分散型国土の形成により本格的な国際化の進展を期待した。また、五全総に相当する「21世紀の国土のグランドデザイン」では、地方や民間企業に委ねる参加と連携方式で多軸型国土構造形成の基礎づくりを目標とする。かくして、規模が大きくても企業が成長する力を失った都市は急速に衰退する。今日、特に造船や鉄鋼などの工場立地によって急成長した都市が、その担い手を失うことによって衰退し始めた。第三世代の新しい世界企業の本拠地として栄えた都市、例えば、日立・福山・釜石・室蘭・北九州等々で主力工場が閉鎖されるとき、その勤労者住宅や職場関連の盛り場や商店は閉鎖され、町は鉱山都市と同じ運命をたどる。

第五世代の日本の都市では、札幌・仙台・広島・福岡等の中枢都市は情報管理都市として活路を見い出すであろうが、五万人ほどの中小都市では、かつての過疎村と同様に生き残れないところが出てくる。東京とのパイプを太くすることが豊かさに直結すると考えてきたインフラストラクチャーも、その維持管理面を考えればマイナスの社会資本になりかねない。その見直しから始め、新しい市場検討と、その可能性を求めた場の再構築が必要になる。例えば、欧米指向のマーケットからアジアやオーストラリアの市場を考えた新しい経済圏や生活圏の確立である。

第六〜七世代の地球市民と地球環境時代のコミュニティは都市分散を余儀なくされ、そのネットワークもまた、多様多次元化されるであろう。

4　吾唯知足のパラダイム

わが国の二十一世紀都市のパラダイムは、二極に分かれる。

一極は世界都市としての都市像であり、一極は日本の自然環境と共生した田園都市像である。

前者は、リサイクル型のインフラストラクチャーに支えられた高層建築群によるコンパクト型の都市像

図表4　持続可能な都市生活（基盤）

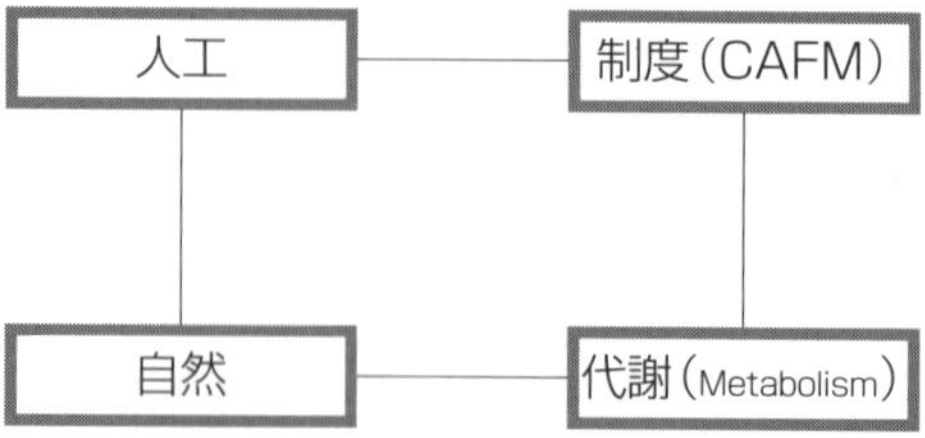

図表5　都市構造の変化

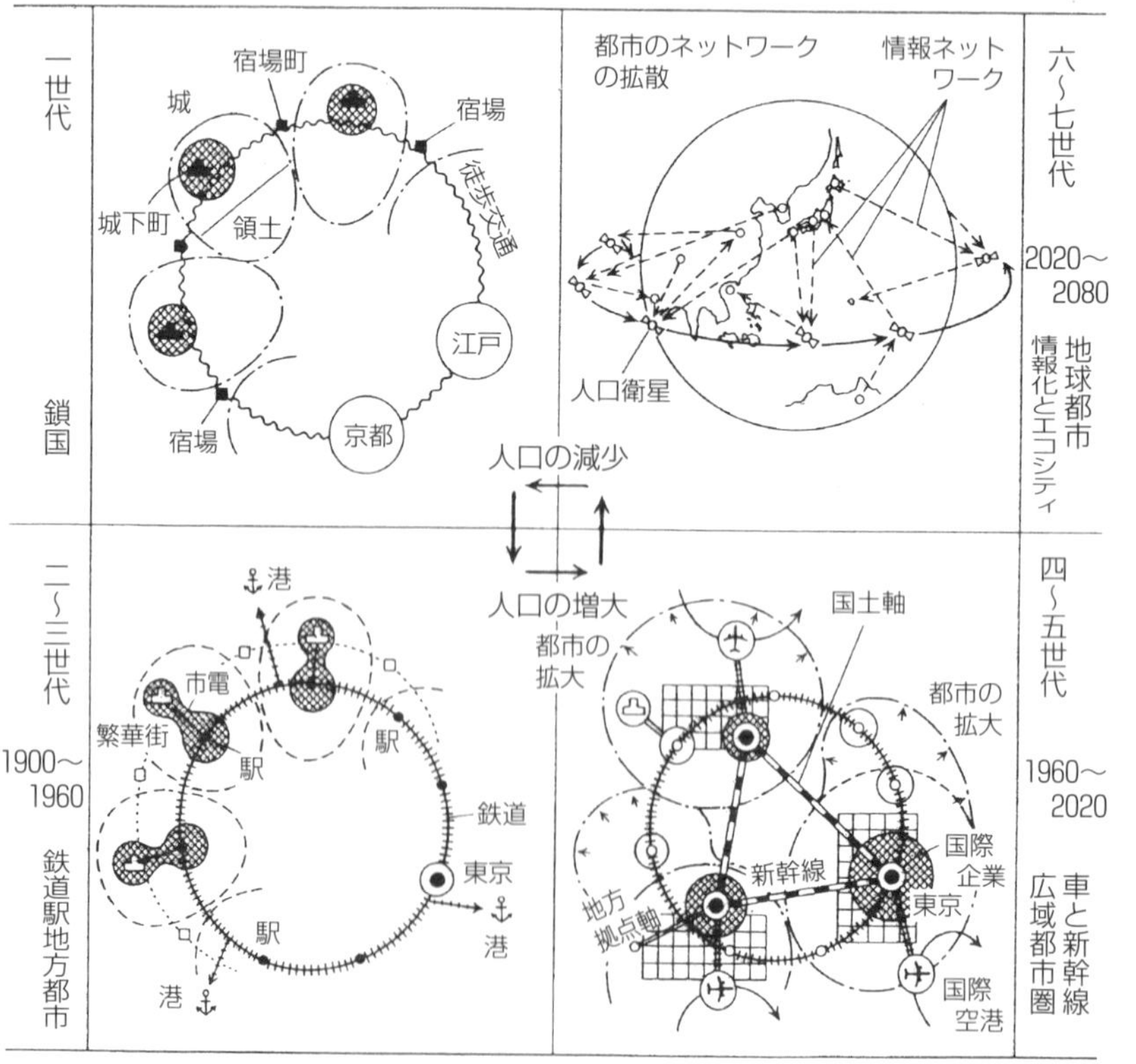

である。これは、一人当たりの地球環境負荷を最小限にした高効率の都市システムを用いることによって、経済的競争力をもたせた現状の大都市の生き残り方で、アメリカ型市場主義がベースにある。しかし、これまでのような車のために道路幅を拡幅し、その相当分は周辺民地の減歩と容積増を認める区画整理的都市計画ではなくて、水辺や緑、歴史的な町並みや社寺仏閣のためにその周辺を減歩させる。「水の道」や「風の道」、「緑や太陽の道」を考慮して、自然の営みが肌で感じられるようなオープンスペースを、今日の都市の骨格に入れ込んでいくことが重視される。そのためには、都市空間をこれまでの広域行政的な発想から、それぞれの生活圏レベルにおける行政区画に細分化し、その核となる中心部を高容積化し、その周辺の地表を開放することによって、極力クラスター化を図るのである。

巨大な都市を一体化しているインフラストラクチャーは必要不可欠な部分のみを残し、分節化された生活圏がそれぞれ自立する形で新しいインフラストラクチャーを導入する。

首都圏を例にとると、三千三百万人が一体となった巨大な都市構造を、人口三万～十万人の単位で数百に分節化した小さな独立した都市構造に変える試みである。首都圏には数百の生活圏が生まれ、それぞれの生活圏のなかで極力自立した日常生活空間を成立させる。

それぞれの生活圏と生活圏の間には自然の水や緑の空間を生み出す。このような巨大都市の形態が、アジアのこれからの発展途上都市の典型的モデルになると考えられる。

その一方で、見捨てられつつある過疎地や地方の小都市に自然環境共生型の住居をつくり、それぞれの住居には高度なテクノロジーを使用し、太陽発電や雨水利用などの自立型の田園都市をつくる。そのインフラストラクチャーは、日本の環境容量にバランスしたものにすることによって、アジアの都市は古来の生活様式や建築様式をもとり入れた環境共生型で、ハイテク型の都市になる。この様式は、ヨーロッパの

図表6　吾唯知足のパラダイム（規範）転換

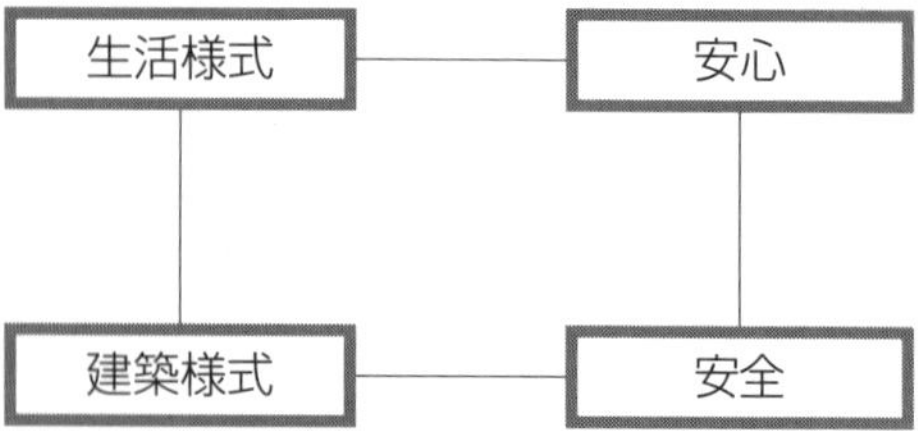

反市場主義のモデルである。日常はコンパクト型の巨大都市に住む老人や子どもたちにとって、本当の自然や伝統的生活の体験場として、また、都市生活者のリハビリの場としても後者の都市像が必要になる。

この両極の中間に今日の都市像が存在していると考えれば、これから求めるところのソフト面やハード面がわかりやすくなる。

都市は都市らしく、田舎は田舎らしくつくり、その両方に生活拠点をもつことによって、世界の文化や文明を理解する日本人の生活基盤をつくるのである。「職寝分離」や「老若男女」や都会と田舎の住み分けではなく、また都市の大小を問わず、それぞれの地域に適した形での生活様式や建築様式を創り上げることが二十一世紀の日本の都市像を創り上げることになろう。

5

「この都市のまほろば」を求めて

町村合併や道州制、中央集権から地方分権へと二十一世紀の日本の都市は確実に国民国家から生活者主体の市民文化の時代になる。しかし、そのシナリオがそれぞれの地方都市に見えていないのが問題である。知財立国・観光立国はナンバーワンからオンリーワンの必要性を求めているものの、文明と異なり文化の競争はわかり難い。多様な価値観と新しいライフスタイルの定着はこれからであって、現実社会ではわかっていないのが現状であろう。

都市間の文化比較をするにあたり、『東洋経済』の都市データパックに見る住みよさランキングとは異なる表現として、『中央公論』に「この都市のまほろば」を連載することになった。趣旨は「深田久弥の日本百名山」では千五百メートル以上の高さの山々を品格、歴史、個性、演技、風物の魅力に分けて記したことを参考に、日本中の百都市とこれを強く刺激するアジアの周辺二十都市を書くことにした。百万人の求心力をもつ都市を百都市以上選べば、二十一世紀中には日本中の都市像が書けるはずである。

「まほろば」とは「ほんとうの本物」という意味で、そんな都市をつくるためには、現状から消えるもの、残すもの、そして創ることについて記すことが不可欠と考えた。

この都市から「消えるもの」、変化するダイナミズムあっての生きた都市である。人と食の生活文明がそれに相当する「ケ」の場の姿で、消えてほしいもの、消したいものもある。一方、だからこそ残しておきたいもので、必要不可欠なもののもある。「残すもの」は歴史であり、地の利であり、自然の風土であろう。百年を超えて千年も万年先も残すべきもののなかに、人間が築いた文明や生活文化もある。そんな素晴らしい文化も、最初は創造という文明の挑戦から始まる。伝統は創られ続けることによって維持されるといわれるように、この都市には「創ること」があって初めて継続する。生まれ変わることなくして「この都市のまほろば」は存続し得ない。雑誌『中央公論』や単行本『この都市のまほろば』(中央公論新社)、インターネット(http://www.npo-aiue.org/100city/)を通じてすでに六十都市を発表したことで、多くの方々からたくさんの情報を得ることができた。外部評価の時代、見られ、評価されることによって都市も磨かれ輝くはずである。日本のみでなく、急激な変化を続ける周辺アジアの都市と比較すると、それぞれの都市がもつ「まほろば」がさらによく見えてくる。

図表7　この都市のまほろば（100都市）比較

Vol.1（既）	Vol.2（既）	Vol.3（進）	Vol.4（予定）	Vol.5（予定）
1　室蘭	21　函館	41　旭川	61　札幌	81　小樽
2　仙台	22　盛岡	42　弘前	62　青森	82　山形（米沢）
3　鶴岡・酒田	23　会津	43　秋田	63　いわき	83　郡山
4　鎌倉	24　つくば	44　宇都宮	64　水戸	84　日光（足利）
5　川崎	25　川越	45　高崎	65　浦安	85　さいたま
6　富山	26　横浜	46　前橋	66　川口	86　所沢
7　金沢	27　新潟	47　千葉	67　船橋（市川）	87　小田原（藤沢）
8　岐阜	28　諏訪	48　横須賀	68　長岡	88　高山
9　名古屋	29　熱海	49　福井	69　豊田	89　豊橋（岡崎）
10　伊勢	30　浜松	50　甲府	70　四日市	90　彦根
11　近江八幡	31　京都	51　長野	71　松阪（津）	91　東大阪
12　大阪キタ	32　神戸	52　松本	72　大津	92　西宮（尼崎）
13　岡山	33　和歌山	53　静岡	73　大阪ミナミ	93　橿原
14　広島	34　松江	54　姫路	74　堺	94　福山
15　松山	35　高松	55　徳島	75　奈良	95　萩
16　北九州	36　福岡	56　佐賀	76　鳥取	96　久留米（柳川）
17　熊本	37　長崎	57　鹿児島	77　山口（下関・宇部）	97　大分
18　別府	38　那覇	58　ハノイ	78　高知	98　宮崎
19　上海	39　西安	59　天津	79　台北	99　杭州
20　ソウル	40　北京	60　長春	80　シンガポール	100　香港

（Vol.6東京予定　2006年12月1日現在。（既）は中央公論新社発行。（進）はホームページ（http://www.npo-aiue.org/100city/）。）

図表8　都市の盛衰とその評価

Step	人口規模（万人）	欲求の段階	産業構造	先進性	環境評価	インフラ	例
1段階	1,000	自己実現	五次産業（風格）	大国	ゆとり	衰退･改革･再生	東京､N.Y.
2段階	300	自我の確立	四次（サービス）	先進	快適	自然インフラ	
3段階	100	社会的地位	三次（観光）	中進	効率	自然インフラ	
4段階	30	安全・安心	二次（工業）	途上	健康	人工インフラ	
5段階	10	生理的欲求	一次（農業）	途上	安全	人工インフラ	

例えば、**図表7**に示す日本とアジアの百都市間の違いを比較するとおもしろい。皇居と紫禁城、王府井と銀座、御所と鼓楼、ハノイと松江、租界地の活用、港の風景、公園と水景の利用などである。オンリーワンを競う時代にあって、大切なのは、その土地特有の自然や歴史・文化や地域の資源である。

図表8に都市のスケール、主体者の欲求レベル、産業構造、先進性、環境評価、都市インフラの主軸構造を段階的に分けてみた。都市評価には、このような段階に分けた上で比較検討し、その主体者を明らかにした上で対策を考えることが必要ではなかろうかと考え始めている。

二　情報都市へのアプローチ

菊竹 清訓
Kikutake Kiyonori
日本建築士会連合会名誉会長

〝都市は、システム・サイエンスの立場から考えていくべきだ。〟

総理府主催で日本の主要な大学が提案した〝日本の将来の提案〟（参考文献①）の発表の場で、早稲田大学名誉教授高木純一先生（参考文献②・③）は、こう発言された。さらに高木先生は、『蛙は素早く動くハエを捕まえることができるのに、ゆっくり近づいてくる蛇に気付かないで食べられてしまう。国土計画も、二年か三年後のことを考えて計画するのではなく、ゆっくりと将来を見据えた長い目で捉えるべきだ』ということを述べられて、たいへん共感を呼んだ。このことは多くの示唆を与えている。

その高木先生の弟子で、早稲田大の電気通信の名誉教授平山博先生から、回路について指導を受けた。そして、電力電線の回路（ネットワーク）工学理論を都市計画に用いることができるのではないか。そんな仮説から、わたしはネットワーク都市論を考えるようになった。

チャンネル開発とは

一九七五年、クリストファー・アレキサンダー（独）とわたしはアメリカのバークレーに招かれ、新しいデザインについて講義をすることになったが、彼は『パタン・ランゲージ論』（参考文献④）を取り上

図1　ふるさと通り

みどりのネットワーク

東急多摩田園都市のセンターとして、ここに高層住宅を予定している。並木のみどり（文化）のネットワークに、商店街、図書館、美術館、公園をつくり、ふるさと通りとなるように、並木の苗を植樹した。

げ、わたしは『更新性（メタボリズム）』を取り上げることになっていた。そこで目にしたのは、道路線形に住宅が配置された彼の奇抜な計画だったが、今思えば、このことと回路には、同じような問題が潜んでいたように思う。その後、東急多摩田園都市の約五千ヘクタールの壮大な住宅都市の構想で、電気通信に似た回路システムによって考えることとなった。（図1参照）

のちにそれは「チャンネル開発」というタイトルで雑誌（参考文献⑤）に発表したが、これは産業社会から情報化社会に移行していく際、社会的変化が都市をどう変えるかについて考えたものであった。

また、「チャンネル開発」とは、言い換えれば「情報化社会における住宅地の計画」である。これまでは一般的に地区計画が進んでいたが、これを回路で考えたらどうかというのが新しい提案である。今でも、住宅団地などは地区計画にのっとって計画されているが、地方からの農業離脱者、核家族の集合、大都市の家族間の交流や多様な職業の混在など、果たしてこれからどういうコミュニティが成立するのかという危惧と情報化社会の到来（それは今やコンピューターや携帯電話、インターネットやメールなどの急激な進化でさらに加速している）に対応して、どういうコミュニティが生まれ、都市再生にどう対応するかを考えようというわけである。

都市の論理～チャンネル開発が生まれるまで

わたしが都市について深く考えるきっかけとなったひとつは、羽仁五郎先生がまとめられた『都市の論理』（参考文献⑥）という本である。羽仁先生は、『明治維新』（参考文献⑦）や『ミケルアンジェロ』（参考文献⑧）などの著書が有名で、初代国立図書館館長や参議院議員も務められた。その羽仁先生を囲んで、戦後ヨーロッパで提言された「アテネ憲章」の都市論に始まり、戦後復興から精神医療、人権問題までを広範囲に議論する勉強会があった。わたしは、川上武さんや医療問題の評論家の方とも付き合いがあり、その会合に加わって、羽仁先生と武谷三男先生を中心とした都市問題の議論に同席させて頂いた。

理想都市〈満州とアレキサンドリア〉は植民都市から

かつて、東大の都市工学部をつくられた高山栄華先生が〝日本は満州に夢を持った。〟と述べられている。早稲田大学でも、都市計画の中心だった武基雄先生の研究室で秀島乾さんが進められていた新京計画や、内田祥三先生はじめ東大の都市計画の諸先生が大連、ハルピン、奉天などに出かけていって、理想の都市づくりを考えられていた。

このことが、その勉強会で議題になった。高速鉄道の「あじあ」号のような新幹線の前身となる列車を走らせたり、国内でもまだ走っていない高速道路をつくったり、満州の中に新しい理想の都市をどんどんつくっているという話を羽仁先生にお話したところ、〝それは当然だ。エジプトでは、本国で実現できなかったことをアレキサンドリアで実現している。例えば、地中海で最も立派な灯台をつくり、最高の図書館をつくり、港湾施設をつくるといったように、アレキサンドリアに理想都市をつくったという事実がある。だから、植民都市には十分注目すべきだ。〟と言われたことが、今でも強く印象に残っている。

そこで議論は、〝都市は論理的に考え、つくられるものなのだ。〟ということから、羽仁先生は〝植民都市こそ立派な都市がつくられる素地があって、論理的成果として正しく評価すべきである。〟と言われた。

都市に三段階の方法論

前述の武谷先生は、ご存知のとおり、日本で初めてノーベル賞を受けた湯川・武谷・坂田という京都大学の中間子理論グループのおひとりで、早稲田大学創設者の大隈重信総長と同じ佐賀のご出身で、地主だったわたしの家の土地に近いこともあって、親しく教示頂くことができた。

そこで、日本の原子物理学が中間子の存在を理論で見つけ出したという重大な事実を知った。アメリカは豊かな資金を基に、大きな実験装置をつくって何度も実験を繰り返し、新しい原子物理学の発見をしていくわけだが、日本の研究グループはお金がない。そこで、理論で見つけ出したということである。その際に基礎となった事柄が『弁証法の諸問題』（参考文献⑨）という薄い小さな本に記されていて、中間子の存在を論理的に実証したという方法論の重大性に気付かされたという内容である。

わたしは、さっそく武谷先生にどういう論理の組み立てなのかと伺ったところ、「三段階の方法論」ということだった。これは非常に有名なので皆さんご存知だと思うが、簡単に触れさせて頂くと、最初の段階は〝現象論的段階〟である。この現象の奥に〝実体論的な段階〟があるとされていて、わたしなりに言えば、それは技術や科学ではないかと思うが、これが現象としての外観やかたちになっている。さらにその奥に〝本質論的な段階〟があるという。

当時、イタリアの著名な都市建築評論家ブルーノ・ゼヴィから絶大な評価を得ていて、西のブルーノ・ゼヴィか、東の川添かと言われるくらい、おもしろい評論を次々に発表されていらした日本の評論家・川添先生（当時は新建築の編集長）もやはり、方法論として三段階の論理を考えておられて、〝姿〟と〝形〟とそのもとになる〝本質〟ということが述べられている。

わたしもそれに非常に興味を惹かれ、考えたのが『三段階の方法論』（図2参照）の構造である。もしこれを都市や建築にあてはめたらどうなるか。建築家に方法論はいらないという人もいるが、都市や建築のデザインに行き詰まったとき、その解決に役立ち、我々の方法論は都市や建築を考える上で発展に大いに寄与してきた。
その方法論による模索の中で、前述の回路工学に出会い、チャンネル開発を考えるきっかけとなった。

住区と回路（ネットワーク）

C・A・ペリーが提唱した「近隣住区論」は、小学校単位で一街区を住区とし、だいたい一千戸くらいの住宅を配置するという考え方である。この住区に対して、チャンネル開発によるネットワークの考え方

図2　方法論

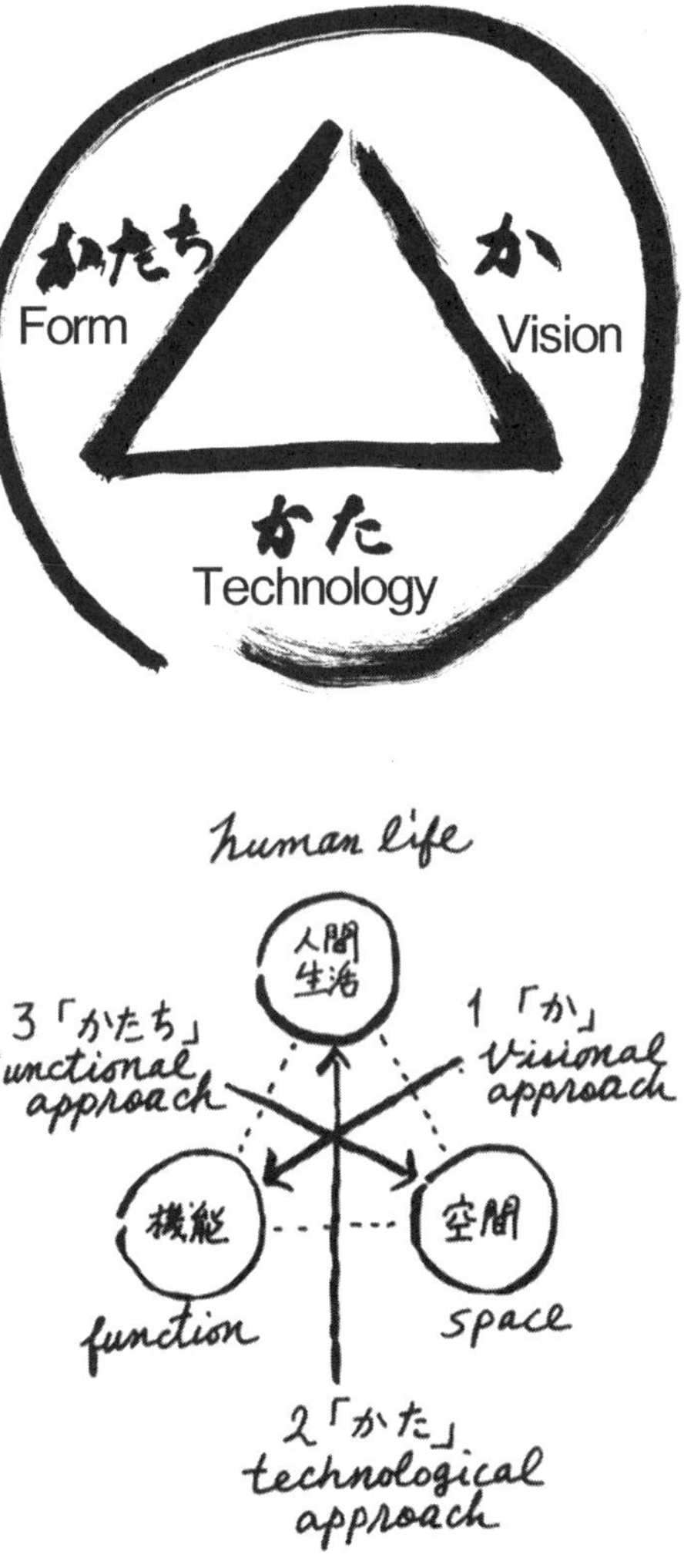

で取り上げる理由は、住区が空洞化し、孤立していく住民がいるとすれば、それらをうまくつなぐ方法として、回路＝ネットワークの理論を当てはめることはできないか、ということからである。

一九六五年の東急多摩田園都市の計画（参考文献⑩）では、平山先生にご指導を頂き、情報化社会の住宅都市を考え始めた。まず、この都市デザインをどう進めるか、その方法をどうするか、ネットワークと地区がどういう関係にあるかを検討した。これは非常に重大な、新しいテーマだった。これが我が国で最初のネットワーク（回路方式）による都市デザインで、言い換えれば情報都市の計画だったわけである。

平山先生の〝都市デザインも通信理論に関係があるかもしれない〟という示唆から、先生の「回路研究室」で考え始めたことを覚えている。そこで、ネットワークについて東京の住宅地の調査を始めた。（図3参照）

都市は常に初めから都市として完成しているわけではなく、あとからどんどん発展して出来上がっていくわけで、メタボリック（新陳代謝）に成長、発展していく。その場合、どうネットワークを組んで成長、発展を促進させるか。通信では、落雷で断線したときでもバックアップをどうするかを考える。都市でも地震や洪水があり、その復興が容易にできるように考えておく必要がある。これらを通信理論の数式にならって考えていけば合理的に計画できるかもしれない。そうして、デザインをネットワーク都市として考えることは、極めて論理的なことであると分かったのである。

田園都市の開発

東急多摩田園都市（参考文献⑪）は、渋谷から西に延びる新線に沿って、約五千ヘクタールの新都市をつくることが目標だった。そこで、〝都市をネットワークで考えたらどうなるか〟を、具体的な計画として、東急田園都市にあてはめて考えたのである。

図3　東京都の調査

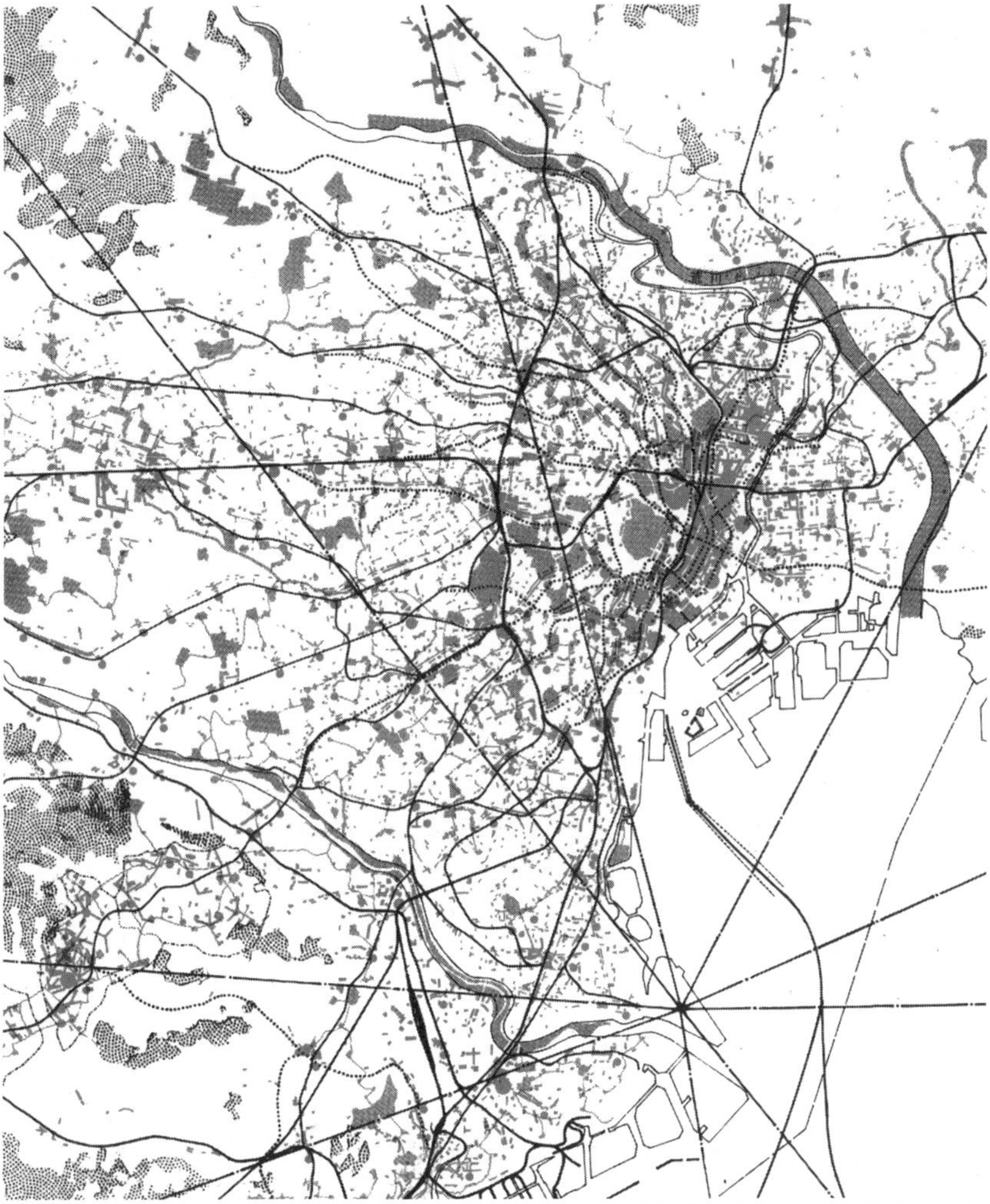

東京では、道路のネットワークに路地の役割を加えて考える必要があり、公園や神社、仏閣の緑地、文化施設をグリーンのネットワークで結ぶと、そこにパターンが浮かび上がる。既存の長屋のすばらしさを評価すべきで、鳥取県の米子で行った不良住宅地の調査では、道路幅員が狭く、防災上の欠点とされていた地区も、消防車の幅を狭くすれば、解決の道がある。

東急が困っておられたのは、まだ人口が定着していないところに先に電車を通したことだった。普通は、土地を買収してそこに鉄道を通し、地価の値上がりを待って利益を上げるという順序なのだが、東急はまず田園都市線を引いてしまったのである。鉄道を引いたら、周りの地主はこれから地価が値上がりするというので土地を売らない。駅前の好立地の土地が売れずに寂れ、いくら時間が経っても都市が発展していかない。住宅や都市開発の場合、まず地区を決め、住宅地区の中央に学校用地を決め、開発する側の負担で学校をつくることになっている。しかし、これではその負担ばかりが多くて、都市開発は一向に進まない。そこで、開発の都市デザインはないかと意見を求められた。

わたしは、そういうときに電力や通信と同じようにネットワークの考え方が有効ではないかと考えた。交通ではネットワークをどう考えるかということになる。

交通の問題は、A点からB点にいくのに、道路を歩いて行くことができる。また自転車で行くことができ、道が広ければ自動車を使ったり、電車や地下鉄を利用することもできる。つまり、選択ができる。そこに住んでいる人は、選択ができることで生活の自由を感じ、いろいろな可能性を得ることができる。これがチャンネルという理由である。

チャンネル数で言えば、歩いていくのを1チャンネル、自転車で行ければ2チャンネルということで、チャンネル数が多くなり、チャンネルが多いほど近代都市だということになる。実際にある都市の状況を調べてみると、確かに交通の便利のいいところは地価も高いし、都市も発展している。交通のネットワークをどうつくるかということは、都市の発展を左右する大きな問題だということわかった。

交通のネットワークでおもしろいことは、幾つかの路線が交わったり、そこから乗り換えて次の路線に接続したりするような分岐点は、急速に開発が進んでいる。そして、ネットワークはなるべく集めたほう

図４　回路ネットワークと拠点ノーダルポイント

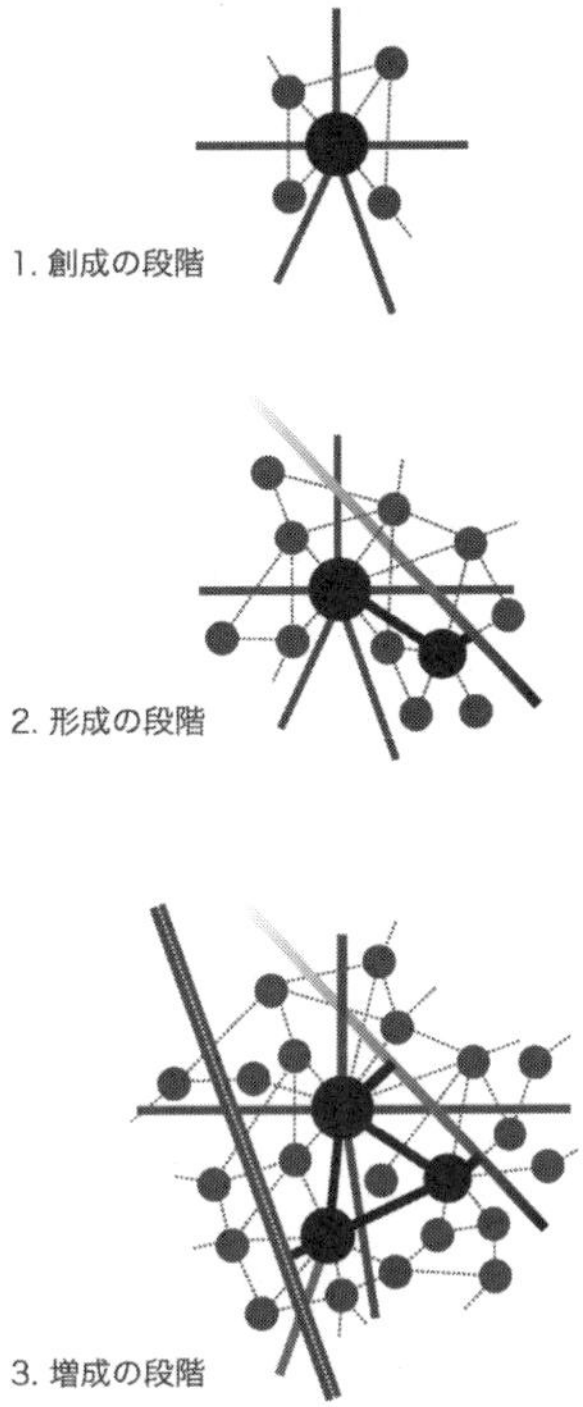

拠点とネットワークを投入し、周辺地域の新しい開発を誘発する。

がいいということもわかってきた。つまり、ノーダルポイントがあって、その交点にあたるところを多くすると、早く発展するということが調査でわかっている。（図４参照）

ネットワーク都市の発展

また、交通に付属して商店街の問題もある。住宅都市にとって商店街は非常に重要なネットワークであり、商店街が寂れるのは、大型店を住宅地の中心に配置する点的地区計画のためだということである。経済統計上から都市の調査をされた方に、帝京大学名誉教授の佐貫利雄先生がおられる。先生は、元日本開発銀行の調査部で、ノーダルポイントに相当するところの商店街は一年間に何メートルずつ発展するかとか、商業施設の発展のスピードなどのデータを整理されてもっておられた。

こういう調査は、東京だけでなく地方都市でも海外の都市でも調べてもらったのだが、非常におもしろ

写真1　桜並木

東急多摩田園都市の桜並木（あざみ野ソメイヨシノ）

写真2　ショッピング・モール

駅と直結したショッピングセンター

図5　グリーン・ネットワークの想定図

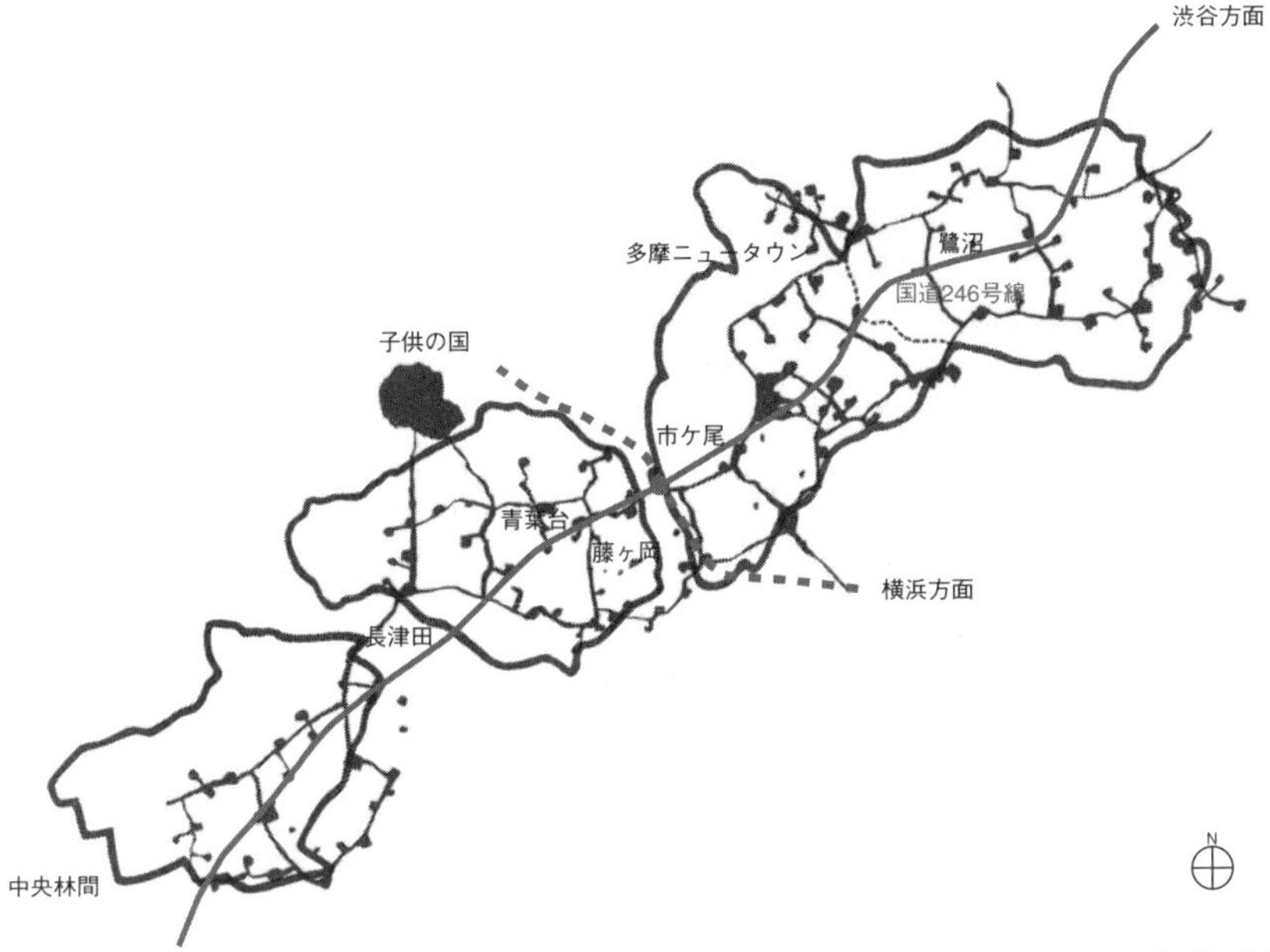

ラダー状のふるさと通り（線のネットワーク）は谷道である。これに商店街を配置すれば、街づくりに役立つ。

いことに、ショッピングのネットワークの長さについて世界的に妥当な数値が出ている。だいたい五百から八百メートルが商店街のネットワークの長さで、その長さをもった商店街がいくつも繋がって、都市の中に展開しているということも分かってきたのである。（写真1・2参照）

グリーンのネットワーク（文化の回路）

そこで、既存都市ではもっとほかにもネットワークがあるのではないかと調べていくと、グリーンのネットワークがあった。また、関係が深い文化のネットワークがあることも分かった。そこで、約五千ヘクタールの多摩田園都市の敷地の中にそういうものを落とし込んでいった。ところがこれはあくまで仮説であって、理論としては言えても、それを証明することはなかなか難しい。

また、ネットワークの成立には、地形も意外に大きく影響している。単純化して言えば、水の道とも言える尾根道と谷道というものがあって、谷道には人の集まる商店街や公園などが成立しているし、尾根道には学校や公共施設が立地している。こういう地形が作用して、ネットワークが出来上がっていることもわかってきた。(図5参照)

ネットワークと建築

都市から建築に視点を移して、ネットワークを建築にあてはめて考えるとわかりやすい。

アメリカの哲学的建築家であるルイス・カーンが一九六〇年に来日された時の講演で、学校建築について、〝教室がマスタースペース(主空間)で、廊下がサーバントスペース(従空間)だ。〟ということを述べられた。わたしは、これはしめたと思って、〝コリドーこそが重要であって、クラスルームは同じ大きさでいいが構成的にはそんなに重要ではない。〟と全く反対の意見を述べた。それ以来議論することが続いて、渡米してペンシルバニアの大学を訪問すると、学生がおもしろがってカーンさんとわたしを取り囲んで、論争に加わってきたりした。

近年、日本で問題になっている学校で起こる外部からの侵入者による傷害事件の原因は、学校建築のネットワークシステムの計画に一因があると思う。事件が起こる学校は、ネットワークとしての廊下のシステムがまずい場合が多い。つまり、学校のネットワークがうまく機能していないことも関係しているのではないか。

そのことを具体的に文京区の例で挙げてみると、黒田小学校(現・文京区立五中)はネットワークが実にうまくできている。玄関の手前に用務員室があり、生徒はまず小使いさんに挨拶し、靴を脱ぐと目の前に職員室があるので、今度は先生に挨拶する。つまり、情報を持ったネットワークなのである。一方、関口台町小学校のほうは新しくできた学校なのだが、廊下の構造に原因があって、あまりうまくいっているとは思えない。誰もネットワークについて指摘していないが、コリドーの設計によって、雰囲気が明るいか陰気か学校の個性も決まってくる。

国際会議場においても、会議室とネットワークの関係が重要である。例えば、国連の会議がなぜあんなに能率悪く、進展しないでもめるのか。わたしはそのことを国際的な会議でも議論してきたが、その一因はネットワークにあると思う。京都国際会議場のコンペでわたしたちが提起した問題も、ネットワークを重視した計画だった。

では、一体会議はどこでやるのかを考えてみると、実はほとんどが会議場ではないのである。会議場はセレモニーの場であって、結局あまり議論はできないようだ。つまり、会議をする前の下打ち合わせや、ネゴシエーションしたりする身近なコミュニケーションの場こそが本当の議論の場であり、会議場のもっとも重要な場所であって、そうした場所が多ければ多いほど、本会議は実質的でスムーズになると言えそうである。それこそが、ネットワークであるロビーや廊下の役割であり、もっとも情報が集まる場である。さらに、箱根の国際会議場のコンペは、会議場を哲学的な観点から提案せよというものだったので、わたしは出入り口が多くネットワークの完備された会議場の提案をした。これが自由の都市であり、情報社会の会議場だという提案だった。

余談だが、日本のある航空会社から機内インテリアの依頼を受けたとき、シアトルのボーイング社を訪れた。世界中の空路にセールスエンジニアを派遣し、それぞれが各国でどういう需要があって、飛行機の大きさから、どういう機種を開発したらよいかまでを調査していた。社内では、重役よりも彼らの発言権が大きくなり、彼らの意見を中心に次世代の航空機の企画などが決められるようになっていた。つまり、世界中の顧客とボーイング社をつなぐセールスエンジニアの「ネットワーク」こそ最先端の情報源で、ボーイング社のもっとも重要な情報として認識されていたのである。いみじくも、彼らの工場は目的の部屋に行くためのドアだけが開いて通過することができるという廊下のシステムが全館に取り入れられていて、実に出入り口の多い（選択枝の多い）建築だった。そうした「ネットワーク」を重要視する考え方は、航空機の設計におけるフェイルセイフティのために、幾重にも重なる回路理論の経験と重なることは偶然ではあるまい。

海洋の活用

わたしの最後の希望と期待を述べておきたい。それは、海上にフローティング・リニア都市を成立させることである。

世界的に見ると、日本は東京に一極集中していてひ弱だ。そこで、瀬戸内海に面した海岸都市が集まって、関東に匹敵する東京を超える未来の現代都市をつくることに意識が向けられるべきではないかと思う。その前提として、すでに三本の本四架橋が完成しており、リニア都市五百キロを実現するインフラが完成している。ここで必要なことは、大阪・神戸・大分・高松の各空港間を、超高速リニア鉄道（時速五百キロ）で連結することである。そして、沿岸部を本四架橋とハイウェイに密接に連結させる。その上で、沿岸都市の公共施設を海上リニアに集結させ、医療・教育・生産・住居の各レベルで世界最高のコンプレックスを目指す。また、沿岸都市の災害に対して、本格的で大規模な救援活動を行い、海上ベルトへの避

図6　海上リニア都市構想

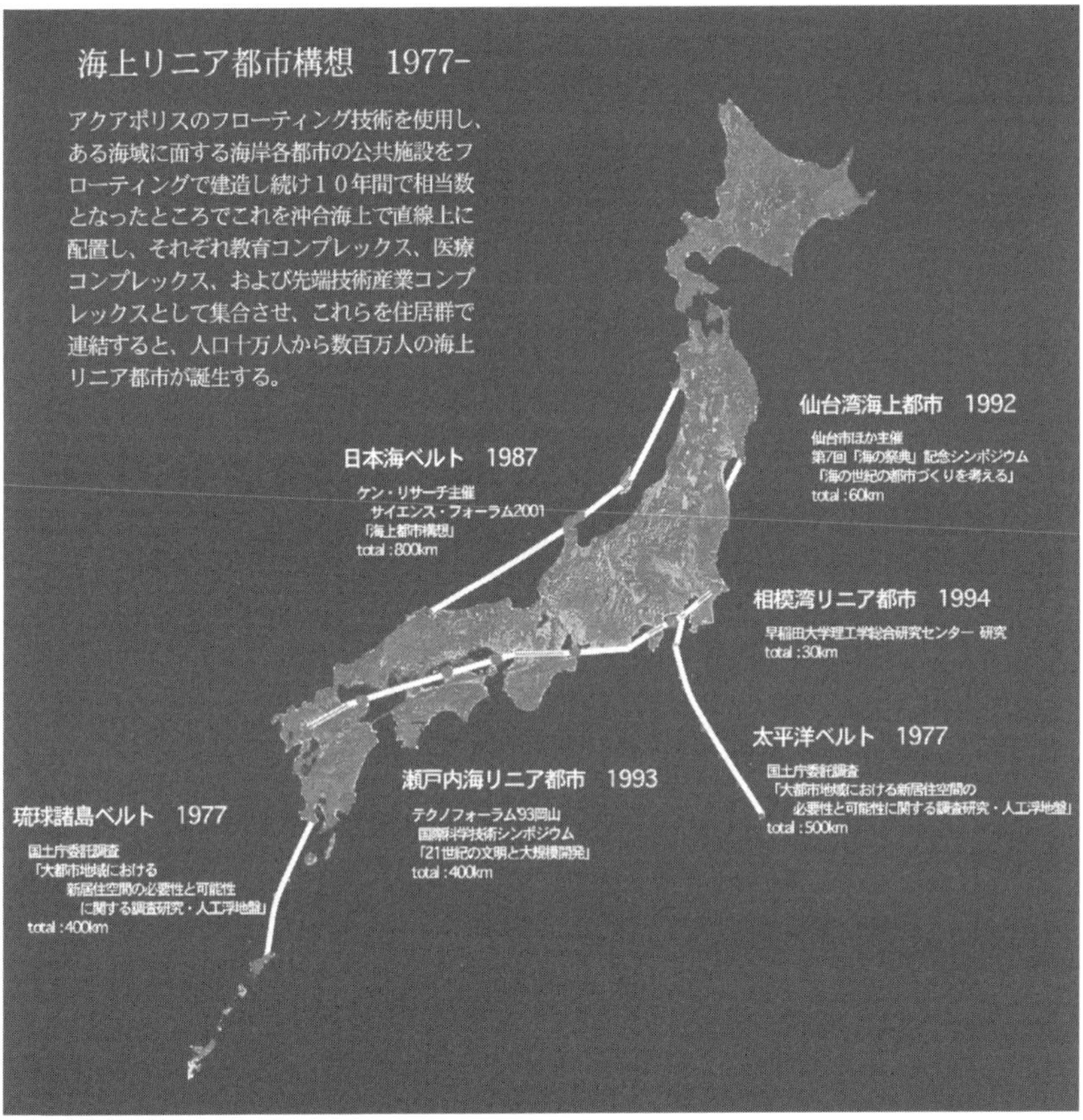
海上リニア都市構想　1977-
アクアポリスのフローティング技術を使用し、ある海域に面する海岸各都市の公共施設をフローティングで建造し続け１０年間で相当数となったところでこれを沖合海上で直線上に配置し、それぞれ教育コンプレックス、医療コンプレックス、および先端技術産業コンプレックスとして集合させ、これらを住居群で連結すると、人口十万人から数百万人の海上リニア都市が誕生する。
仙台湾海上都市　1992
仙台市ほか主催
第7回「海の祭典」記念シンポジウム
「海の世紀の都市づくりを考える」
total :60km
日本海ベルト　1987
ケン・リサーチ主催
サイエンス・フォーラム2001
「海上都市構想」
total :800km
相模湾リニア都市　1994
早稲田大学理工学総合研究センター 研究
total :30km
太平洋ベルト　1977
国土庁委託調査
「大都市地域における新居住空間の
必要性と可能性に関する調査研究・人工浮地盤」
total :500km
瀬戸内海リニア都市　1993
テクノフォーラム'93岡山
国際科学技術シンポジウム
「21世紀の文明と大規模開発」
total :400km
琉球諸島ベルト　1977
国土庁委託調査
「大都市地域における
新居住空間の必要性と可能性
に関する調査研究・人工浮地盤」
total :400km

難なども計画に組み入れて考える。瀬戸内海の海上事故を解消し、さらに魅力的で美しい環境にするため、海上リニアの免震、リゾート、観光ベルトの緊急な実現構想である。

わたしはこの海上リニア構想によって、二十一世紀の新しい日本の姿を世界に示すことができると思う。この計画は、数十兆円の予算を国内・海外から広く募り、約十年で完了させる。日本の造船業、建設業、基幹産業の鉄・アルミ・チタン・ガラス・セメント・繊維・家具・照明など各種産業を活性化させ、その統合によって資源の有効利用や廃棄物の再利用と清浄な人間環境のとるべき方向について、新しい環境モデルを示すことができるし、わが国に求められていることだと思っている。（図6参照）

まとめ

ＩＴ技術による情報化時代のスピードは非常に速く、その影響は開発途上国、先進国を問わず、また波及する範囲もリアルタイムで、国境を越えた領域になるはずだ。そして、時差を利用した二十四時間連続するワークスタイルはこれまでになかった革命とも言うべきライフスタイルを生み出し、これが都市を変え、生活を変えることとなるだろう。情報化社会の建築や都市がどうなるのかは、都市の統廃合を伴うこれからの新しい課題である。環境デザインもまた、この影響を逃れることはできない。しかし、情報革命は人間にとって、平和で安全な世界、差別のない社会、楽しい環境をつくりだす自由を目指しており、大いに期待している。

こうした中で、情報都市、建築の未来に求められるのは、いかに効率よくネットワークを構築するかではなく、いかに偶発的にネットワークが形成される環境を生み出すかではないだろうか。それは、ＩＴ技術といったヴァーチャルな情報を量・質ともに上回る、行き来する人と人との直接的で豊かな環境をいかに生み出だすかに尽きよう。

わたしの都市についての提言は、社会的にどう受け取られるのかは分からないが、統合的な政治・経済・文化による強力な実現への道をこれからも目指したい。

参考文献

①早稲田大学二十一世紀グループ　吉阪隆正・宇野政雄編、紀伊国屋書店、一九七二年
『二十一世紀の日本＝上　アニマルから人間へ』
『二十一世紀の日本＝下　ピラミッドから網の目へ』
②高木純一著『現代建築は何を示唆するか』早稲田大学出版部、一九五二年、絶版
③高木純一著『システム科学』筑摩書房、一九七二年
④C・アレキサンダー著『パタン・ランゲージ』鹿島出版会、一九七七年
⑤菊竹清訓「ペアシティ計画１９６５」『新建築』一九六六年四月号、新建築社
⑥羽仁五郎著『都市の論理』勁草書房、一九六九年
⑦羽仁五郎著『明治維新』岩波書店、一九八四年
⑧羽仁五郎著『ミケルアンジェロ』新書、一九三九年
⑨武谷三男著『弁証法の諸問題』理学社、一九四八年
⑩菊竹清訓編著『菊竹清訓　構想と計画』美術出版社、一九七八年
⑪『東急多摩田園都市　50周年史』東京急行電鉄㈱、二〇〇五年

三 女性に魅力ある地方都市の形成あれこれ

榛村 純一
Shinmura Junichi
前掛川市長

1 地方都市の活性化は女性の可能性が鍵

いま、日本列島では人口の都会集中、東京一極集中が進み、地方小都市や農山村においては、超過疎や限界集落など老人率三〇〜五〇％を超え、青年がいても独身男性ばかりというような状態になっている。この地域社会の断絶や世代間の断絶は深刻であり、この理由は、ここ三十年続いた女性の向都離村性・都会志向性の浸透によるという説がある。

なぜなら、女性は学歴の高い人ほど東京が好きになったといわれることで、そのわけは四つほど考えられる。まず、第一に、東京は女性の地位・立場や所得が相対的に高く、福祉施策も有利なこと、第二に、全ての物事の選択の幅や機会や刺激が多いこと、第三に、プライバシーが守られること、すなわち匿名性・無名性、第四に、前衛が生きることができる、前衛を楽しむことができる、の四つである。

その逆が地方で、これらのことをほとんど欠いている。しかし、努力すれば男女共同参画等で第一の問題は緩和され、人間のレベルが上がればプライバシーは守られる。前衛という芸術的なこと、革命的なことも、追い出したり足を引っ張ったりしなければ地方でも存立し得るはずである。一つだけ選択の幅と機会や刺激の多さは人口が少ないので達せられないが、それについても、イベントの賑わい演出やお祭りで、さらに都会とのアクセス改良で、ある程度は解決することができる。

かつて日本の歴史は、女性をおっかさん、おふくろさん、肝っ玉かあさん、おかみさん等々と心で尊敬しつつも、実質は抑圧的に忍耐させて使ってきた。したがって、都会に出て行って成功した人は、故郷のおふくろさんを懐かしみ、感謝し、演歌で「あなたの教えてくれた真実、忘れはしない」と唱った。

いま、地方都市の魅力やまちづくりについて、なぜ女性の可能性が鍵かというと、三つぐらいのことが考えられる。まず、産む性としての女性能力は火事場でタンスを持ち出すほど大きいことである。女性は一生に、娘として、妻として、母として、嫁として、姑として、お婆さんとして、職業婦人として、七役をこなす。男性も同義語の七役をこなすが、男性はほぼ同じ気持ちで一生を終えるのに、女性は、娘と妻とは未・既婚の違いが大きく、妻と母も出産・子育ての有無で全く違う。嫁と姑にいたっては永遠の対立というように、女性の一生には心理的にドラマチックな起伏浮沈がある。だから、これは妖怪七変化ともいえるもので、恐ろしいほどの可能性や縁の下の力持ち性を秘めている。

次に、女性の学歴が男性以上に上昇したことと、力仕事が要らなくなったことと、マイカー、携帯電話、メール等により女性の行動範囲が極端に拡大したことと、これら三つによって地方都市の女性活動のウエイトは非常に高くなったのである。しかも母から実の娘へのいわく言い難い情報伝達力の強さは男性にはなく、地域活力の源泉といえる。

三番目に、掛川市が二十数年やってきた女性会議を見てもわかるように、女性は環境問題や福祉問題に敏感で、男では気がつかないことに優しい目を向ける。さらに身の回りの安心安全のことや、食生活改善等に直感的・予感的見方ができる。

これらのことから地方都市を活性化するには、まず女性の定住気分や能力開発を中心に据えることが大切で、それでないと農林業や地方零細企業の衰退とともに、日本列島の約半分が過疎地になり、地域社会が次々と崩壊していくであろう。そこで以下では、その活路・方策を論じてみたい。

2 子育てが安心してできるまちと医師不足の解消

「女性にとって魅力ある都市」という問いかけのアンケートによれば、やはり若い女性の場合、子育てが安心してできるまちが第一位になる。このため産婦人科の充実、乳幼児医療の無料化、夜間救急体制の整備をはじめ、子育て支援や保育園の充実、もしくは幼保一元化、そして子どもの遊び場の確保、小学校の充実と学童保育などが都市の財政力に関係なく求められる。最近、三重県尾鷲市では、五千万円余の給与を払ってきた産婦人科医がいなくなるということで、大騒ぎしているが、産婦人科医がいない町や村はどんどん増えていく。厚生労働省は、毎年三千五百人の医師が生まれ、二十六万人の医師がいるので必ずしも不足していないというが、地方の医師不足は深刻である。医療保険の改正や勤務医・開業医との差別等問題は多く、地域病診連携など賢い母の参画による改革が必要である。

しかし、若いお母さんの要望を聞いていると、負担軽減策の導入のみが多く、選挙のたびにポピュリズムでそれらの願いを他の町との比較で解決させるので、中学校給食がすべてに広がったように、少子化対策という大義名分は百万円の出産手当等にエスカレートする危うさがある。このことは、道路その他の公共投資を削ることと引き換えにやるとか、男性の積極的参加がない限り出口が不明確なものとなろう。

3　徳育保健センターと健康安心サロン

第二位は、行き届いた健康管理体制とか市立病院の程度の高さ、保健センターや人間ドック等のサービスの充実であろう。

飽食と運動不足の時代が長く続き、生活習慣病が際限なく広がっているので、価値観と生活の基本的あり方を変えなければならない。掛川市では、二〇〇一年から「スローライフのすすめ」を提唱し、心や食や健康のことをゆっくり、ゆったり、豊かに考え直すいろいろな提案をしている。それより以前、掛川市はどこのまちにもある保健センターに、冠として「徳育」をつけて徳育保健センターとしたことがある。徳育という言葉は死語になって久しいが、知育、体育のわかりやすさに比べ、徳育は古くさくつかみどころがないからであろう。そこで人間の二大本能である食欲と性欲の躾または意味づけを、食事の教育（食育）と愛撫する教育（撫育）として行い、その二つの行為を限りなく優しく、限りなく美しく、限りなく心を込めてできる躾・教えを徳育という、というように指導してきた。

また、生活習慣病による病気をはじめ予防や早期発見が大切なので、いわゆる人間ドックを健康安心サロンとして充実し、徳育保健センターは多様な女性活動ができる間取りにつくった。もちろん市立病院については愛三六五日、健康な人でも行きたくなる病院をスローガンとし、保健、医療、福祉、介護の地域ネットワーク化が生涯学習活動的に形成されるよう工夫した。

4　四大出の女性がUターンするまちに

地方都市に若い女性が根づくには、何といっても働き場があるかないか、雇用機会の問題が大きい。子育ても介護も社会化して女性の職場は増えたとはいえ、それでも地方へ行けば行くほど職がない。また、勤めていても、出産のときに育児休暇の充実度や男性の参加度が低く、男女共同参画も進まず、市政や自治区等においても女性登用の道が開けていない。女性が活躍する場がたくさんあるまちは魅力あるまちなので、人口の少ない地方都市ではなかなか先述の東京の四つの好条件をもちえないが、企業誘致や観光やソフト事業の開発で、四大出の女性のUターン・Iターンを図らなければならない。

十年ほど前、物議をかもした首長がいた。それは地方都市で女性の雇用の大きいのは市役所や小学校であるが、職場結婚した女性が定年まで頑張ると、せっかく四年制の大学を出た若い女性が採用できないので、新陳代謝してもらいたいと言ったからである。いま、全国の地方から女性が東京の大学に入り、八百万円から一千万円くらいのお金を使って卒業しても田舎へ帰ってこれないので、地方都市は敵の戦力を蓄えているようなものという現象になっている。

5　買い物とレストランは文化の豊かさの指標

子育てが安心でき就職や所得も一応安定すれば、女性にとっての魅力は、買い物の楽しさ、大型スーパーの散策、手近なコンビニの利便性、レジャーがどれだけあるか、外食、中食など食生活の簡便性、地産地消の満足度等々であろう。多様な買い物がワンポイントで楽しくでき、出会いがあり、マイカーで歩ける女性は、どうしても中心商店街よりは郊外スーパー、さらに地方中核都市のそれへと流れる。さらに心理的には大都会、東京へと楽しむ方向を求めていくといえる。

買い物とレストランは、地方都市の文化の豊かさの一つの指標であり、これを充実しなければならないが、食文化の質の高さを示す一品料理のみの高級食事処は、人口二十万人以上ないと成立しえないのが、つらいところである。また朝市とか道の駅など地域おこし機能を育成することも大切なことである。一方、全国どこでも打つ手がないのが中心商店街の復活策で、再開発ビルも立ち上がらない状況なので、若者と女性が集まってくる多機能で意外性・非日常性のある場所に設計し直す必要があろう。

6 ―― 地方小都市の魅力は丈夫で長持ちの木造住宅・修正家族

地方小都市や農村を都会や中核都市と比べた場合、地価が安い点が一つの強みであろう。したがって、戸建ての住まい方とか家屋敷のあり方を充実したいところである。ただし、単に広いとか大きいとかは充実ではなく、核家族でもなく、長男家族でもない、その両方のいいところをとった修正家族という機能をもった住み方が肝要であろう。すなわち、みそ汁の冷めない範囲で、孫を媒介として二世代が仲よく暮らすという方式である。それは農村などで長男が嫁をもらうとき、別屋（別棟）を改造して半別居するのに似ているが、これは風呂、寝室、便所を別にするだけなので、台所や家計までも別にする必要がある。そうすれば、嫁と姑は自然にプライバシーが尊重され、二人で出歩くこともできて、孫の教育ケアにもよい状態となる。

また、大径木の長持ちする百年、二百年住宅を建てることをすすめたい。天然乾燥の太い柱の国産材で家を造れば百年は十分もち、代替わりのとき内装・間仕切りだけ改造すればよい。日本人は都市化するとともに自分一代家一軒となり、ローンに追いまくられて終わるが、地方都市は悠々と三世代以上同じ家に住み、浮いたお金を自由時間・消費に回せばよいことになる。このストック型の考え方が増えれば日本にも住宅の中古市場が育ち、居住と家財の流動性を高めることもアメリカのようになる。

一方、農家の場合、嫁に当たる女性の相続権の確立が大切であり、出て行く家つきの娘よりは、嫁に来た女性の相続権を尊重し養女にしなければならない。その配慮のなかった家制度の嫁のつらさ、財産上の無力が女性の向都離村志向に拍車をかけてきたのである。

7　観光開発の十五条件とおかみの才能

観光や交流人口、そしてリゾートが地方都市の魅力に大きいウエイトを占めることはいうまでもない。どこへ講演に行っても必ずそれらの手法を質問される。そこで私は、戦後に入込客が五十万人以上に増えた地域を分析して観光開発の般若心経的指針を作成した。すなわち、観光まちづくりには十五ぐらいの条件がある。まず基本五条件として、見所、美味、買い物、名物・名産、遊ぶもの、美しいもの、これらを覚えやすく見、食、買、遊、美と暗記する。次に背景五条件として、歴史、お祭り、人、宿、夢、そしてさらに拡大五条件として、交通、周遊、国際、学術、近者喜ぶの十五条件の整備が大切と暗誦するのである。このうち女性との関連で特記したいのは、背景五条件の人、宿、夢と近者喜ぶの一句である。旅館はおかみの魅力でもつといわれるが、宿も夢も女将のセンス才能次第であり、近所の女達がそのまちの観光事業に喜んで参加しているかどうかが一つの鍵である。かくして、これっしか文化など独自の産物が生まれ、誇りに思えるものが観光資源に磨かれていく。女性が観光地リゾートを美しくし、観光リゾートが女性を魅力的にする関係が大切である。

一方、駅とか空港とかインターを整備して、東京大阪や大都会との速達性のアクセス確保は、女性に魅力ある都市形成の必須条件である。そのことを何となく予感した掛川の主婦たちは、新幹線掛川駅のために一戸平均十万円募金を、「お父さん、出して作ったほうがいいわよ」と了解したのであった。

8 ― 自然と食と農のアウトドアライフで健全な子どもを

女性は感性豊かであり、子育てと環境について敏感である。地方都市の魅力は自然森林の豊かさと食や農の文化が安心安全な形で身近にあることである。そこで自然と食と農をセットにしてアウトドアライフを充実し、健全な子育てをすることを地方都市の特色・強味・魅力としなければならない。また、水質浄化や廃棄物など環境問題に参画してもらい、環境の美しさをすすめる緑化や花と緑のガーデニング等の生き甲斐により、魅力あるまちづくりの参加の切り札にしたいところである。花の会とか旬の食の会とか名物名産の地域おこしとか、女性の活動の場は多くあり、こういう豊かさが地方都市の魅力であろう。その事例として掛川市では女性の生涯学習の場として、「森の都ならここ」という自然教育の場を整備したり、「今しか、ここしか、これっしか」の三しか文化の物産販売店「これっしか処」を第三セクターで駅に設置し、年間三億円売ったりしている。また東海道一の「道の駅」をつくり、二百戸の出品農家を育成し、このうちの若い女性たちは「農家の嫁」とはいわずに「女性農芸家」といって尊敬し合い、批評し合い、農産物に磨きをかけている。自分の農作物を直販し、消費者の満足の声を聞けるのは、最高の喜びである。

9　プライバシーを守る女性区長出でよ

地方都市の女性にとって煩わしいとか窮屈なことは、プライバシーが守れないことである。昔、よく公会堂に「和をもって尊しとなす」という額が掲げてあったが、その場合の「和」は、女性にとって世間体と気兼ねでくすぶっている和であった。今はそのような悪口や肩身の狭さから解放され、安心な地域社会をつくるという意味で、崩壊した地域や家庭の教育力を新しい女性の力や母の力で全面的に見直し、やり直さなければならない。そのためには、自治区のテーマである子育て、介護から始まって、安全安心、公園緑化、お祭り、スポーツ、文化、防災等について、女性の積極的な参画が期待される。人のうわさとか要らぬお節介というのは、ある意味では地域社会のレベルの低さを示すものであり、地域の農村的同質性から離陸する必要があろう。教師や市議会議員には女性が進出してきたが、まだ自治区の区長さんにはなる人が少ないので、地方都市を魅力あるものにするリーダーの女性区長の誕生が望まれる。

10　住みよさの七条件を高度情報化が改善する

従来、地方都市や農山村の田舎は、情報がない、または遅れているがゆえに、ばかにされてきた。しかし、今は情報化社会となり、インターネットでどこへでもアクセスできるし、イラクの戦争も北朝鮮のことも茶の間で見て取れる。あまりにもグローバル化しすぎて情報過多に陥っている。その代わり都市の人間には、自然森林や生態系、農業農村社会の知恵・技能はわからなくなっている。この格差ギャップをどうすべきか。そのことに気づいた女性にとっては、地方都市や農村は魅力ある生活空間、夢中になる人生舞台を提供してくれる場所となろう。

二、三十年前までは、地方には婦人会という組織があって、ある意味ではがっちり婦人情報を管理していたが、農村型社会の組織なので青年団とともにつぶれてしまったところが多い。それに代わり、新しく女性会議とかテーマ別に女性が集まりだして、〇〇の会やNPOなど地方都市の一つの力になりつつある。男女共同参画条例を待つまでもなく、女性の情報化社会における新しい役割が透明度と共に自然に大きくなるのは歓迎すべきことである。

普通、住みよさの条件としては、通勤、通学、通院、通商、通信、通婚、通行と七つの「通」の発達が求められ、それが一番あるのが東京だから日本一人口が集中してしまったわけである。今まで述べたところでは、2、3、4項が通勤、通学、通院のことであり、5項が通商、6、7、8項が通信、通婚、通行のことといえよう。いずれの住みよさ七条件も、女性のニーズへの答えが鍵を握っている。

11 公共施設がオープンで生涯学習できること

地方都市では活発な女性にとって公共施設はハレの場でもあるので、彼女たちには多目的施設としての市役所や市立病院、小中学校、保健福祉施設、市民文化会館、図書館、体育館等はオープンで気のきいた生涯学習の場でなければならない。掛川市のように迷惑施設のゴミ焼却場に容器包装博物室という学習施設を加えて環境資源ギャラリーをつくったり、生物循環・水質保全パビリオンという名の衛生センターとか下水処理場をつくることも大切なアイデアである。そして駅前広場や市役所は、全日制市民である専業主婦が遊びに来るところといえるような存在でありたい。また、迷惑公害施設は逆手にとって環境問題や資源問題を考えるメッカとしたい。女性と子どもの参加があれば、迷惑施設でも歓迎施設の生涯学習会館的なものとして昇華・活用できるのである。

女性にとって魅力ある地方都市は、そのまちの公共施設が美しく生涯学習ができるようになっており、いろいろな人的ネットワークに連なれることであろう。また公共施設の案内・維持管理業務は、女性のセミプロ、セミボランティアの活躍舞台が多いので、多様な生き甲斐やアルバイト先を提供するであろう。

12 合併したら女性の活躍する場と機会が増えるように

平成の大合併が進み、三千二百余あった市町村は約千八百にまとめられた。ところによっては、広くなりすぎて勢力が分散してしまう面と、一万人以下の小さすぎるまち約五百と、二極分化した感がある。女性はどの辺に位置するまちがいいのだろうか。

文化のレベルを高めるには、コマーシャルベースもあり、適正規模論もあり一定の支持人口が要る。立派な五百ベッド以上の病院経営のためには、十五万人から二十万人の診療圏人口が要る。立派な市民会館で立派なオーケストラを聴こうとすれば、千五百席の市民会館が維持できて、クラシック音楽の愛好者の比率からして人口二十万人文化圏が必要である。同じように、いろいろな効率を考えたり、一定のグレードを求めたり、ビジネスを成立させるためには、十五万人なり二十万人の都市にまとまったほうが無駄がなくなるといえよう。

また、そのまちが生涯学習社会になるためには、まちそのものが面白いテーマをいくつかもつテーマパークとなるように、多様な内容と志をもった都市にならなければならない。それが合併を肯定する一つの方向といえよう。

今まで述べてきたいろいろな分野について、ワンセット揃えるためには十五万～二十万人の都市が必要で、それは人材確保の点でも女性のUターンのためにも同じことがいえる。

そしてそのうえで、女性議員がもう一〇％くらい増えていかなければならない。それから市役所の女性職員、小学校の女性教師、そういう人たちがもっと幹部登用されて活躍する場と機会を増やしていく必要があろう。掛川市では十年前、このための刺激剤として文部省から女性のキャリア官僚を市教育長に二代五年にわたり招聘したり、女性の校長さんを三人増やしたりした。

13――村格・都市格や土地柄・お国柄は女性人脈ネットワークが大事

以上2～12項を総合して魅力ある地方都市であるためには、何といってもセンスと見識ある首長の存在が大きく、夢やビジョンのある各種団体組織の長とうまく連携しているかどうかである。そのまちのキーパーソン、コーディネーターは何人いるか。そのなかに女性につながる人、あるいは女性そのものが人脈源となるネットワークがどれだけ張りめぐらされているか。それらのことが地方都市活性化の重要指標であろう。

また、都市の魅力とは、様々なメニューやプログラム、システムとプロジェクト、イベントがあるかということであり、それに女性がどれだけ参画しているか、実行部隊となっているかということである。

いま、地方都市では女性は、おっ母さん、おふくろさんをやめて教育ママとなった。そして生き甲斐は子どもの成長と答えている。それはそれで自然な心情であるが、今後、大卒の女性のUターン、Jターン、Iターンを誘うには、生き甲斐は自分の成長と答えうる生涯学習ママになることが望まれる。

最後に人には人格があるように、村には村格があると民俗学者の柳田国男は言った。同じように人には人柄があり、土地には土地柄、お国柄がある。私は都市にも格があり柄があり、単なる住みよさランキングの指標ではない魅力や個性を備えたまちをめざす必要があると考える。都市格、村格、国柄、土地柄は何で規定・証明されるかといえば、生涯学習成熟度とか、公園緑化の充実・清潔度とか、何々らしさの立派な特徴とか、登校拒否児のいないまち、いじめ事件の起こらないまち、交通事故や火災の少ないまち、五十歳以上の女性が美しいまち、女性で話がまとまるまち等々であり、それらは生涯学習社会の理想を示し、都会性と都市性と農村性と自然性を少しずつミックスしたまちということになるのではなかろうか。今こそ、地方都市の真価が問われているといえよう。

その村格・都市格・土地柄・国柄を冷やかしながら、照れながら、自慢しあったり批評しあうような女性たちが増えて、ただ単に便利さとサービス、快適さを求めるだけの女性ではない地方小都市の新しい肝っ玉母さんが育つことが自然になれば、日本と地方小都市に未来はあると信ずる。

四 住民と自治体による歴史的町並みの保存と再生

木原 啓吉
Kihara Keikichi
江戸川大学名誉教授

1 歴史的町並み保存運動の高まり

歴史的環境の保全と再生を地域づくりの柱にしようとする自治体が、近年、各地で活発な動きをみせるようになった。なかでも歴史的環境の表現体ともいうべき地域の歴史的町並みが形成する景観の保存、修復、さらに整備のために、住民と自治体が協力して知恵と力を出し合い、真剣に取り組むところが多くなった。

こうした全国各地で展開されている歴史的町並み保存運動の連絡・協力組織である「全国町並み保存連盟」は、一九七四年に発足し、七八年以来、毎年、住民、行政関係者、研究者が参加して「全国町並みゼミ」という全国大会を開き、町づくりの理念と手法について話し合い、各地の住民運動を支援している。二〇〇六年には十月に第二十九回全国町並みゼミが福岡県の八女市で開かれた。参加者は七百人、年ごとに増えている。人数が増えているだけではなく、その顔ぶれも多彩になっている。住民を中心に、建築史や都市計画などの研究者をはじめ、自治体や中央官庁の担当者たちが一堂に会して、対等の立場で、それぞれ歴史的町並みの保存と再生の理念と体験について意見を述べ合っている。

2　歴史的環境観の形成

このように歴史的町並みが地域の生活環境の形成に重要な位置を占めることを、広く人々が自覚しはじめたのは、わが国では一九七〇年代も後半になってからのことである。六〇年代の半ばから始まった高度経済成長政策のもとでの野放図な開発と都市化の波のなかで、各地で公害と並んで自然破壊と歴史的環境の破壊が並行して起こった。しかし、当時、わが国では四日市ぜんそくや水俣病などにみられるように、大気汚染や水質汚濁などの公害が世界に類のない激烈、異常なものであったため、人々はまずこの公害に立ち向かい、その解決に当たらなければならなかった。しかし、七〇年代になるとともに事態は変化をみせてきた。公害と取り組むことによって身の回りの生活環境を見つめる目をとぎすまされることになった人々は、あらためて自然破壊のひどさに気がついた。七〇年代になって日光国立公園の尾瀬の観光自動車道路工事や南アルプス・スーパー林道計画などに対し、各地で自然保護運動が起こったのは、公害から自然破壊へと人々の環境観が拡大したことを反映している。

そして第三の段階として人々は七〇年代半ばから、歴史的環境の破壊を現代の環境問題の重要な課題として認識するようになった。歴史的環境を地域住民の精神的連帯のシンボルとしてとらえ、その消滅や破壊が住民生活のうえに、いかに深刻な影響をもたらすか、ということを知るようになったのである。

公害が直接に人々の生命、健康といった肉体に対する侵害行為だとすると、歴史的環境の破壊は住民の精神生活への挑戦である。ひとたび歴史的環境が失われたあとの住民の精神的な欠落感は、ことにその人が地域に生きることに誇りを抱いていればいるほど、耐え難いものがある。

こうして人々は環境を有機的統一体としてとらえ、公害や自然破壊という現状を横に切る横軸の視線と、歴史的環境という時代をつなぐ縦軸の視線、つまり空間軸と時間軸の双方から総合的に環境問題と取り組もうとする考え方が、人々の間に根づきはじめたのである。

3 環境の文化的・精神的価値を重視

歴史的環境に対する人々の関心が高まったことは、このように環境の物的価値に加えて環境の精神的あるいは文化的価値が重視されるようになったことを意味する。それまでわが国では、貨幣価値に換算できるもの、いわゆる数量化できる価値だけを重視する傾向があった。高度経済成長期は、まさにこのような価値観がまかり通った時代であった。その後、高度経済成長政策の矛盾が表面化し、低成長経済、さらにバブル経済の破壊の時代を迎えるとともに、人々はあらためて貨幣価値では測れず、それゆえにまた住民生活にとって根源的な価値をもつものを重んじるようになったのである。

例えば、昔から村に伝わる一本の樹、海辺を渡る潮風、遠くに見える寺の屋根、そして歴史的町並みがつくりだす昔ながらの景観――こうした自然と歴史が一体となった環境は、それ自体、その価値を数量化しにくいが、それが、そこに存在することで、住民の心はやすらぎ、地域の文化もまた、それを基盤に育ってきた。快適な環境、住み心地のよさ、といった数量化を超えたものを尊重するいわゆるアメニティの価値観が、一九八〇年代から九〇年代にかけて、わが国でも求められるようになった。こうして歴史的町並みの存在価値が、にわかに住民に意識されるようになったのである。

ちなみに一九七二年二月二十四日付けの朝日新聞朝刊ならびに七六年二月五日付けの日曜版に「全国歴

史的集落町並み一覧」が掲載されているが、七二年では百六十九か所があがっているのに対し、七六年には二百か所を超えている。さらに七八年に刊行された㈶環境文化研究所編集の『環境文化』誌の特集号「歴史的町並みのすべて」では、前二回の朝日新聞の資料をもとに、あらためて全国の自治体に問い合わせた結果、四百か所を超える数になっている。このことは歴史的町並みに対する社会の関心が時代を追って高まってきたことを反映したものといえよう。

歴史的町並みの保存の機運の高まりは、このような人々の環境観の拡大、深化という事実を抜きにしては語れない。同時にまた、都市化の時代のなかで従来の文化財そのものから歴史的環境へと破壊の規模が拡大した事実も見逃してはならないと思う。開発の力が巨大化し急速化するとともに、従来のように個々の単体としての文化財を保存できても、それを取り巻く環境が破壊された場合、守られたはずの文化財の価値そのものも損なわれるという事態が起こってきたからだ。まさに「点」から「面」へ、すなわち「文化財」から「歴史的環境」へと保存対象の拡大が迫られるようになった。

4　環境政策の原点は住民

さらにまた公害対策や自然保護対策と同様に、歴史的環境の保存対策の原動力は、地域の住民の運動であることが人々に強く意識されるようになった。わが国の環境問題はいずれもまず住民が破壊の危機を知ると、まず自治体に対策を求める。自治体はそれに応えて条例を制定する。そうした動きが各地に広がったところで国が法律をつくる。大気汚染防止法（一九六八年制定）や水質汚濁防止法（一九七〇年）など公害関連の法律も、自然環境保全法（一九七二年）のような自然保護関係の法律も、まず条例ができ、その実績のうえに立って法律が制定されている。住民―自治体―国という順序は、わが国の環境対策全般に共通するパターンである。それは明治以来、まず国が法律をつくり、それを実施するために条例がつくられ、住民に遵守を迫るというトップ・ダウンの行政方式に転換をもたらすもので、住民自治・地方分権・自治権の確立への道を切り開いた点で評価すべきものがある。

歴史的環境の保存、再生の対策もまた、この順序をたどっている。歴史的町並みの保存対策は、まずはじめに破壊の危機に直面した地域でそれを守ろうとする住民運動が起こった。これを受けて自治体が町並み保存の条例をつくった。そうした動きが六〇年代の後半から七〇年代の初めにかけて金沢市伝統環境保存条例をはじめ、倉敷、柳川、盛岡、高萩、平戸、高山、京都、神戸、松江、津和野、中仙道の妻籠宿のある長野県南木曾町など全国各地の自治体で条例化が広がったところで、一九七五年に国は文化財保護法を改正し、歴史的町並みを「伝統的建造物群保存地区」として選定し、全国的な保存対策が展開されることになった。

5―環境文化財としての町並みの保全

この文化財保護法の改正の第一の意義は「伝統的建造物群保存地区」が法律のなかに位置付けられ、文化財の概念が法的に拡大されたことである。法文には「周囲の環境と一体をなして歴史的風致を形成している伝統的な建造物群で価値の高いもの」と規定され、個々の建造物など「点」としての文化財から、建造物群という「面」としての歴史的環境へ、保護対象が広がったことが明示された。

第二の意義は、これと関連して都市計画法が改正され、都市計画の対象とする地域地区のなかに「風致地区」や「美観地区」などと並んで新たに「伝統的建造物群保存地区」が登場したことである。これによって文化財保護行政と都市計画行政が一体化して「まちづくり」をめざす方針が法的に確立した。

第三の意義は、それまで国宝や重要文化財などの文化財は、国がその価値を認めれば、原則として一方的に「指定」していたのに対し、「伝統的建造物群保存地区」は地元の市町村が保存条例を制定した地域のなかから国が「選定」することにしたことだ。住民が現にそこで生活をしている地区であることを重視し、条例の制定を先行させ、そのなかから国が法律によって「選定」するという二重の手続きをとることにした。これによって、この事業は住民と自治体の同意と協力が不可欠であることを、法的に確認したことを示すものである。

第四に「伝建制度」の制定は世界的動向のなかで進展しており、その国際的な影響が大きかったことを見逃してはならないと思う。フランスではドゴール大統領のもとで文化大臣をつとめた作家のアンドレ・マルローの提唱によって一九六二年に「歴史的街区保存法」が制定され、パリのマレー地区など国内各都市で大規模な保存的再開発事業が展開されていた。イギリスでも六七年に都市の歴史地区の保全をめざす「シビック・アメニティズ法」が制定されていた。国際連合教育科学文化機関（ユネスコ）や国際記念物遺跡会議（イコモス）などの国際組織も宣言や憲章を採択して歴史的環境の保存、再生や文化観光の重要性を世界に訴えていた。

6 「伝建制度」の実績

こうして文化財保護法の改正により発足した「伝建制度」だが、それからはやくも三十余年の歳月がたった。「重要伝統的建造物群保存地区」に選定された地区は二〇〇六年七月現在、三十五都道府県、計七十八か所にのぼっている。

選定地区は初めの予想を超えて年々増加している。その背景には先にも述べたように地域の歴史的環境の価値に目覚めた住民たちが自主的に保全運動を起こしていることが注目される。それらの連絡・協力組織である「全国町並み保存連盟」は毎年、全国大会や研究会を開いている。さらに関係自治体の活動も活発だ。一九七九年に発足した「全国伝統的建造物群保存地区協議会」は二〇〇六年四月現在、六十八市町村が加盟している。毎年、各地区持ち回りで総会を開き情報の交換・交流を行うと同時に歴史的町並み行政の研究、啓発活動を進めている。

7　「観光」への過度の傾斜への対策

しかしその一方で近年の観光ブームにのって画一化と俗流化に傾斜しがちな地区が散見されるのは惜しまれる。

こうした歪みが将来起こることを警戒した長野県の妻籠宿では、早くも一九六八年に三百十五戸の全世帯が参加する「妻籠を愛する会」を結成している。中世集落の自治組織「惣」の結束に学び、厳しい自己規律を住民に課す一方で、観光収入を公平に分配することを原則とすることを確認しあい、七一年に「妻籠宿を守る住民憲章」を採択している。この憲章は冒頭に「地域住民が自らを守るために」と題して次のように書いている。「妻籠宿の復元が進み、自然が保護され、観光的に脚光をあびるようになった現在、苦しくかつ寂しかった過去の妻籠宿を忘れてはならない。妻籠宿座右銘。初心忘るべからず」としている。

憲章は「売らない」「貸さない」「壊さない」の三原則を貫くことを誓うとして「外部資本から妻籠を守るために」という一章を設けている。「妻籠宿と中仙道沿いは特異な存在であるとともに、地域住民の大切な財産である。外部資本が侵入すれば自然環境と文化財の観光的利用による収益も、地元に還元されることなく外部へ流出してしまうだろう」と述べている。また、特定の業者が行き過ぎた商行為で過度に利益をあげることを規制するため、一人の業者に二業種までは営業を認めるが、三業種以上は規制する、としている。六〇年代には過疎化と経済停滞の町であった妻籠宿が、年間七十万人もの観光客が訪ねるようになり、文化観光の拠点として注目され続けている背景には、このような住民と自治体の一致した努力があることを忘れてはならないと思う。

一方、京都は、伝統的な文化が現代に息づく大都市であるので観光都市としての問題も集落とはおのずから異なるものがあった。そこでは歴史的な遺跡・遺構・雰囲気を味わいつつ、近代都市サービスの恩恵を受けることができる点にこそ特色がある。したがって、ここでの課題は、京都固有の魅力すなわち歴史と現代の調和をどのようにして維持するか、ということである。そのために一九七二年に「市街地景観条例」を全国に先駆けて制定した。この条例の意図するところは、①市民の自覚を促すための持続的な啓発事業、②美観地区・巨大工作物規制区域など景観地域の設定、③伝統的町並みの保全、の三つがある。

妻籠宿における一九七一年の憲章、京都における七二年の条例、このほぼ同じ時期に行われた二つの自治体の対策は、歴史的集落と歴史的大都市という二つの自治体の取り組みに規模と手法の違いがあるとしても、そこに共通して存在する住民と自治体の問題意識と先見性の鋭さには敬服すべきものがある。これと前後して制定された各地の条例は、その後七五年に文化財保護法が改正されて「伝統的建造物群保存地区」の制度ができる以前の、自治体の先駆的な試みとして特筆されてよいだろう。

これらの先駆的条例の制定を通じてわが国でも文化観光（Cultural Tourism）の理念が形成されていった。もともと「観光」という言葉の語源は中国の古典「易経」のなかにある「国ノ光ヲ観ル」（自国の優れた文物・風光を示して客をもてなす）にあるとされている。いまこそ、全国の伝統的町並みが真の意味での観光の拠点として整備されることが望まれるのである。

そのためには集落から大都市に共通するものとして都市計画的な手法の確立が迫られている。事実、フランスやイギリスでは、近年、歴史的街区保存の法律と既成の都市計画法を合体させ、都市計画事業を進めるにあたっては歴史的環境の保全を必要条件としている事実を注視すべきである。わが国でも、文化財保護行政と都市計画行政の一層の協力を推し進め、地域のアメニティの向上をはかるべきだと考える。

8　ナショナル・トラスト活動の進展

こうした歴史的環境と自然環境を保存、再生をめざす住民と自治体のとるべき方策の一つとして注目されているのがナショナル・トラスト活動である。一八九五年にイギリスで、三人の市民によって始められたナショナル・トラストとは、一言でいえば、「無秩序な都市化や野放図な開発の波によって破壊されるおそれのある貴重な自然や歴史的環境を守るために、広く国民から寄付金を募って土地や建造物を買い取り、あるいは寄贈を受け、さらに所有者との間に保存契約を結ぶなどして保存、管理、公開をする活動」と定義できる。

わが国の第一号は一九六四年に鎌倉の鶴岡八幡宮の裏山に住宅地を開発する計画に反対し、古都の歴史的環境を守るために市民から寄付金一五〇〇万円を集めて予定地の一部一・五ヘクタールを買い取り保存を達成した㈶鎌倉風致保存会の活動である。以来、四十余年のあいだに妻籠宿をはじめ全国五十四か所で展開されるようになった。これらの各地の活動の連絡・協力組織として「㈳日本ナショナル・トラスト協会」が発足したのは九二年である。その前身にあたる任意団体「ナショナル・トラストを進める全国の会」の発足は八二年である。当時、鎌倉、妻籠、知床、和歌山県・天神崎など各地で動き出したナショナル・トラスト運動の全国的拡大とわが国の風土への定着をめざして『知床アピール』が宣言されたのは八一年、北海道の斜里町での「知床国立公園内百平方メートル運動」五周年記念シンポジウムの席であった。以来四半世紀の歳月がたった。

ナショナル・トラストの「ナショナル」とは、イギリスのザ・ナショナル・トラストが繰り返し強調するように「国家の」ではなく「国民の」という意味である。これは、世界各国のナショナル・トラスト活動に共通する理念である。まさに「国民が、国民のために、国民の誇りとする歴史的環境や自然環境を守り、公開し、活用する国民の運動」である。

それゆえにナショナル・トラスト活動は国民の「先見性」と「自発性」に依拠するという特性を備えている。国民が「先見性」を発揮し、将来を見据えて貴重な環境の保護に立ち上がり、国民の「自発心」に訴えて寄付金を集め、あるいは労力の提供を求めて、すぐれた環境を保護、公開し、活用し、次の世代に引き継ごうとする幅広い国民の運動である。

ナショナル・トラスト活動が参加者にもたらす「教育的効果」も無視できない。子どもから年寄りまで、広く国民各層の人々がこの運動に参加することによる国民の国土の環境を見つめる目、すなわち環境観が練磨される。わが国初のナショナル・トラスト活動である鎌倉での市民活動に参加した作家の大佛次郎氏は、「この運動は過去に対する未練や郷愁のためではなく、将来の日本人の美意識と品位のためである」

と述べている。この言葉は、わが国のナショナル・トラスト運動の基本的理念を簡潔・正確に表現したものである。同時に、わが国の歴史的町並みの保存、再生の活動の理念でもあるといえよう。

9　町並み憲章の採択

こうした歴史的町並み・集落の保存をめざす事業の理念と方策の基本原則を確認するため、「全国町並み保存連盟」は二〇〇〇年十月八日、宮崎県日南市で開かれた「第二十二回全国町並みゼミ日南大会」で「歴史的町並・集落保存憲章（町並み憲章）」を採択、宣言した。

こうした憲章で世界的に評価されているのは一九三一年にアテネで開かれた建築家の国際会議で、文化遺産の保護の基準として採択された「アテネ憲章」と六四年にユネスコの支援を受けてイタリアのヴェニスに集まった専門家たちによって制定された「ヴェニス憲章」がある。六五年に設立された文化財保護の専門家からなる国際組織「国際記念物遺跡会議（イコモス）」はこの「ヴェニス憲章」を高く評価しており、六十余か国の加盟各国のイコモス国内委員会のうちすでに十六か国の国内委員会で独自の国別憲章が制定されている。わが国では九四年にユネスコ、イコモスなどによって開かれた「世界文化遺産奈良会議」で「オーセンティシティ（真正性）に関する奈良ドキュメント」が採択され、にわかに日本版の憲章の作成の機運が高まった。そこで日本イコモス国内委員会では憲章小委員会を組織して、「ヴェニス憲章」をはじめとする関係する国際的な数々の憲章の翻訳を始めると同時に「全国町並み保存連盟」では町並み憲章づくりに取り組んできた。

第二十二回全国町並みゼミ日南大会で採択された「歴史的町並み・集落保存憲章（町並み憲章）」は次

のような構成からなっている。「前文」「歴史的町並みの定義」「歴史的町並みの構成要素」「歴史的町並みの保存」「日本の伝統的住居とその集合の特性」「歴史的町並みのなりたちと特性」「維持保全の重要性」「住み続ける町並み」「変化への対応」「住民主体のまちづくり」「住民の運動と学習」「行政、学者・専門家の義務と協力」「防災」「地域経済の活性化と観光」「伝統的な技術と素材の確保」「町並みの保存にかかわる建築家のほか、関連学界との協力および要請」「国際的基準の尊重と国際的交流」「二十一世紀への希望」。

そしてその前文のなかで「歴史的町並み・集落を愛する私たちは、これらを未来へ正しく受け継ぐことをねがい、ここに町並み憲章を宣言する」とし「歴史的町並みは伝統的な建造物が連続する町並みばかりでなく、それらが散在して存在する集落や、これらの周辺環境等も含むものとする」「歴史的町並みを保存することは、地域固有の歴史や文化を尊重し守り育てることであり、日本の歴史や文化を守り育てることにもなる。このことは歴史的町並みがすべての人々にとっての文化遺産であり、したがってすべての人々がその存続に責務がある」「私たちは日本国憲法が認める基本的人権に、人間が豊かで快適な環境に住む権利が含まれ、歴史的町並みはそうした環境の重要な構成要素であると考える。都市計画、地域計画の策定にあたっては、歴史的な遺産の価値を認め、地域の歴史的脈絡を重視することを求める」「歴史的町並みは、住居の集合と周囲の人工的自然的環境からなる地域の居住空間および、そのなかで住民が生活・生業を展開している全体像を指す。現代日本の生活環境が、都市化・均質化してきたなかにあって、歴史的町並みは、日本固有の生活の歴史を物語る証しとして、かつ過去と未来を結ぶ架け橋としてますます重要な意味をになうようになった」と強調している。この「町並み憲章」こそは、各地で地域の歴史的環境の保存、再生に取り組んできた住民たちから構成された「全国町並み保存連盟」の活動のひとつの到達点を示す歴史的文書といえよう。

五 都市計画の文化的文脈をたどる

――共同体再考

北本美江子
Kitamoto Mieko
都市住生活アトリエ主宰

1 都市計画から共同体を再考する

近代都市計画は産業革命による経済構造の変化に伴い、都市に人口があふれたことによって誕生した。近代とは何かについては様々な議論があるが、「科学技術を支柱として自由な人間存在を可能とする努力の始まり」と筆者は考えている。その意味から、人の活動する場としての都市環境をどのような形に整えるかという都市計画は、人間存在についての近代化の理念、理想と密接に結びついている。近代都市計画の歴史を振り返ると、科学技術に対し、人間がどのように対応しようとしたかの一面をみることができ、今後についてのヒントも得られるのではないかと考えた。

科学技術の発達の成果で、地球上の出来事が瞬時に知れ渡る現在、日本はいわゆる先進国として近代化の恩恵に浴しているが、今後、地球上のすべての人々に同じ恩恵を振舞えるのか、資源環境問題からの検討が要請される現実について、多くの人がすでに認識してきている。これまで近代化による都市人口の増加は地域や国全体の人口増を伴ったが、地球全体の扶養人口の視点からも過去の繰返しによる発展に限界が論じられるようになってきた。地域を国民国家で区切ることにも変化の兆しがみられ、日本のような先進国では人口減少社会が議論されて、都市人口の増加に対応した都市計画から、都市域の拡大よりもむしろ既成市街地の質の向上、インフラの維持管理など都市計画の課題自体が変化している。

そうした地球規模の趨勢から、筆者は日本の今後にとって重要なのは、都市計画のハード面よりもむしろ文化的側面から、共同体を再考することではないかと考えている。協調性を重視する組織文化の蓄積がありながら、共同体を支える理念についての分析が不足し、歴史的過ちへと導いた時代の思考から立ち止まったまま発展がみられないように思う。まちづくりにおける共同体を考えることのなかで、共同体の原点となるのは何か、手がかりを探った。

2　近代都市計画の歴史

都市計画の誕生——理想都市から田園都市へ

都市計画という言葉がその意味を表すようになったのは、十九世紀後半であるという。封建的絶対王政の時代から産業革命によってブルジョアジーが台頭した十八世紀から十九世紀前半、自由を重視する価値観が弱肉強食の夜警国家を生み、工業化は都市への人口集中を進めた。都市の過密は貧富の差によっては生存をもおびやかす都市問題となり、それが最も過酷に現れたのがロンドンだった。貧困層の厳しい居住環境をいかに改善するかを課題として、マルクスは資本主義の根源に迫り、エンゲルスは共産主義を提唱した他、医師たちは劣悪な都市環境による伝染病など健康への影響を調査、環境改善を提言し、また都市形態・機能面から理想都市を考えた人も多かった。

子どもの教育を含めた生活の場に、工業、農業など生産をとり込んだ理想都市の理念を実現するために、当時の未開拓地アメリカは実験のための格好の場となった。ロバート・オーウェンのニューハーモニー、シャルル・フーリエのファランステールなどいくつもの試みがなされたが、多くは失敗に終わってしまったようだ。理念と実践の齟齬は、人工的にコミュニティを形成することの難しさを示しているといえるだろう。十九世紀後半に入ると、パリ大改造に代表される道路の拡幅や都市域の拡大を経験したため、技術面、経済面を踏まえた新都市開発の提言が生まれ、都市計画という言葉が実体をもつことになる。世界的な影響力をもったのが、エベネザー・ハワードの田園都市構想であり、理想都市がせいぜい三千人規模であったのに対して、三万人規模の環境の整った自立的な人工都市を提案し、資金を集めて現実に実践もしている。レッチワースとウェルウィンという二つの田園都市をつくり、百年たった今も存在しているのだから成功例といえるだろう。

レッチワースの街並みをデザインしたのがアンウィンであり、世界で最初の都市計画教授となる。二十世紀初頭のことで、英語の都市計画はTown Planningといい、十九世紀後半の都市計画はフランス語でUrbanismだから語感が異なっていて、英語では動的な新開発のイメージが強く、「計画」的であることに重きがおかれるのに対して、大陸系はすでに存在する都市を整備、改善する静的なイメージで、「都市」のほうが強調される感じである。もともとギリシャ・ローマの都市国家という伝統のあるヨーロッパでは、都市の新しい事態へ対応する力点が地域によって異なってくるのだろう。

成り行きにまかせて過密になった都市に対して、計画的に緑を強調した田園都市構想はヨーロッパ中に広まり、庭のある低層住宅だった元祖の田園都市に対して、フランスでは中層アパートで実現するなど少

写真1　シドニー近郊の田園都市

しずつ変容するが、緑のある都市的居住環境という開発思想自体は日本の田園調布へも導入されたし、オーストラリアのシドニー近郊でも二十世紀初頭の田園都市住宅街をみることができる（**写真1**参照）。ハワードが社会主義者として社会改革の思想背景をもって構想したのに対して、田園調布は関東大震災後に東京が郊外に拡大したことに伴う高級住宅街の開発手法として用いられている。

筆者がパリ周辺市の調査をした際には、ヴァンセーヌの森に面したマンションを、担当官が市内の高級住宅街だと自慢げに案内してくれた。過密な都市にあって高級かどうかは、なるほど周囲の緑の量で決まるのだということが、他の高級といわれる事例からも納得がいったが、逆に大規模開発を計画する際には公園周辺に高級住宅を配して、開発費の採算を賄うというやり方もされる。

そもそもパリ市内に多くの公園をつくったの

は、十九世紀後半にナポレオン三世の命を受けたオスマンの大改造のときであり、ナポレオン三世がイギリスに住んでいたため緑地の思想をもっていたからだという。都市国家の伝統の強い大陸系諸国では中庭は飾っても、都市規模では重視されなかった緑地を都市内に共存させる発想を、イギリスからナポレオン三世が持ち込み、田園都市構想で世界に広がったということになる。

大陸系には広場の思想があって、都市におけるオープンスペースの重要性は認識されていた。広場の計画はファサードとともに建築家によってデザインされ、ファサードを含めた後背地が貴族に分譲されたという。十七世紀の王様の開発といわれるパリのヴォージュ広場を囲む住宅街は、公共空間といえば道路しかないサンルイ島の民間開発に対比される。十八世紀後半のベルサイユ宮殿造営に際して、外側の道路や街並みもデザインして貴族に分譲したというが、こうした伝統的都市開発に公園緑地を組み込むことが近代都市計画の大きな要素となったのは、田園都市構想による効果といえる。

二十世紀の技術革新——都市域の拡大とニュータウン開発の総合性

二十世紀の前半は二度の世界大戦を経験する一方で、夜警国家の弊害克服のため、個人の経済活動の自由を制限してでも、貧富の差なく人間らしく生きるために「国家による自由」である社会権を重視し、福祉国家の実現に向かうことになる。多くの人に居住環境を確保するため、緑地の重要性を喚起した田園都市の思想は、都市域をグリーンベルトで限る大ロンドン計画に受け継がれ、グリーンベルトの外側にニュータウンとして開発することが各国で計画された。

工業化が進展して都市人口が増加し、並行して機械化などにより農業人口は減少したため、その比率は逆転しながらも、扶養できる地域全体の人口は増加していった。経済発展とともに増大する都市人口に対応する都市域の拡大を、計画的に行おうとするのが都市計画であるとすれば、住宅地を形成するには建物だけでなく電気、ガス、水道などの供給を確保し、緊急車両も含めたアクセスを可能とする道路等インフラ整備がまず必要となる。また、生活を成立させるために商店、学校、ゴミ処理施設なども不可欠である。

そうして都市計画は部分的な都市開発だけでなく、都市そのものをデザインするものという考え方がゆき渡り、都市を構成する要素を「住居、労働、休息、交通」と分類して考えようとしたのが、ル・コルビジェであり、機能主義と呼ばれる。住宅を「住む機械」とみなして工業化を図り、大量生産を可能とする方向づけをした。実現は一九六〇年代のフランス高度成長期のことで、大都市郊外に住宅団地を開発し、当時の移民政策などによる住宅困窮世帯の住宅難を解消したものの、ル・コルビジェ自身の手になる建築デザインの評価はともかく、機能主義に基づく大団地の評判は現代では芳しくない。

後に移民問題と相まって郊外問題と名付けられる社会問題の温床と化してしまった。機械のようなデザインへの批判とともに、交通アクセスや商業・業務施設のない住宅団地だけの開発だったことから陸の孤島といわれて、都市機能が不十分なことが住宅地としての価値を低くし、地域的な階層化をもたらす結果を生んだ（写真2、3参照）。この反省に立って、ニュータウン開発では都市機能を総合的に計画する取り組みが行われている。フランスの場合はイギリスが都市の自立性を重視して計画したのに対し、母都市と比較的近い距離に位置させ、相互の交通に配慮している。

日本のニュータウンもほぼ同時期に始まっているが、当初はまず不燃化が最優先だったため、耐火建築の住宅団地とするだけで精一杯で、都市としての総合性は現実味を持てなかった。多摩ニュータウンは昭和四十年代半ばから入居が始まり、絶対的住宅難の時代を過ぎてゆとりが出た昭和六十年代前半になってから、業務・商業施設を充実させることが法的に可能となっている。総合性を欠いた結果はフランスと異

写真２　陸の孤島といわれた大団地サルセルの商店街

写真３　その後の改善によって今では電車駅もできた

なり、当時、憧れの団地族だった勤労世帯向け住宅政策の階層性が、住宅を必要とした世代的な偏りからくる別の問題を生んでいる。近年は小中学校の廃校が増え、高齢化への対応が必要になっている。

ニュータウンは都市の機能的要素を総合化してデザインする試みだったが、都市問題のすべてを都市の秩序ある計画的拡大によって対処する都市計画が解決できる、と考えるのは今や楽観的に過ぎよう。人工的な街が地域として成熟するには、様々な課題に直面して乗り越える過程と時間が必要とされる。住宅を始めとする都市施設等が絶対的に不足していた時代から、経済成長が鈍化し、工業化から情報化という産業構造の変化もあって、都市の急激な人口増への対応が一段落すると、新都市建設よりは既存の街の整備・再生のほうが重視されて、建設される新都市にあってもコミュニティ形成や生活の質が考慮されるようになる。物理的な都市計画というより、人的・組織的ソフト面を含めた「まちづくり」による解決策が求められる所以である。

アメリカではシカゴの人口が一八七〇年代の三十万人から一九二〇年代には三百万都市となる発展を遂げ、万国博覧会が開かれる一方で、急速な成長のひずみを調査する都市社会学の研究が進んだ。また二十世紀初頭のニューヨークで始まったシティビューティフル運動は、全米への広がりをみせている。欧米の美の基準はギリシャに回帰するといわれるが、黄金比に象徴されるプロポーションからビルの縦横比バランス、繰り返しのリズムによる窓位置などの評価に対する共通認識を規制基準として、都市の美学がいわれた。辻邦夫はパリにいて突如「美とはオーダー（序列、秩序）である」と思い至ったと書いていた。美の感性は文化的蓄積で異なるだろうが、都市を美しくという目標は、近代化の理念を実現すべき都市計画の誕生時に建築家が担ったとすれば、あえて意識されなかったのではないか。

建築設計がその規模を拡大して都市計画になるとすれば、その芸術性が問われるのは当然で、形態、造形の美しさの概念で収まりきれない都市の問題は、「芸術から科学へ」といわれてきた。日本の都市計画学会は土木系、建築系、造園系で成り立っており、建築系も技術系と芸術系があるが、都市計画家とは何かという議論は続いており、結論を出すに至っていない。都市形態をデザインするのは土木技術者であったり、建築家であったり、造園技術者であったりして、それらをトータルに空間デザインするのが都市計画家だとすれば、出来上がったものは都市なのか、単なる巨大な構造物の連なりにすぎないのかもしれない。

都市はただ単なる構造物ではなく「生きている」という面を考慮すれば、建築における費用負担をする施主は行政や市民であり、利用する人々の行動形態も無視できない。パリ大改造を成し遂げたオスマンの役割が都市計画家だとすれば、オスマンはセーヌ県知事であって官僚もしくは政治家なので、ナポレオン三世のような独裁者の下にあることによって整合性のある計画が可能となり、また実行力も持ち得て、計画の実現が可能になったという側面をどう評価すべきだろう。

都市計画の目指すもの――情報化と国際化の行方

ヨーロッパで発達した産業資本主義に多少遅れながらも、ほぼ軌を同じくして経済発展を遂げた日本だが、地理的に離れて孤立していたにもかかわらずそれが可能だったのは、国家の人口および面積規模がヨーロッパの大国と似通っていたことと、封建制度の確立によって国民国家として統合していたためと思われる。ヨーロッパでは商業資本主義の蓄積を基礎にして、産業革命に伴った工業化、大量生産、大量消費を可能にする産業資本主義が発達して豊かな社会を築いていった。

発展段階においてアメリカという未開の大陸が果たした役割は大きく、ヨーロッパで実現した豊かさによる人口扶養力の増加でみれば、それまでほぼ一定した三億の人口が一億増えてアメリカ合衆国になったという見方もある。ヨーロッパのそれまでの状況にあき足らずに、進取の気性に富んだ人々がアメリカに移住し、その人々はヨーロッパで決して恵まれた地位にあったとは思えないので、その成功は夢を与える効果をもたらしたに違いない。

産業資本主義の発展に伴う都市問題の弊害についてはすでに述べたが、二十世紀半ばにアメリカを訪れたボーヴォアールがサンフランシスコの道路を、地形を無視してグリッド状形態を守り通していると喝破し、疑問を呈している。ヨーロッパの都市では確かに、広場を目指して道路は放射状に集まっており、広場から広場へと道をたどって目的地に行き着くので人間的とはいえる。グリッド状の道路は方向が一定して、位置の把握がしやすいことと、区画割りが均等にできることから、新大陸で多く採用されている。

人工的な都市を時間をかけずにつくることは、神ならぬ人間にとって簡単ではない。豊かさを求める人間のエネルギーは様々な発展を生んだが、ゆがみや行き過ぎも生じている。市場原理を基本とすることが、ベルリンの壁崩壊以降は世界の潮流となっているが、全くの自由主義によって秩序形成がなしえないことは夜警国家の経験が示している。市場原理による都市形成が混乱することは明白でも、一方で都市計画の意思決定が民主的でありさえすれば、住みよい都市になるかといえば、これも保証の限りではないだろう。

日本では東京が戦後昭和三十年代の経済成長に伴う拡大と、ベビーブーム人口の世帯分離による四十年代の拡大を経験し、グリーンベルト形成を諦めた結果、ほとんど切れ目ない市街地が関東平野に広がって、首都圏三千万人を超す世界有数の大都市圏域を形成している。アジアで主食にする米は人口扶養力が大きく、ヨーロッパに比して人口稠密地域が多いが、日本はその困難を乗り越えて豊かさを手にしたといえる反面、空間的なゆとりという面ではどうしても、欧米に及ばないというのが実感ではなかろうか。

筆者が日本都市問題会議の会員を対象として行ったアンケートで、日本の都市計画の成果を五段階評価してもらったことがある。都市の利便性、機能性については平均しても四段階に近い高得点だったが、住宅問題、都市景観、環境負荷と省エネルギーについては二段階を少し上回っただけで、最も低かったのは都市景観だった。利便性、機能性を優先した結果の評価として、会員ならずとも実感的に納得できると思う。このアンケートは十年ごとに開かれた三回目の掛川集会に向けて行ったものだが、二十世紀の終わりという時代の変わり目を意識して、一昔前に対応すべき課題として掲げられていた「国際化、情報化、高齢化」を思い出してもらいつつ、今後の課題として何を重視するかも聞いている。地方分権、広域連携が集会のテーマだったことから、住民参加、都市の自律性、自治体の政策形成能力、地域リーダーの育成など地域に視点をおいた意見が多かったが、一方で環境問題にも同程度の票が集まり、かつての課題を当然の前提としていることが伺えた。

都市計画は時代の流れに応じた空間整備をするに当たって、関係する範囲が広大であり、関わる人も多いことから、時代の先を読み、想像力を働かせることが重要で、同時にその先見性を多数の人と共有するための説得力を持たなくてはならない。国際化、情報化の結果としてのグローバル化は、もはや近未来の話ではなく現実的、身近な話題となっているが、都市化に似て避けられない現象のようにみえる。都市化に対応してきた都市計画の経験からいえることは、避けられない現象を先取りすることであり、絶対的な神の存在や独裁者が治める秩序は求めるべくもないが、それだけに環境問題、エネルギー問題などの危機管理を含めて、地域ごとに自律性が求められていると思う。科学的、技術的な可能性を広げつつも、地域的に多様な対応を積み重ねることによって整合性を見出すのは、時間との競争であるともいえる。四次元的思考によってできる限り先を見通し、時間を制御することができるかが、神ならぬ人間に残された可能性であろう。

3 まちづくりにおける共同体

共同体の文化性とその役割——社会貢献と意思決定

「日本の都市構成は、お屋敷に代表されるように敷地の塀に囲まれて内向きであり、借景という形で利用するだけで、自らを街並み形成要素と考えない」と指摘した人がいる。石の文化と異なり、木の文化は永続性を前提としないためともいえるが、都市計画は敷地を区切ることと考えた時代が長かった。近代化の進展は地域の文化をも凌駕するものではないが、利便性、効率性を求めたあまりの結果として、画一化が進んでしまった例も多くみられる。

戦後の日本は個人の自由と平等が憲法に明記されることによって、近代化が進んだ一方で、格差なき平等をもたらす中産階級のイメージを江戸時代の武家社会に求めたように思われる。町家形式の街並みは不燃化の要請もあってほとんど消滅しかかっており、敷地は小さくとも自己所有とする希望が強く、自分の城は塀で囲って内向きに問題に対処するという傾向は確かにあるだろう。組織を形成する場合には、ほどよく外部に圧力があると、内部の結束も固めやすくなるものだが、都市の外延部の街並み形成においては、外部的規制基準設定の合意に至る間もなく都市化が進んでしまったようである。建築線、高さ制限から容積率規制への変更も影響したかもしれない。

どのような都市とするのか、目標設定は計画行政の最初にするべきことである。選挙による自治体の首長が公約として掲げるのも、こうした目標である。都市計画、都市整備などのハード系分野は行政課題のおよそ三分の一、残りは保健福祉分野、教育文化分野が大きく、産業振興も重要性を増している。地域によっても異なり、また時代的にもハード系分野は縮小傾向にあるといえるだろう。都市圏拡大期の郊外自治体では、道路等のインフラや学校、ゴミ処理など都市施設整備だけで予算が手一杯だったこともあるという。開発抑制のため民間開発者に負担金等を課すことも必要だった。

街並み形成の統一性、都市計画の整合性という意味では、選挙による議員の合意を必要とすることや、四年ごとの選挙による地方自治体の首長の意向によるのは問題があるかもしれない。ヨーロッパの寺院建築などが百年以上もかけて完成したのは、技術的な問題よりも資金面を含めた計画意思の継続性だったろう。都市計画による建設の重要度、優先順位は価値観に左右されて、実現に時間がかかったり、場合によっては実現しなかったりすることもあり得る。実現に導くかどうかは首長や議員の母体となる共同体の意思にかかってくるからだ。

共同体の実体は抽象的であるとしても、逆に新規の都市域を計画するに際しては、どのように共同体をイメージするかも大きな問題であった。古くは近隣住区という徒歩圏の小学校区を単位として構成した時期もある。商業施設は、近隣より広域の買回り品を含むショッピングセンター方式のほうがよいとする発想転換が起こって、コミュニティの単位は曖昧になった。日常生活の相互扶助関係を築くお互いに顔の見える範囲と、共通の趣味や主張で結びあうことが可能な規模の範囲は異なるだろう。都市運営のソフトとしても、集会所という物的施設を設けるについても、地域活動の内容までも考えておくことが必要となる。

都市における無名性、匿名性は犯罪や災害時に弱点をもつが、一方で地域共同体の窮屈さは封建社会の村八分以来、戦時中の体験からも戦後の自由社会では嫌悪の対象となり、多くの人が共同体そのものを避けがちで、ミーイズムといわれるまでになっている。共同体を形成して地域に根ざす活動をすることは、どのような活動目的の団体であっても、お互いの名前と顔を知り合っていれば、地域ネットワークの機能を果たし、非常時に役立つことができる。居住者の極端に少ない都心の業務地区に、マンションなど住宅系の建設が歓迎されるようになってきたのは、地価の下落による採算性の面からの結論としても、夜間も地域に愛着をもつ居住者がいる安心感と無関係ではない。

日本は下克上の戦国時代など共同体を大きく改変する時期はあっても、基本的に農作物を共同作業によって育て、食する習慣だったのだから、元来、共同体は自然的な土地に根ざしており、共同体をどのように形成するかより、すでにあるものの維持のために協調性が尊重される社会ではあったろう。共同体を土地というより人間主体で上手に形成できるかについては、海外の日本人社会の様子をみると、中華街がつくれるほどの量的な結束力があるとはいえず、質的にも国の外交に影響を与えるほどの組織力は持ち得ていないようで、自主的な共同体の形成に優れた民族とはいえないように思う。

共同体におけるリーダーシップの発揮というより、個人の主張の強さになるのか、お金持ちが自己の価値観によって政府を通さずに活動するアメリカでよく見られるやり方は、慈善や福祉活動の形でかつての日本にも見られたが、格差そのものを認めなくなって、お金持ちの良きお金の使い方を論ずることもなくなってしまった。アメリカでは石油企業などの営利活動によって得た利益を、研究、福祉、文化活動などの社会貢献として還元してきた歴史があり、それを当然とする社会風土があって、お金儲け自体を非難されることはないが、社会還元しないと個人攻撃されるという。日本では理想的平等社会を描くあまりに、共同体の構成員に相応の役割まで画一化してしまう傾向がみられる。これまでは税金として高額納付することこそが価値ある社会貢献と考えられていたが、今後はそれだけでなく個々の価値観に基づく寄付やボランティアという社会貢献の多様化も求められる。

あまり自己主張をせずに協調を尊び、共同体からはみ出さないように、ある程度の自己犠牲を甘受するのが日本社会一般の規範となってきたが、個人の創造性が社会経済を活性化させるこれからの時代にあっては、より積極的に個人がリスクをとりつつ、個人を活かす場として主体的に共同体を形成する新しい規範が必要となっている。ボランティア元年といわれた阪神・淡路大震災の救援活動では、自主的な団体を組織的に活動させる必要に注目された。同じ目的をもって自主的に集った人たちも、足並みをそろえて共同作業をすることは案外と難しく、積極的なリーダーシップが求められ、役割分担の重要性も再認識された。

福祉国家を目指す先進国一般で行政国家現象がいわれ、行政の役割が肥大化して政府が大きくなってしまうことを避けるため、中央から地方に分権を進め、民間を活用するという方向が志向されている。個人が社会貢献することは、これまで政府任せであった福祉部門の活動を私的に行い、足らざるを補う形にすることによって小さい政府を可能にする意味をもつ。結束固く共同体としての利害調整を図ったこれまでの「政、官、財」——鉄の三角形のようなやり方は、それぞれの立場から忌憚のない話し合いによる成果がそれなりに期待できたのだろうが、狭い共同体への自己犠牲を強制することは、その見返りの点で難しくなって、結束が揺らいでいる。むしろ個々の価値観によって、社会に重要と思うものに利益の見返りを求めずに資金を投ずる自由が、衣食足って礼節を知る時代には広く認められていくことだろう。

共同体の変容——個人と社会の関係性

社会貢献の貢献先、自己犠牲によって救われる者が見えにくいとすれば、自己が生きることの困難さに直面しないための共感不足があるかもしれない。互助の精神は自らが困難に直面した事態を回避することに源を発しているからである。個人レベルでは子孫を生まず、育てない自由を認め合うが、社会全体としては少子化問題に直面しており、子育ての困難への共感が必要となってくる。今や両親と子ども二人という標準世帯が多数派ではなくなっている。戦後、民法の改正によって家族制度が変わり、家父長制による家制度はなくなって核家族が一般化したものの、憲法に示された両性の平等は現実化せず、一方では失われた大家族による共同体の疑似体験を得る機会が失われた。家庭教育が機能しない所以である。

共同体の原型が家族にあるとすれば、現代にもたらされた共同体意識の変容は核家族化と無縁ではないだろう。長子相続による家長の権限は大きかったが、同時に家族を扶養する義務も負担していた。ヨーロッパにおいてはローマ法とゲルマン法で、家長の地位と役割は異なっていたようで、ローマ法では家長は万能の権能をもち、遺言という意思による相続が可能で、妻には相続権がなかったが、ゲルマン法では連帯が重視されて意思による相続は認められず、寡婦には原資が確保されたという。ヨーロッパの北と南はそうした文化基盤が異なり、宗教的にはカトリックとプロテスタントの宗教戦争があったことはよく知られている。共同体におけるリーダー像が地域によって差異があるとすれば、家長の負う役割を規定した文化とも関係するように思われる。

日本の経済成長は農村の次男坊以下が都会に出て働き、工業化を支える一方で結婚して家長として一国一城の主となって、主婦が家庭を守る、家庭内性役割分担をすることによって実現したといわれる。戦前に家族、村落、企業もしくは職場、国家と連続的な共同体が形成されて、有機的に機能したことから、戦後は意識の上の目標が戦争の勝利から経済的繁栄に変わっただけというのである。とすれば基本となる家族が核家族と小規模化したことで、高度経済成長の下、家族を養う家長の負担はそれほどの困難には直面せずに、家庭を妻任せにして会社人間となることが可能だった。家庭という共同体での家長は実体を失い、家庭は社会における最小単位の共同体としての機能も果たさなくなったのではないか。

核家族は個人の延長にすぎず、共同体としての共通の規範は持っていないように思える。そうした変容がじわじわと社会に影響を及ぼしてきたともいえよう。核家族で専業主婦に任された子育てにあっては、子どもと母親の距離が取りにくく、一体感ばかりが優先して、子どもの未来図を大きく描くことが難しくなって、目先の受験戦争に勝ち抜くことに目を奪われがちである。個人が自己のアイデンティティを確立して、社会に貢献するというような理想像を語り合う場をどこに求めるべきなのか。大家族のなかでの相対的な位置から自己を見出す子育てと同じやり方をするなら、核家族の子育て環境は不十分である。

家族制度の変更は、時間をかけて個人主義を育んだヨーロッパと異なり、憲法や法律の改変だけではなかなか社会に浸透せずに、ただ共同体の実体を失わせ、共同体における行為規範を失わせるという変化をのみもたらしたのではなかろうか。もちろん家族制度を元に戻すことなどは考えられないため、家族に代わる共同体意識をどこで醸成するかが課題となろう。ハコモノ行政といわれながらも、公共施設を設計する際に機能を考えるに当たっては、共同体意識形成の仕掛けを検討し計画に組み入れることも行われ、教育の分野でも学校教育、家庭教育の他、社会教育の役割が重視されてきている。

羹に懲りて膾を吹くかのように、戦後の知識人たちは専門性のタコツボにいると指摘した丸山眞男ではないが、現代は少なくとも数の上で一桁以上は知識人が増えているはずだし、得られる情報量にも格段の差があるのだから、お上に任せきりではいけないのだ。マンションの管理組合や趣味のサークルなど身近な共同体から始まって、自治体や国家、国際機関に至るまで、共同体の役割とともに、どのように共同体相互関係を形成するかについて考えるべきだと思う。

六

環境理想都市構想から二十一世紀社会構想へ

外岡 豊
Tonooka Yutaka
埼玉大学経済学部教授

1 環境理想都市：東京を例とした初期案

私が日本都市問題会議に参加し世話人の一人として例会企画に加わりだした頃、例会のテーマに軸を持たせて連続講演会のようなかたちにしようという試みがあった。その初回は当時代表世話人であった伊藤滋先生の環境理想都市論であった。[(1)] それがきっかけで日本都市問題会議の例会で私が話す機会をいただいたときには、決まって環境理想都市論について発表することになった。[(2)]

最初は一九九〇年十月で、エネルギーと地球環境の視点から理想都市論について、あるいは社会論についてであった。そこでの議論は具体的な理想都市の形状を提案するものではなかったが、一九九一年度から九五年度にかけて、当時勤務していた㈶計量計画研究所（略称ＩＢＳ）に建設省建築研究所（当時）から依頼があり、「都市構造とエネルギー研究会（主査：腰塚武志筑波大学教授）」のとりまとめを担当することになった。この研究会には電力、ガス事業者と都市インフラストラクチャー（略してインフラ、基盤設備ともいう）計画の各分野専門家に参加いただき、省資源・省エネルギー型の都市構造のあり方を検討し

た。(3)

その一環として、尾島俊雄、菊竹清訓両氏に講演いただいたこともあった。そうした時期に日本都市問題会議の世話人としていっしょに例会企画を担当してきた相田康幸氏から雑誌記事執筆の誘いがあり、『用地』という雑誌に東京を例にした具体的な都市構造を提案する小論を書いた。(4) その号は「特集　都市のあり方と環境問題」で、巻頭言が尾島俊雄「東京の衰退」、続いて「座談会：二十一世紀における巨大都市・東京のあるべき姿」で、参加者は尾島、相田、阿部和彦、桐山良賢氏であった。

当時考えていた環境とエネルギーから構想した理想都市は図表1のようなもので、高層ビルを大量輸送交通機関（マストランジット）駅前に隣接して建設し自動車交通に頼らずに利便性を確保し、また高層にすることで緑地を十分確保してヒートアイランド問題を防ぐ案であった。図表1は千代田区程度の人口規模の高密度な街区をさらにコンパクトに集約して、高密度な都市活動の集中による都市サービスの効率化と緑地の十分な確保も両立させる案である。

そこでは旧来の都市市街地の骨格をなす碁盤目の大街路から完全に脱却した都市構造を基本とし、現行法上は道路占用物として路面交通のついでに収容されているがごとき都市エネルギー、上下水、通信等の管線路インフラを都市の主要な骨格とした街区構造を提案した。その効果は図表2にまとめられた。また現行都市からそのような新しい構造の街への移行には都市計画概念の大転換が必要であり、敷地単位に土地を私有し用途地域指定と容積率指定で都市開発を制御する現行制度から、建物床を単位として建物の所有と管理は開発業者（デベロッパー）に任せ、入居者はその使用権を得て期間占用する都市建築床の所有と利用への移行を提案した。

最近リートと呼ばれる不動産の債券化がようやく浸透し始めたが、この動きは都市を床使用権を単位と

図表1　高密度モデル都市の概念図(4)

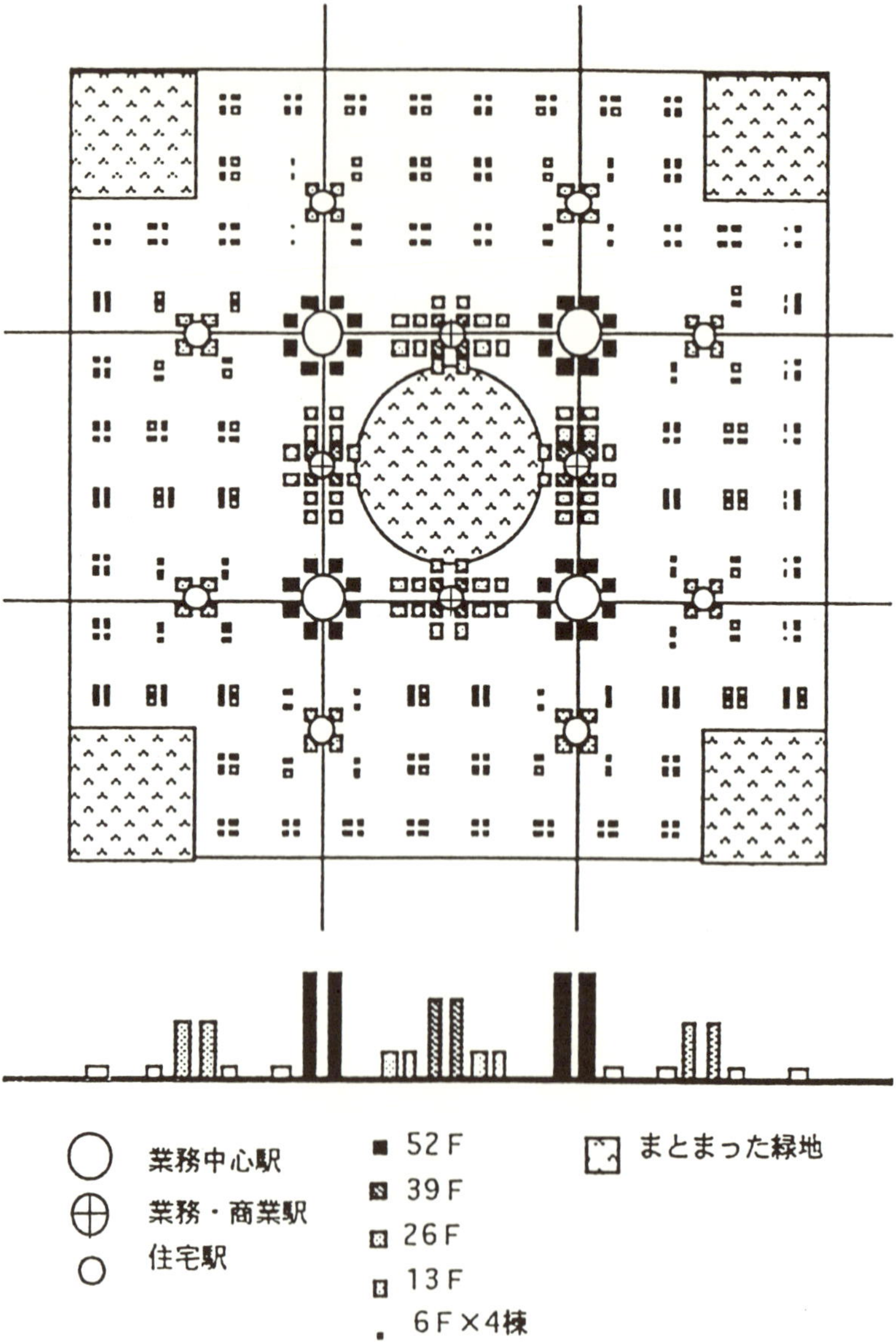

図表2　高密度モデル都市に期待される効果(4)

高速都市鉄道駅を単位とした都市の構造	車によらない都市内交通	大気汚染、騒音防止
		交通省エネルギー
都市内物流設備		交通安全
		交通渋滞解消
		利便性の向上
駅付近の集中拠点ビル	業務省エネルギー	
	地域熱供給	
	廃熱利用	
都心居住	職住接近	エネルギー負荷平準化
		通勤省エネルギー
		都市の賑わい
		都市文化醸成
	集合住宅化	住宅省エネルギー
都市基盤構築物の長寿命化	資源消費の節約	$LCCO_2$削減
建物躯体の長寿命化		
十分な緑地	ヒートアイランド防止	冷房負荷軽減
中水道＋冷却池	水容量の大きな都市	洪水防止
	良好な景観	

した管理構造にするまでの根本的な変革にはまだ至らないが、提案に沿った方向として歓迎される。ヒートアイランド対策には十分な都市内緑地の確保が不可欠であるが、現行の土地売買、固定資産税制下では、ヒートアイランド対策が必要な高密度市街地は土地価格も保有にかかる租税も高く緑地確保は不可能に近い。高層ビルの所有者が高度容積率から得られた受益を一人占めにするのはおかしいのであって、近くの緑地確保の原資を彼等が負担すべきなのであるが、そのような規則はない。これを打破するには敷地単位でなく床面利用権単位で不動産権利交換を行うべきである。土地の私有と占用から脱却しビルの構造体までを開発業者が所有管理し、内装は入居者が行うとしても、エネルギーや通信系の各種サ

ービスが付いた床の利用権だけを私有する仕組みにする。建築物までも都市の構成物として半公共化することになる。周囲に緑地が整備されればその床の利用権価格は上昇するはずであり、それによって緑地の価値が経済価値として廻るようになる。

また当時から行っていた産業連関表を応用した建築ＬＣＡ（ライフサイクルアセスメント）を用いて建物の環境影響を長期的に総合評価する手法[5]で都市の建築のあり方を評価したが、長期評価でのエネルギー消費とCO_2排出削減には鉄、セメント等の資材消費を削減するため建築物が長寿命でなければならず、また当然省エネルギーでなければならない。都市基盤施設のＬＣＡはその小論を書いた当時はまだ十分研究されていなかったが、都市構造とエネルギー研究会の委員でもあった電力中央研究所の田頭直人氏等がその後都市基盤施設のＬCO_2（ライフサイクルCO_2）排出量について分析し人口一人一年当たりの誘発排出が小さくないことが明らかにされた。[6]管線路施設の工事で道路埋設物を掘り起こしたり埋め戻したり、他工事管理といって例えば下水道工事期間中にガス管を切り替え、工事が終了後まだ元に戻す等、管線路施設が共に道路埋設物であると、工事のたびにアスファルトやセメントや工事期間中の深夜電力消費が必要であり交通の不便も発生するが、一度設置された都市基盤施設を長期間工事なく使うことができればそのライフサイクル環境影響評価はそれだけ小さくなる。ローマ時代の上下水道が二千年の時を経て使われている事実は、建設に伴う影響をライフサイクル評価すれば年間負荷は建設時の発生負荷の二千分の一だけとなる。このように、都市基盤は変更なく長期的に使われるよう都市の骨格を設計し供用すべきものであり、それが環境負荷としても都市財政的にも望ましいことは言うまでもない。

2 環境理想都市：東京を例とした改訂案：ガス会議コンペ

その後地球環境問題への世界的な関心がますます高まり、一九九七年にはFCCC気候変動枠組み条約COP3京都会議が開催された。日本建築学会では地球環境委員会を新設し、京都会議にさきがけ九七年七月に「地球環境行動計画」を発表、COP3京都会議に一NGOとして参加、十二月二日に当時会長であった尾島先生から会長声明「気候温暖化への建築分野での対応」を発表した。また京都COP3関連行事として国際ワークショップを期間中に京都市内で開催し、都市における気候変動対策についても討議した。その後、地球環境委員会傘下の小委員会として環境管理小委員会環境対策WGで討議を継続し、(8) 二〇〇〇年度から対策評価小委員会（主査外岡）を設置し、そこで都市対策WGにおいて都市における気候変動対策について討議したが、都市計画関係者の間では気候変動問題への関心は薄く専門に研究している人が少ないため広がりを持った成果は出せなかった。

二〇〇三年六月第二十二回世界ガス会議が東京で開かれたが、そこで特別プロジェクト「環境調和型都市デザインの構築―国際コンペ」(9) が行われた。そこで求められたものは、既存の都市を二十一世紀の百年間にどのような都市に変革させてゆくのか都市のあり方と変革プロセスを提案することで、ガス会議のコンペでもありエネルギー需給や都市基盤施設のあり方は重要な提案要素として考えられていた。この全体企画と審査委員長は伊藤滋氏が務められたが、それに先立ち二〇〇〇年に国内予選コンペがあり、東京二十三区を事例として応募提案した。(10) そこで二十一世紀における都市はどうあるべきなのかを根本的に考え直す機会を得たが、都市人口を居住者ではなく滞留人口で捉えなおし都内の滞留人口を数種類の都民に分類し、それらの人々のそれぞれ異なった生活を想定、多義的な街としての東京を前提に図表1の高密度都市モデルを進化させ、東京の一部として図表3を提案した。ここでも高架マストランジット（電車）の駅を中心に徒歩圏市街地を形成するもので、そのすぐ外側は都市内農地である。

そこで残った疑問はこのような街は子育てには向かないのではないかということであった。短期間（数年間）住むには快適であってもここで代々、子から孫へと継続居住して行くと子孫はどんな人になるのか、ここが彼らの子孫の故郷になりえるのか、それが疑問であった。

大橋力氏は、ＡＴＲ人間情報通信研究所感性脳機能特別研究室長をしていた人であるが、芸能山城組の主宰者でもあり、科学者で芸術家で、考えられないほどの多数の立場を兼務している超人である（らしい）が、彼の話によると子どもの頃に全力疾走できる場所がないところで育つと後で人間形成上どうも問題があるようだとする研究があるとのことであった。残念ながら自分でその研究論文の原典に当たることができていないが、この説が正しいならば広場や公園が整備されない市街地で、エレベーターで数分降りなければ土のある地面に接することができないような高層住宅に住むことは子どもの将来に問題である。このような問題に象徴されるように、図表2の新都心モデルは仮の住まいでならよいが、永住の住まいとすべきではないように感じられることが問題であった。

この東京理想都市構想では、都市内農地の整備も提案した。日照、景観、通風と蒸発散による地表面冷却はヒートアイランド対策にもなり、青果輸送距離短縮、余剰労働力活用、共労による地域コミュニティー形成、食の安全を都市市民が自主管理できるなど、様々な利点が考えられる。

もうひとつの問題は、小規模な地域単位の市民の自決権を尊重すべきとするコミュニティー派の主張と、長期にわたって固定した骨格構造で揺らぎのない固定資本投資をすることが望ましい都市基盤固定資本投

図表3　駅から歩いてゆける街：東京新市街地構想（世界ガス会議・都市コンペ国内予選案）(10)

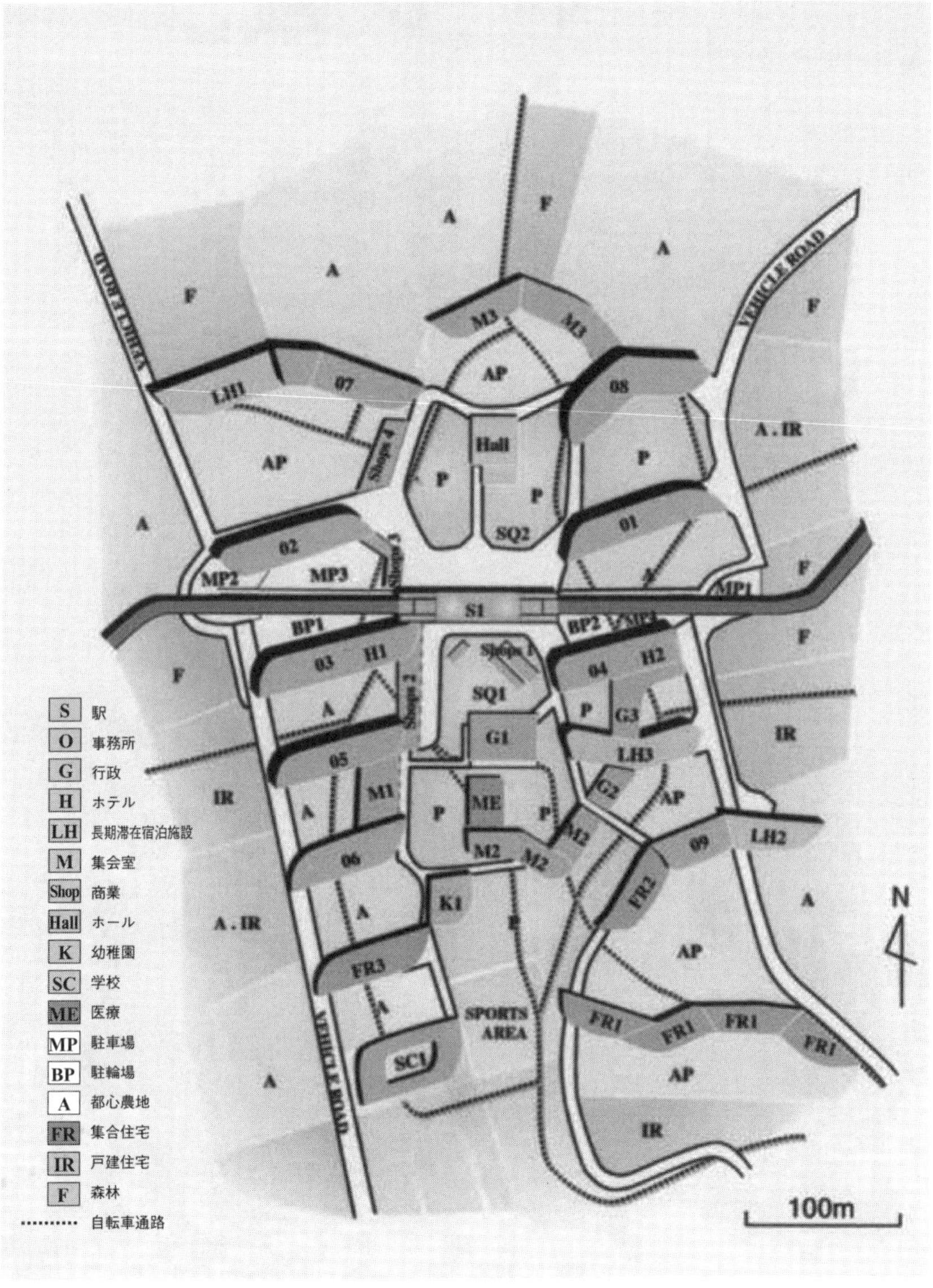

資のあり方の相互矛盾である。都市は超長期を見通して計画すべきだが、移ろい行く世界経済と加速する技術革新、情報社会の急激な発展は長期的な都市の存続条件を変えてしまうので、予定調和的な長期計画を立ててそれに従って都市を開発建設していってもでき上がった時点では都市そのものが陳腐化して使い物にならなくなってしまう可能性を否定できない。そうなったら長期投資はすべて無駄金になり、磯崎新氏がそこに自分も建築設計をしながら現代都市を「廃墟のイメージ」としていずれ巨大な破棄物の塊になるのではないかと語るように、良かれと思って建設した大都市が大量のセメント、アスファルトの瓦礫の山を残すだけになりかねない。

世界ガス会議環境都市コンペではカナダのバンクーバー案が最優秀賞に選ばれたが、そこに示された案は都市基盤の構造も含めて幅広い市民討議でだんだんに決めてゆくものであり、都市行政の都市基盤技術者も含めた多分野の専門家と市民とが混ざり合って、市民の素案に技術者が専門的な回答を返しつつ、かなり密度の高い議論を重ね、市民主導の都市建設を継続的に行うことになっていたが、それでも都市基盤設備の持つ時間規模の長さ（仮に五十年以上としておこう）と市民自決権が持つ時間規模の長さ（二十年を超えることは考えにくい）の限界は両者の接点が見えないままであり、このずれをどう解決できるのか成案は示されてはいなかったように感じられた。

都市の骨格だけは超長期に変更しない合意をした上でぶれのない計画で都市基盤施設の長期整備を行ってゆくべきと私は考える。たまたま二〇〇〇年三月に滞在したサンフランシスコでは市民提案に従った都市行政が行われていたが、無定見な意見のぶれが短期間に発生し朝令暮改を地でいくような弊害が見られた。

急激に変化する社会と、大規模化し大型の社会基盤施設投資を必要とする現代都市が交錯する矛盾は、どうにも解決できない問題ではないのか。それを少しでも解決に向かわせる都市計画のあり方は都市インフラ供給処理系基盤施設を骨格としてそれに沿わせて都市建築を建設してゆくことであって、建築物の床需要や敷地の選定を自由にしておいてそれを追従して供給処理系を整備するような順番にすべきではない。建築物の長寿命化を前提にすれば、なおさら変更のない都市構造の下で長く使用されるべきよく設計された建築を、十分な覚悟をもって建てるべきなのである。

容れ物としての都市と、その中で生きている人々の集合体としての都市と、都市という言葉の意味は多義的である。そしてその要素毎に計画要素もその時間空間規模もそれぞれ異なる。基本的なことでありながら、都市計画者にも市民にもその辺りの基礎認識構造が確立されておらず共有されていないのではないか。[a]

また都市と他地域、特に世界の非都市域との関係において他地域への大きな環境負荷があっては環境理想都市とは言えない。都市内環境が快適なだけではすまされないのは当然のことである。

しかし現実の巨大都市を見ると、そこにはそれだけの大きな街の繁栄を支える財力があってのことであり、歴史的に大きく繁栄した街にはその興隆を支える経済的繁栄があったのであり、それは他地域から集めてきた富の集積なのである。そこで私は都市の根本的な性格を象徴して「都市は惜しみなく奪う」もの、と定義してきた。大資本の本社中枢管理機能が集中する巨大都市は世界中の各地域から、多種多様な生産から富を吸い上げており、搾取のもとに成り立っている都市を二十一世紀も続けてゆくべきなのか、そもそも都市とは地球環境負荷的な視点から許されるものなのかどうか、あるいはその視点から問題ない都市の条件は何を満たせばよいのか、などコンペ提案以前の根本問題に立ち入って考えてみる他なかった。

この問題は都市そのものの構造の問題としてではなく、都市が誰のための場であるのか、そこから発生する問題であり現代社会の二十世紀後半における巨大都市の発展が、世界規模経済大資本の興隆繁栄に支えられて成長してきた経緯が先進国の巨大都市と途上国の非都市域の経済関係を形成しているのである。それは都市の繁栄が貨幣的価値の都市への集中によって成り立っており、植民地時代は終わったとはいえ今もなお合法的な経済産業活動を通じて富の移転が行われていると言うべきなのであろう。しかし、都市には例えば都市でなければ得られない情報の集中があり、それが地球環境の保護にも役に立っている事実も並存している。したがって、現代都市の存立が途上国等都市以外の地域からの富の搾取で成り立っているからといって都市集住そのものを否定すべきことにはならない。日本都市問題会議例会における尾島俊雄説(12)は、アジアの都市では人間が都市集住することによって自然への環境負荷が低減されており、そのかわりに都市住民は不十分な日照のもと大気汚染や騒音にさらされ悪い都市内環境に耐えて生活している、すなわち自然には甘いが人間に厳しいのがアジアの都市集住であるという。その説を敷衍すれば、論拠として東京に集住すべき事由のひとつは人による汚染域を狭め、非都市域の環境汚染負荷低減に役立てることである。アジアの二十一世紀都市は都市への集住により非都市の自然を保護し、その自然の生産力をそこねないことによって人類の存続条件を維持することである。都市内の環境対策を技術的な努力で十分解決できれば、人にも自然にもやさしい解が都市集住によって得られる。ここに二十一世紀アジアの都市の存立条件を見い出すことができる。

3　二十一世紀を迎えて――ビジネス社会の陰とその顕在化

そう考えてはいたが、現在の巨大都市はしょせん経済資本のビジネス活動の場であり、一九九九年十二月にシアトルで開催されたWTO閣僚会議への市民の反対は暴動にもなりかかった厳しいものであったが、そこで確認された潮流は反グローバリゼーションであり、自由貿易の名のもとに合法的に行われる巨大資本の経済活動が世界の各地で地域も人も地球も破壊しているのではないかという主張であった。

そして二十一世紀に入って、ついにニューヨーク・テロ事件が発生した。イスラム対反イスラムという対立が先進国経済資本で潤う人とそうでない人の対立以上のものであったとするにせよ、その底流には非イスラム系の人々が大きな勢力を持った欧米の巨大都市への富の移転がもたらす社会的なゆがみに耐えかねて爆発してしまった側面もあったのであろうと思われる。テロを肯定するつもりはないが、そのような反発を招いた元になる行為の積み重ねが、狙われた側にもあったと考えるべきである。あの日偶然、テレビをつけたらニューヨークに黒煙が上がっていて、ただならぬ事件のニュースを見ている間に、第二の飛行機がツインタワーの世界貿易センターに突入した、その瞬間をリアルタイムで見物することになった。その時、自分の胴体をあの飛行機が通り抜けて行ったような感じがしたことを今も忘れることはできない。

我々先進国市民は、巨大経済資本が世界中の途上国の低賃金労働と自然資源の大量奪取によって安く生産された諸商品と、その経済活動で得た利益の分配を受けて必要以上の消費を貪ってきたのであり、大量のCO_2を放出して気候変動問題に直面するまでに化石燃料をふんだんに消費してきたのである。こんな事件が起きてもおかしくない状況がすでにシアトルの抗議活動に前兆として現れていたと考えることができる。

私はニューヨーク・テロのような事件を半ば恐れながら予感していたような気がして、ついにそれが現実に来てしまったか、という思いであった。それは先進国の都市で暮らすということは狙われる側の尻馬に乗った生活をしていること、それを薄々感じつつも、あおられるままに消費を享受してきたことへの淡い自責の念があった。

こうして九・一一ニューヨーク・テロ事件で始まった二十一世紀、私はちょうど二〇〇一年からロンドンのインペリアル・カレッジにしばしば滞在して共同研究を始めることになった。それから毎年、世界中で起こる異常な事件をロンドンで東京で、テレビを通じて見ることになったのである。

二〇〇一年、イギリスでは豚の口蹄疫が発生、テレビニュースで毎日、大量に処分される豚や羊の映像を見ていた。そして二〇〇一年十月、ニューヨーク・テロから派生したアフガニスタンへのアメリカ軍侵攻、それが落ち着いたかと思う間に二〇〇三年三月イラク戦争が始まり、同時期中国ではSARSサーズウイルスが発生、続いて鳥インフルエンザが猛威を振るった。二〇〇三年夏は、欧州猛暑でフランスでは三万人が過剰死した。そして二〇〇四年十二月、環インド洋大津波が発生、二〇〇五年夏はアメリカ、ニューオリンズ台風洪水大被害が発生した。ロンドンでは二〇〇五年七月、スコットランドで世界首脳サミットが開かれ、ブッシュ・アメリカ大統領が英国滞在中に地下鉄・バスのテロ事件が発生した。前日ロンドン市は二〇一二年オリンピック開催都市に決定、街中が浮かれている次の日の朝テロ事件が起きたのであった。当日朝、大学に出勤しようとすると、多数のバスが打ち切りになり道も渋滞して動かないので、何かが起こったらしいとは感じたが、バスの運転手も「道路と地下鉄駅が閉鎖されている」というだけで何の説明もなかった。あきらめて動かないバスを降りて歩いて家に戻ると、マンションの管理人が“Bomb in the tube station”が起きたと教えてくれた。その後もイラクではロンドン・テロ以上の自爆テロ事件や爆破事件が多発している。

片やイスラエル対パレスチナの対立も収まらず、日本ではあまり報道されないがスーダン西部のダルフール紛争も続いている。二〇〇五年十月末から十一月には、フランスでアフリカ系移民の若者が暴動を起こした。彼等はれっきとしたフランス国籍を持ってはいるが真のフランス人から邪魔者扱いされ失業者が多く、電車賃をごまかしただろうと疑いをかけられて警官に捕まる者も多いという。それで変電所に逃げ込んだ二人の少年が感電死したことをきっかけに暴動になり各地に広がった。移民政策と失業対策の政策的失敗がフランス社会の不安をあおっている。北朝鮮の問題も解決の糸口がなかなか見えてこない。最近の日本では子どものいじめや自殺、親の子殺しがテレビや新聞で報道されている。こうして二十一世紀に入って以来、妙なことに世間は不安な、異常な事件があちこちで発生してきた。

4 ― 気候変動問題への打撃

二十一世紀社会の人類共通の重要課題は気候変動防止対策であり、特に先進国ではCO_2の排出削減は絶対に逃げられない課題のはずであるが、二十一世紀に入るやアメリカのブッシュ大統領は二〇〇一年三月二十八日、京都議定書離脱を表明した。一九九七年の京都議定書締結時には、世界が力を合わせて気候変動に立ち向かうことへの新鮮な期待感があったが、その後の条約交渉はアメリカが持ち込んだ柔軟化措置、いわゆる京都メカニズムの取扱いを巡って話がまとまらず、そうこうするうちにブッシュ大統領は京都議定書はアメリカ経済の利益にならないと、選挙公約を翻して京都議定書不支持、離脱を発表した。

その後、条約交渉はアメリカ抜きで二〇〇一年十一月マラケシュ合意に達し、多数の国家が批准し〇五年二月発効、〇六年十一月にはナイロビで二〇一二年以降の排出削減について話し合われたが、先進国と途上国の溝が埋まらず大した決定事項はなかった。世界的な気候変動対策の推進において二十一世紀に入って予想外であったことは、多発する世界的な事件にかき消されて人々の関心が薄れてしまったことである。アメリカのブッシュ大統領の動きが気候変動対策の世界的趨勢に与えた影響は、京都議定書の離脱以上にテロ対策とアフガンやイラクの問題に世界の関心が移ってしまったことのほうがずっと大きい。

5　新たな環境理想都市：持続可能都市構想

地震国における持続可能建築：新たな環境理想都市：持続可能都市構想

さて、そのような情勢の中で国や県の検討会、学会活動、研究と教育の場で常にCO_2をはじめ温室効果ガスの排出削減を考えることが私の務めで、常にそれを考えてきたが、ロンドン、東京都市圏、中国を比較しながら特に建築の、すなわち住宅と業務ビルでのCO_2排出削減について考えてきた。

昨年来世間を騒がせてきた建築構造計算の耐震強度偽装問題の発覚も異常なニュースであったが、地震の多い日本で重量物の鉄筋コンクリート建築を建てるためにそれだけの対応が必要なのであって、ロンドンのビル工事現場を見ると地震の想定はないので、細い柱に梁もない建物が平気で建てられているのに条件の大きな差を感じさせられる。昨今安易に「持続可能」という人が多いのには閉口させられるが、日本で持続可能都市を考えるなら超長期に一度起こるかも知れない大地震にそなえなければならない。

そこで私は三代目の理想都市構想を従来案とは全く異なった発想で提案するに至った。伊藤豊雄氏の日本的「かるみ」を追求したデザインには無意識にそれが反映されているのではないかとも思えるのであるが、地震に耐えるには軽い構造物が望ましいのであって、火事の問題を別にすれば木造建築が日本にはふさわしいのではないか、という当たり前の結論に到達した。むろんそれは木材利用が気候変動対策上望ましいからでもある。

日本建築学会では、地球環境対策として建築の長寿命化を提唱している。これは尾島先生が学会長であった頃、私も素案作成に加わって作成したもの[13]であるが、物理的に長寿命化することは地球環境対策上望ましいものの都市そのものが衰退したり都市構造が陳腐化したり、建築デザインが飽きられたりしてしまっては粗大ゴミになりかねない、すなわち社会的長寿命が保証されなければ成り立たない問題が実はあるのである。要は部材が長寿命であればよいので、建物そのものが必ずしも長寿命でなければ地球環境負荷低減が成り立たないものでもない。

そこで、むしろ短期間でも改築解体可能な建築、部材が再利用できる前提で、そのような建築システムができるなら問題は解決する。自然の光や風を取り込んで、太陽エネルギーもパッシブ利用を考えると不思議と自然に建物も人間規模に近づいてくるので、中小規模建築なら木造で十分対応できるのである。災害時にエレベーターが止まって逃げ遅れるような（例えば世界貿易センタービルのような）ことは、人間規模建築なら起こる心配はない。こうして図表1・図表3を否定するようなさらなる理想の建築からなる理想都市の姿を構想することになった。

図表4に軽量人間規模建築の案を示すが、防火にはとりあえず延焼距離を取ることで対応している。別の技術的な耐火工夫も可能ではあろうが日照、通風、景観、プライバシー保護やそれらを通じた快適性を考えて空間的隔離で防火することにした案である。図表5はそのような建築群からなる小規模都市構想で、周囲の防風林、涼房林で育った樹木から用材を調達する。構造材には成長が遅い堅固な材質の木を植えて二百年程度待てば周囲の森林で材木を自給できるようになる。法隆寺の柱は千年以上構造材として耐えていることから、長期的な資源収支は十分自給が成り立つ。持続可能都市というならこの条件を満たさなけ

図表4　軽量人間規模木造建築案：環境理想都市の建築構想

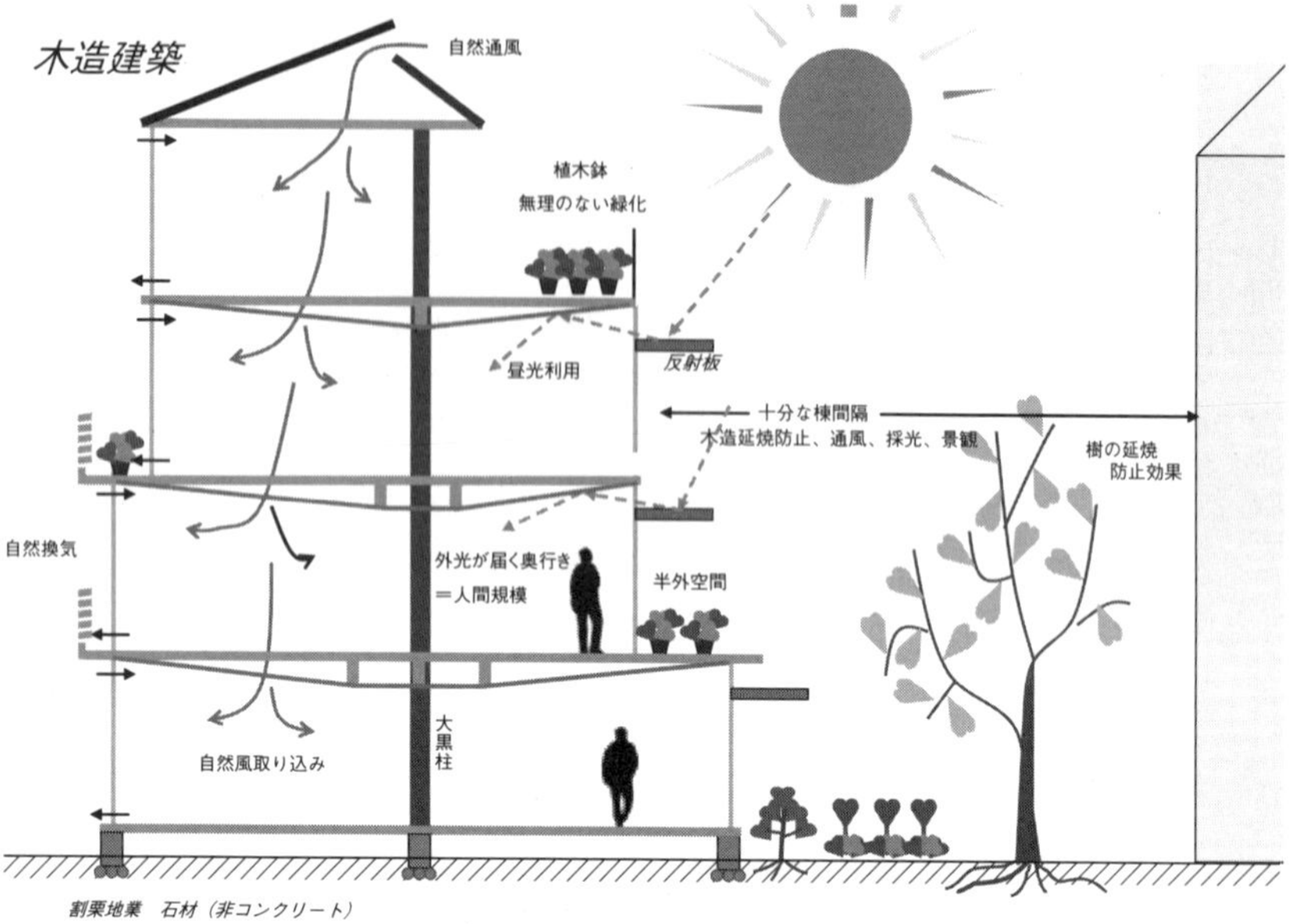

ればならない。

実は持続可能建築は日本ではすでに古代から実現されていた。伊勢神宮の遷宮がそれである。[14] 二十年毎に建て替えることで、建築技術も持続的に継承される仕組みである。建築部材は他の神社に転用され、伊勢神宮の古材であることが付加価値を持って受け入れられるというすぐれた再利用システムとなっている。このように建築用木材を再利用することで資源生産性を高め、自然をそこねることなく人間生活に有用な資材を調達して人類社会の存続を成り立たせることが可能になる。二十世紀型の近代工業社会がそうでなかったことが異常だったのであって、江戸時代まで日本では普通に古材転用が行われていたようである。

持続可能社会の視点から伊勢神宮を語れば、大和との位置関係、他のいくつか

図表5　新設環境理想都市構想

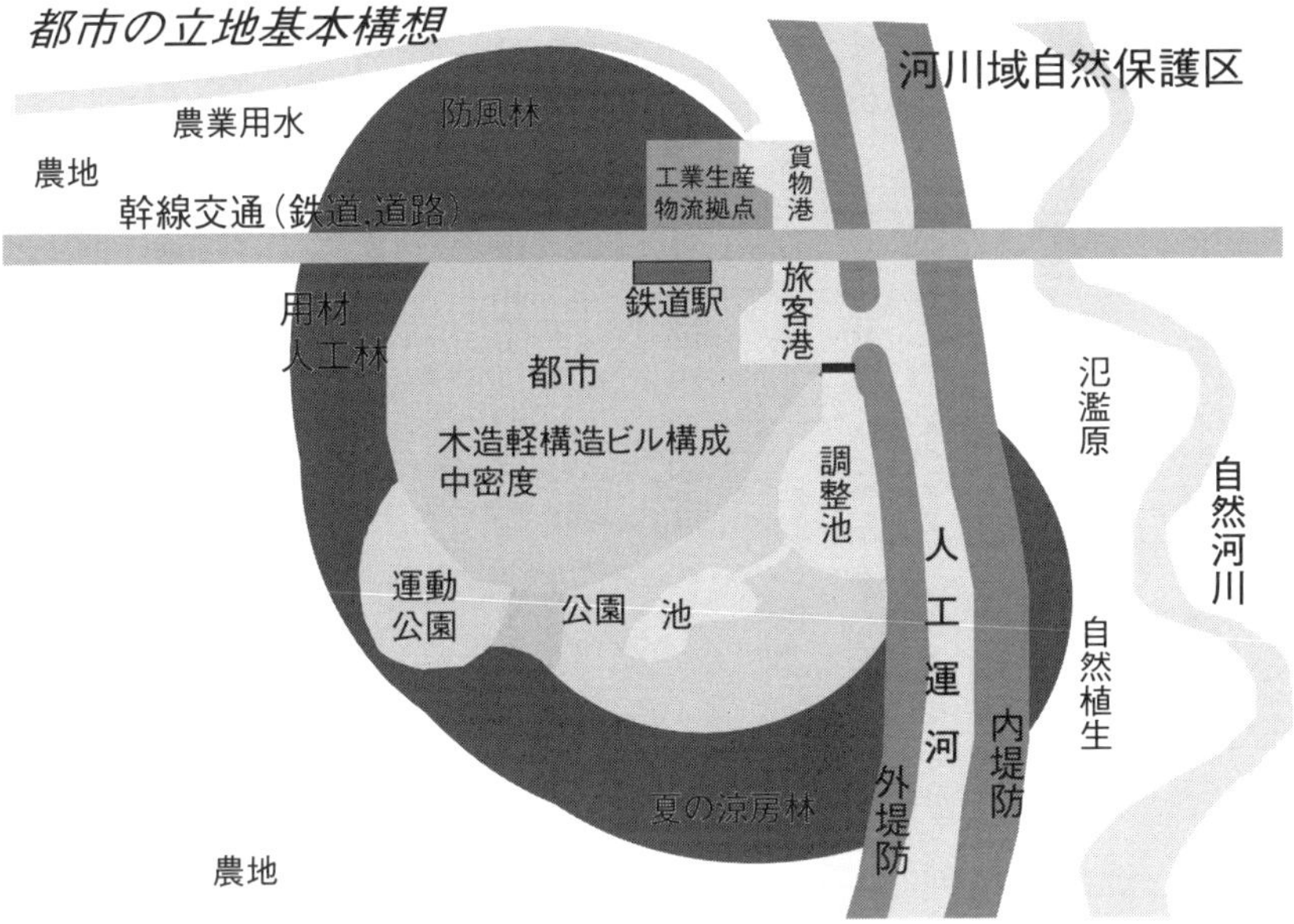

の神社との位置関係において太陽が昇ることを祭っていることは明らかであり、奈良の明日香の三輪神社から真東に位置し、夏至、冬至の日の出の方角をたどっていくと内陸の遠いところにある神社と線でつながっていることから、農業生産の源泉として太陽を祭り五穀豊穣を祈るための神社であったと察せられる。[15] 大和の為政者も持続可能社会を標榜して、その基本要件である太陽を祭るため日が昇る伊勢の地に持続可能建築を建てたのである。

別の意味からも高層建築は推奨されない。前述の都市構造とエネルギー研究会における腰塚武志の研究によれば、移動の省エネルギー性から評価した最適解は三階建て程度であった。[3] またパタン・ランゲージで著名なC・アレグザンダーは、中低層建築で東京都市圏を構成できるとの主張をしていた。建築LCAを実用途に使えるレンタブル床面積当たりで評価すると超高層ビルはエレベーターやダクトスペースに場所を取られ、高層化する分構造物の耐力が要求され鉄やコンクリートの資材消費量が大きくなり、深い基礎は地下水脈を分断し、日照が届かないセンターコア部分には照明が欠かせない。こうして単位有効面積当たりの資材、エネルギー消費が増大し、陰になる隣地の日照、通風を阻害し、あるいはビル風問題を引き起こし、総環境負荷は大きくなる。避難経路が長くなる点で防災の安全面でも難がある。

またインターネット情報通信の技術変革は巨大都市に人が集まる必要性を低下させている。田舎の小さな組織でも世界中相手に情報発信できる時代になったので、超高層ビルに入居する大規模組織でなくても世界的な活動ができるのである。

持続可能都市の条件

持続可能都市は当然、水害に強い街でなければならない。地球温暖化で氷河が溶け海水面が上昇すると、水没する国や都市が出てくると予想され大問題になっているが、千年に一度の大洪水でも水没しない条件を備えた都市地盤上に街をつくらなければ持続可能条件を満たすことができない。旧約聖書のノアの箱船はかなりな誇張があるとして、史実としての大洪水を反映しているといわれる。メソポタミア文明で河川下流域に形成された都市において、おそらく極度な大雨により都市が壊滅的な被害を受けることがあったであろう。

私は一九九二年の夏にウイーンに数か月住んだことがあるが、たまたま知り得た都市の中でウイーンはその条件がよいように思われる。たびたび襲ってきたオスマントルコの軍隊を退けることができたのも、自然の要塞のような地形が幸いしたと考えられる。ウイーン市立博物館にはウイーン市の変遷をたどる各時代の都市模型があり、オスマントルコ軍に包囲された街の絵もある。周りに河川がありながらウイーン市内は十分高い地盤の上に市街地が形成されており、ある古いウイーンの都市図絵は水に浮かんだ軍艦のような様相に描いてあった。ウイーンは軍事的な防衛上の堅固さだけでなく、水害にも強い街の条件が満たされている。

構想した理想都市では図表5に示すように氾濫源を広く取った河川敷の両側に堤防を設け、さらにその外側に運河と農業用水取水兼用の水路を設けることで二重の堤防と排水システムを用意し、仮に溢水しても広大な農地を冠水させ、それより十分地盤が高い市街地が冠水することはないように想定してある。

都市と自然の関係

この都市と自然の関係は、人類が居住のために占用する土地を最小限にして人が住むことにより発生する穢《けが》れから無垢の自然を守り、逆にその自然の恩恵にあずかろうとする基本方針が理想としてあり、海の底と山の上は純粋な自然の場であり人間から最も遠く最も手つかずの自然を保持し、人工的な人間の手で秩序が形成された都市との対局にある。純自然と人工的都市との間に人の手が入った自然、準自然域として農地と里山が人間と純自然の緩衝帯として存在する。竜宮城は理想の自然海底環境であり、古代の人々も珊瑚礁の海に多数の魚が泳ぐ姿を美しい理想の世界として見ていたのであろう。

気候変動による地球環境の異変は地表面や生態系を脆弱にする恐れもあり、同時進行する様々な汚染、自然破壊は熱帯雨林の衰退、珊瑚の死滅、漁業資源の壊滅的減少、干ばつ等による農作物被害等を引き起こすことも考えられ、二十世紀後半の人類活動で痛めつけられた自然の健康を回復させることは、人類生存の基盤を保持する上で二十一世紀の世界的な一大事業とすべきことである。

6 二十一世紀社会への変革

気候変動対策としての夏休み

ヒート・アイランド対策については、抜本的緑地整備のために不動産権利交換の仕組みを大変革して敷地単位の都市から床使用権を基礎とした都市へ所有、管理の形態を全面変革すべきと考えており、そのことにすでに少しふれたが、気候変動対策を考えるとその温室効果ガス排出は都市に集中しており、また発電所や工場での排出も都市に本社がある企業活動に起因しており、先進国巨大都市での排出削減が第一になされるべきものである。京都議定書目標達成計画が政府から出され何とかして排出を削減したいと様々な施策が打たれてはいるものの、業務ビル、住宅のエネルギー消費量はいっこうに減る兆しが見られない。

そこで私は窮余の一策として季節移住を提言した。(16) 東京の温室効果ガス排出削減のため、同時にヒート・アイランド対策として最も暑い夏の時期に東京を思い切って閉鎖する案である。そうすれば冷房電力消費をかなり削減でき電力ピークカットにより供給不安も一挙に解消する。実際には閉鎖はできないので、多くの事業体が長めの夏休みを一斉に取ることになる。これには副次効果として実は様々な違ったねらいも込められている。

すなわち本社機能を東京だけに集中しておくと、地震や停電等で東京が万一都市機能停止した時に対処ができない。そこで有事用バックアップ本社機能をどこか別の場所、例えばやや遠い涼しい地方都市に設置しておく。これは常に使えるようにしておかなければ急場に利用できないから、その訓練を兼ねて真夏の一定時期に本社機能をそこに移転して試運転しておくのである。例えば新潟地方では雪を貯蔵しておき夏に雪氷エネルギー冷房を行う建物もできているが、そのようなビルに夏の一定期間だけ本社機能を移転して、東京事務所を閉じてしまえば省エネ、CO_2排出削減ができる。長期休暇を取った社員は里に帰って三世代の家族が一緒に暮らす機会を持ったり、都会の子どもに田舎の体験をさせる機会にもなり得るし、里の地域住民と交流を深めるなりして、東京で暑いといって冷房しているのとは全く別の生活体験をする機会として活用できる。地方都市の活性化にもなるし、人の往き来が様々なプラス・アルファを生むだろう。

人口減少時代への対処と季節移住

この例に限らず、東京と地方の関係を人口減少傾向下で再考してみたい。出生率の低下から確かに日本の総人口は減少してゆく。そして都市人口より農村、東京より地方のほうが減少傾向が強いだろう。[17]地方都市の既存の都市基盤を活用し、ある程度の活性を維持してゆくには、東京の人間が滞留人口として地方都市に滞在することがよい。要は一人二役、一定期間地方に滞在することで東京の人でもあり地方の人でもあるような生活をするのである。

東京で職を得ている多くの人は全国各地の地方出身であっても、どこかの大都市の大学に進学し、全国規模、世界規模の企業に就職して東京勤務となり、そこで結婚、家庭を設け住み着いていくのが通常である。親との同居は地方に居る老夫婦世帯と東京に居る若夫婦＋子ども世帯とは物理的に離れている。高齢化して地方に住む老人夫婦世帯や一人暮らしが増えているが、老父母の世話と勤務先の仕事を同時にすることはできないのか。二〇〇五年度の失業率は数年前より一％低下したとはいえ四・四％あり、ワークシェア的な考えからすれば、特別休暇あるいは在宅勤務のようなかたちで東京勤務者を故郷に年間何日か追加的に滞在させることはできないだろうか。それが必ずしも温室効果ガス排出削減につながる保証はないが、両面をねらった施策は可能である。

逆に、例えば北海道出身者は寒い冬の間、両親老夫婦を東京に同居させれば住宅暖房エネルギーを節約できる。このような季節移住も効果がある。

ロンドンには、地方か諸外国とロンドンに半分ずつ住んで両方で生活している人は多い。高緯度のためすぐに日が暮れてしまうロンドンの冬は陰気でいやだという人もいるし、冬は南スペインに避寒に行く人もあり、自然に省エネ効果を持った季節移住になっている可能性もある。

このように西欧では国境を越えた季節移住が普通に行われている。それは省エネルギーや気候変動対策を意識したものではないが、南北に長い日本では国内季節移住でも暖冷房省エネルギー効果は大きく、地方の活性化や他の副次効果もねらったよくばりな施策を展開すべきと考えている。

人口減少時代と多民族社会

ロンドンでは、というよりイギリスは世界各地に植民地を持っていた歴史のせいか、多様な民族が移り住んで市民となっている。ロンドン市内のバスの乗客は自分を含めて非白人のほうが多いくらいであり、様々な店の店員も白人は少ない。エリザベス女王は二〇〇四年十二月のクリスマス講話で国民にイギリスは多民族国家で、イスラム系の住民とも仲良くやっていることを示す映像を出して、それがよいことだと強調してみせた。しかし今年の夏も、未遂に終わったロンドン発アメリカ行きの航空機に爆弾を持ち込む計画があったと騒ぎになり、数か月経っても機内持込み手荷物の規制が続いている。そこにはイギリス国内で生活に不満を持ったイスラム系住民がいて、彼等の不満がテロを起こす元凶である、すなわちイギリス国内問題としてテロの根絶を考えなければいけないのだという説もあった。

二〇〇五年七月のロンドン地下鉄テロ事件の後、次はローマか東京かとも言われたが、幸いどちらの街でも事件は起きていない。フランスの移民の若者が起こした暴動事件についてはすでにふれたが、ドイツではトルコ系移民が定住し二代目も育っているが、失業率は高く、移民の受入れは目先は低賃金で下層労働者を雇い入れ経済効果があるように見えるが、後で問題が吹き出してその対応に大きな社会費用がかかり、経費の問題ではないもっと深刻な抜き差しならない状況が起こりかねない、というより必定なのである。西欧の先行事例を見れば安易な外国人労働者の受入れは行うべきでないことは明らかである。埼玉大学の同僚、小野五郎氏もまったく同様の主張を書いていた。(18)

これは地球環境問題とは関係ないと思うかも知れないが、持続可能都市において都市内貧困問題は重要な課題である。ロンドン市の持続可能開発委員会にはインペリアル・カレッジの環境大学院の主任をしている教授 NigelBell も参加しているが、そこでの持続可能性要件として都市内貧困対策が取り込まれている。イギリスには下層労働者として入ってきて永住権を得た貧乏人が多数おり、彼等の未来の生活をどう保障するのか、受け入れた政府の責任でずっと面倒を見るほかないであろう。美しい国を標榜するなら、それ以前に持続可能社会に向けて社会を方向づけることが必要であり、それには将来都市貧困層となるような外国人労働者を安易に受け入れるべきではないのである。たとえ人口減少社会で労働力が不足するとしても、老年労働力の活用等別の方法で補うべきである。

国際社会における持続可能都市と貧困問題

ここでの主張は外国人をすべて排除せよとは言っていない。世界の主要な巨大都市は国際時代の交流の拠点であって、多地域から様々な人種、立場の人が、様々な用途、目的のために集まる場所である。東京ももっとそのような機能を果たすべきだし、今後はますます多くの外国人が居住、滞在するであろう。地方都市にも半分住む日本人の穴埋めに外国人の短期滞在者が流入するので東京の滞留人口は減ることはない。しかし、外国人の入国管理は厳しくしておかなければ社会の安全を保持できなくなる。

そこで都市とは何かに戻って考えたいのだが、多くの地方出身者にとって巨大都市は永住の地ではなく、就職を含めて用務のために滞在する場所であって、故郷《ふるさと》にはなり得ない。しかし、都市に定住して三代目になれば初代の田舎とは縁が薄くなり、墓参りに行くだけの地になってゆくだろう。こうして都市住民が生まれていくが、これは世界規模で大規模社会化した中では一種の流浪の民を生み出すことになるおそれがある。欧米の大都市では多国から就学、就労に人が入り込んでくるが、国際結婚して、仕事上出身国とは別のどこかの都市で暮らす、その子どもにとって故郷の国はどこなのだろうか。

このようなことから私が今仮に出した結論は、「田舎を失うなかれ」という基本方針である。逆に言えば、都市は仮住まいの場所でしかなく田舎にはなり得ないと考えるべきではないのかと結論づけたことになる。これが持続可能社会の基礎要件であり、フランスの移民の若者の暴動は彼等が帰る田舎を失っていることが悲劇の根源としてある。

この考え方に基づくと、当面の日本の政策方針として必ず帰国する先が確実にある人だけに入国滞在を認めることである。また入国管理行政サービスの効率性において、東京のような特定の大都市だけに重点的に受け入れ、他の一般県、県下とは格差をつけた外国人受入れ行政サービスを行うべきである。すなわち都市の格付けを明確にして、国際化する都市と国内都市とを峻別すべきと考えている。政令市は国際化、その他の地域は国内都市とすればよいだろう。欧米ではもはや取り返しがつかない混在化が起こってしまっているが、幸い日本はこの点で遅れており、長期的展望に立った外国人入国管理行政を用意することができる状況にある。いったん汚れた井戸水をきれいに戻すことは不可能なのであるから慎重に対処すべきであって、それが持続可能社会への避けられない道である。

田舎を喪失しないことは、二十一世紀社会において重要な都市政策の基本であるべきである。それは国際社会化して日本の国内の田舎に帰るのとは訳が違う国情の人が必ず東京に入り込んでくるからでもあり、また別の問題として最近子どものいじめ等に社会のきしみの兆候が出てきているように、ビジネス社会、競争社会のゆがみの問題が顕在化してくるであろうから、都市での競争に疲れたときに帰る場があることが心の支えとして大きな意味を持つだろう。学校や会社という限られた場で行き詰まると逃げ道がないと感じるだろうが、別のつながりを持った場があれば一人で追いつめられた気分に陥ることも避けられるのではないか。

このようないじめや閉じこもりが起きるような都市生活は二十世紀後半になって初めて経験しているものであり、現代都市生活者の二代目はともかく、三代目、四代目になっていったときに潜在的な都市社会の問題点が噴き出すことも考えられるからである。

やや論点は異なるが、これからの社会では人生一人三役をこなすべきと考えており、それは職場、近隣地域社会、家庭である。それが地域の一員としての付き合いが東京と出身地の二か所で持たれるときに江戸時代の参勤交代が文化の相互伝播に役立ったように、よいものを広げたり、外から客観的に見る機会を得るなど、両方に通じていることを何かに活かすこともできるのではないかと期待する。地方都市を活かす政策は人をも活かす政策につながる可能性を秘めている。あるいはそのような多面的な成果をもたらす政策を試行して推進すべきなのである。

7　まとめにかえて

環境理想都市構想から発展させた持続可能都市と社会の構想について、気候変動問題への対処をからめて、論点は蛇行しながら重要と思われる事項について書いてみた。冗長な部分と説明が不足して読者に真意が伝わるか心許ない部分の粗密があるが、二十一世紀を迎えて、短期には気候変動対策の推進、長期には持続可能社会への移行について今考えていることを率直に述べさせていただいた。

日本都市問題会議は、そういう飾らない議論の場であり、都市だけが共通項で様々な立場の会員との相互刺激がこの会の持ち味であるので、一般読者の目に触れる書籍とはいえ、例会の議論の延長上のような気持ちで自由な見解を書いてみた。この率直な論旨がどなたかの御立場に失礼なことがあるとしたらお許しいただきたい。すべては二十一世紀社会が住みよい、そして地球を傷つけることのない社会に向かっていってほしい、そのために書いたつもりである。また諸氏の反論を期待したい。諸批判を参考に、変貌する二十一世紀社会を見据えつつ、さらなる環境理想都市論をこれからも考えていきたい。

参考文献等

(1)　一九九〇年二月十日、日本都市問題会議一〇五回例会、皮切りは伊藤滋（当時、代表世話人）、「私の理想都市論」

(2) 一九九〇年十月二十七日、日本都市問題会議一一一回例会、外岡豊、活動実績リストの表題は「エネルギーと地球環境」、当日配付資料の表題は「理想都市論―地球環境とエネルギーの視点から：多面体問題としての環境問題とその解決策について」

(3) 建設省総合技術開発プロジェクト「省資源・省エネルギー型国土建設技術の開発・総合プロジェクト」、一九九一～九六年度の一環として㈶計量計画研究所が一九九一～九五年度受託した研究会。その成果は建設省建築研究所、㈶国土開発研究センター「省資源・省エネルギー型市街地計画ガイドライン」（一九九七年六月）としてまとめられている。このガイドラインでは、都市が省資源・省エネルギーであるための留意点について三十一の定石として整理した。

(4) 外岡豊「環境とエネルギーから構想した理想都市像」『用地』東京出版、一九九五年一月。これは日本建築学会の大会でも発表した。

外岡　豊「環境とエネルギーを重視した高密度都市モデルその５」、「理想都市構想具体化への断章」、日本建築学会大会学術講演梗概集（彦根）、一九九六年

(5) 外岡　豊・河中俊「産業連関表による建設部門誘発ＣＯ$_2$排出量の解析」『ＩＢＳ研究報告30周年記念号』、一九九六年

(6) 田頭直人・内山洋司「都市インフラストラクチャー整備のライフサイクル分析」『電力中央研究所報告 Y96005』、一九九七年

(7) Tonooka Y. GHGs Emission Reduction in Architecture Sector, Toward the Architecture and Urbanizm for Sustainable Society, AIJ NGO Symposium UNFCCC-COP3 Kyoto, Part-2 Action of Architects and construction Engineers, 1997.12.04

(8) ㈳日本建築学会「地球環境委員会環境管理小委員会環境対策ＷＧ報告一九九八年度」、一九九九年三月

(9) 第二十二回世界ガス会議東京大会ＨＰ（URL　http://www.gas.or.jp/wgc2003/jp/05_sp/sp2/index.html（二〇〇六年十一月二十四日現在））

⑽　外岡豊・鈴木俊治・三浦秀一・中島裕輔「二十一世紀環境理想都市構想─東京都区部を例として」世界ガス会議・環境調和型都市デザインコンペ国内予選、二〇〇〇年
⑾　外岡豊「地球の限界に行きついた時代」『地球の限界』（共著）、水谷広編、日科技連出版社、一九九九年。さらに改訂再論、外岡豊「二十一世紀を迎えて─歴史の大転換点に生きる」『社会環境設計論への招待』（共著）、八千代出版、二〇〇五年
⑿　尾島俊雄「日本都市問題会議例会一五一回」『アジアの都市問題』、一九九五年
⒀　㈳日本建築学会「地球環境・建築憲章」（二〇〇〇年六月一日）。それに先立ち、「気候温暖化への建築分野での対応（会長声明）」（一九九七年十二月二日）、さらに遡って「日本建築学会地球環境行動計画」（一九九七年七月十五日）がある。省エネルギー、省資源、環境負荷低減と長寿命化を提唱。
⒁　石本泰博（写真）、磯崎新・稲垣栄三（解説）『伊勢神宮』岩波書店、一九九五年
⒂　宮元健次『神社の系譜』光文社、二〇〇六年
⒃　外岡豊「ライフスタイル」日本学術会議建築学研究連絡委員会報告『設計科学としての建築・都市』、二〇〇五年
⒄　国立社会保障・人口問題研究所「都道府県の将来推計人口」（http://www.ipss.go.jp/）、二〇〇二年三月
⒅　小野五郎「社会にツケを回す外国人労働者受入れを放置するな」『月刊ＷＥＤＧＥ』ウェッジ、二〇〇六年十一月号

（a）　日本都市計画学会・21世紀学会ビジョン特別委員会
「日本都市計画学会・21世紀ビジョン─新時代における創造と展開─」には「環境都市計画のシステム構築に向けて」、「負荷の少ないモノと人の循環システム」、「共生を実現する自然親和型都市」ということが唱われているが、地球環境問題、気候変動という言葉は出てこない。また都市基盤施設を意識したことは何も語られていない。このように都市計画の専門家集団が見ている都市への視点は、ここで私が取り上げている地球環境の視点、都市基盤施設の視点が大きく欠けているようである。

第3章

都市の魅力を探る

一 美しい都市こそがサステイナブルである

稲垣 道子
Inagaki Michiko
㈱フェリックス代表

日本の都市は美しくないといわれる。

そもそも人々は美しい都市を望んでいるのだろうか。美しくないのは問題だという意識があるのだろうか。問題意識がなければ美しい都市の実現は目標になりえない。

景観法の全面施行後二年以上を経たいま、景観やまちづくりに関する書籍は、大都市の大きな書店には溢れている。にもかかわらず、美しい都市の実現に向けた前途は楽観できないように思う。もう少し気長に待つべきかもしれないが。

都市の景観は、都市の一つの属性である。都市を目に見える「空間」に着目してとらえた場合、景観となる。空間の可視的な質が景観である。ここでは、望ましい空間の質＝景観の形容詞として仮に「美しい」を使うが、どう形容すべきかについては後でふれる。

1 問題意識は共有されているか

まず都市の景観上の問題点を次の⑴〜⑹の六点に集約して、これらの問題点がなぜ起こるのか、どのように問題意識が共有されているのかを考察する。

(1) 緑がやすやすと失われる

都市内民有地の緑保全を図る制度はいくつか用意されているが、適用対象が大規模中心で、所有者に対する強制力が弱く、一方で所有者にとってのメリットが不十分、加えて市町村に買取り資金が乏しいなどの理由から十分機能していない。制度的保証が不十分なのは、緑保全の重要性が十分に認識されておらず、結果的に政策のなかで高い優先順位を占めていないからといえる。

これには次のような日本の風土の特徴と国民性が背景にあると考える。

① 山地が多く耕作可能な平地が少なかったので、平地は、基本的に開墾の対象だった。農地獲得のための開墾から宅地供給のための開墾へと目的は変わったが、開墾は一貫して追求されてきた。

② 都市は、わずかな平地である河口平野や盆地に位置し、ほとんどの都市では周囲に見える山々が自然の与えたグリーンベルトとして機能し、都市の際《きわ》を明確に示していた。

③ 温帯モンスーン地帯に位置し、暑い夏に湿度が高いという植物の繁茂に適した条件下にあり、雑草や雑木との厳しい戦いが強いられた。長らく緑は、守る対象ではなく攻める対象であった。

④ ③の反動としてか、都市内では守るべき緑として盆栽や植木鉢などのコントロールできる緑に関心が向けられてきた。しかし、コントロールできるということは、処分の自由性も意味した。

極論すれば、日本人にとっての平地の緑は、生産価値または利用価値としての緑であり、その価値がなくなると放棄されるものだった。存在価値としての緑は、周辺の山並みや軒先の植木鉢で十分だった。メリットが不十分で強制力の弱いまま制度をいくら整備しても緑の減少を阻むことは難しい。都市にグリーンベルトが必要だという海外から導入された緑地思想は、日本では根づかなかったのである。

(2) 屋外広告物が氾濫している

かつてアンケートを実施したことがあるが、屋外広告物の評価は、年齢別・性別に大きく異なった。「交通や歩行の障害となって安全性を阻害している」「景観を損なって目障りだ」という否定的な評価をした回答者数が「まちの活気をつくりだすのに役立っている」「行き先や商品の案内に役立っている」「いろいろな情報を伝えたり知ったりするのに役立っている」という肯定的な評価をした回答者数を上回ったのは、女性の五十代、男性の四十~六十代のみで、十代、二十代では男女とも肯定的な回答者数が六~八割に達した。

詳しく述べる紙数の余裕はないが、漢字文化圏で看板が目立つのは、漢字の情報即達性や識字率の高さにもよるだろうし、屋外広告物の氾濫に寛容なのは、情報に貪欲な日本人の国民性にもよると考える。これらが理由となって、一般には屋外広告物はそれほど否定的にとらえられていない。自治体が率先して車体利用広告(ラッピングバスなど)を行っているのはこの証左である。

市民や事業者が広告のない空間の清々しさを体験したことがなく、広告のあり方が街の「格」を決めるという実感をもたないままで、規制やモラルに訴えても屋外広告物はなくならない。建築基準法ですら良好な景観の形成を目的とした規制をしていないのに、「良好な景観を形成し、若しくは風致を維持し」(屋外広告物法第一条)という理由によって大都会の盛り場で屋外広告物の形態・色彩・素材・量の規制を行えるだろうか。歩行や車いすに邪魔・危険、落下が心配、交通標識が隠れるといった安全性阻害の理由でもない限り、強く取り締まれないのが実態である。

(3) 土木構築物が景観を改変している

山肌のコンクリート剥き出しの擁壁、海岸の消波ブロック、三面張りの川(両側面と底面をコンクリートで固めた川)、カミソリ堤防(カミソリのように切り立った形の堤防)をはじめ、高架の高速道路や直線に改修された河川などが景観上問題となる土木構築物の例である。空を覆う電線・電柱もインフラ関連としてこの範疇に入れる。いずれも工事主体は基本的に官である。安全性確保や経費節減を優先させてやむを得ない場合もあったであろうが、景観改変を全く意識しなかった場合も多かったであろう。

景観法制定に先立つ平成十五年、国土交通省は、美しい国づくり政策大綱を発表し、その前文中で「国土交通省は、この国を魅力ある国にするために、まず、自ら襟を正し、その上で官民挙げての取り組みのきっかけを作るよう努力すべきと認識するに至った」と書き、本文では「美しさへの配慮を欠いていたという点では、公共事業をはじめ公共の営みも例外ではなかったと認識すべきである」として「日本橋の上を通過する都市高速道路」と「海岸を埋め尽くしている消波ブロック」の事例写真をあげた。その後制定された景観法では、景観行政団体である自治体が公共施設の整備の方針を景観計画に定めることができるようになった。このように国の主導で公共施設整備における景観配慮が推進されるのは、公共事業の延命策と受け取れないではないが、ともかく歓迎したい。ただし市民、多くの自治体、事業者の意識改革が十分とはいえないので、具体の施設整備に際して意欲ある自治体と事業者間の合意形成や一度整備された構築物の改修費用負担の合意形成が簡単に進む段階ではない。

(4) 歴史的・文化的・自然的景観が損なわれる

歴史的・文化的・自然的景観のある都市では、景観の対象が遮られたり、背景に高い建物が建って対象が埋没してしまうなどの眺望阻害が問題になることが多い。東京都は、国会議事堂、絵画館、迎賓館の三か所に絞って、その背景景観保全を打ち出したが、具体的な規制手法としては、総合設計制度(空地の確保等の見返りに、許可により容積率や高さの緩和を受ける制度)の適用の際に条件を付けるのがやっとである。

第一級の景観ですら、その保全に向けた合意形成は簡単ではない。事実、東京都景観審議会が実施したパブリック・コメントには、「眺望の保全ポイントは三か所に限定し、周辺の建築規制については、土地の有効利用を過度に阻害することがないように配慮することが必要」という民間事業者団体からの意見が寄せられている。

京都では、さすがにセーヌ川にかかるポン・デ・ザールを模した橋の建設は中止されたが、京都にふさわしくない、あるいは眺望を遮るなどで反対された京都タワー、京都ホテルが建設され、京都駅も批判が根強い。「戦争でさえ破壊されなかった町屋が市民の手で壊されていく……」という嘆きが聞かれる。守るべきという総論はあっても、各論では経済優先、建てる権利の主張になかなか対抗できないでいる。

(5) 普通の街並みが混乱している

石原東京都知事の発言「ゲロに似てる、この街は。都知事として言いたくないけどね、この街はね、もういかに都市計画がなかったか」(二〇〇三年十月十四日江戸開府四百年記念の国際シンポジウムの基調講演)は、都庁から撮した街並みの写真を示しながらのものである。

建築基準法は、建築物の高さや容積率・建ぺい率等の規制を定めているが、規制のめざす姿・規制の目的が示されていない。目的がはっきりしなければ、規制を守らせることは難しい。都市計画マスタープランを策定する制度が設けられて十年以上経過したが、既存の混乱した街並みに引きずられてか、めざすべき都市の姿をなかなか明示できていないように思われる。そのようななかで現状は戸建住宅地ながら中高層住宅が許容される街で突然、建築基準法、都市計画法等に適法という大規模マンションの建設計画が示され反対運動が起きる。近年の建築紛争では日照阻害や騒音・風害などのいわば古典的被害に加えて圧迫感や景観阻害、コミュニティの変質などが問題とされる。適法とされる計画で建築紛争が多発するのは、法制度とその運用に欠陥があるということだ。建てる権利ばかりが優先され、環境の激変、街並みの混乱の増幅が進んでいる。

(6) 突飛なデザインの建築物・工作物が許容される

高名な建築家の作品から住民参加で計画づくりを行ったポケット・パークまで、大規模なビルから戸建住宅まで、周辺と調和しない好き勝手なデザインの建築物や工作物がほとんど批判されることがなく許容されている。自治体が率先して遊園地内ではないかと思うようなデザインの構築物を建てる例もあり、ディズニーランド化現象と呼ばれる。

問題を指摘する場合でも、なぜ、それが問題であるかが十分説明されることは少なく、批評の欠如といえる状況にある。公的な建築物でも事前のデザイン・チェックは不十分だ。

2 問題意識の共有には何が必要か

以上のように公共事業が主な対象である(3)を除くと、問題にかかわる当事者は市民であり事業者であるが、当事者の間に十分な問題意識が共有されているとはいえない。問題意識の共有と問題解決に向けた合意形成を図るには、意識啓発と行政による強い誘導が必要である。しかし、これまでのところ自治体の対応は、はかばかしくなかった。財産権を尊重するという大原則があり、それを制約できるのは公共の福祉に適合する場合だけ、しかし「景観は主観的なもの」だから、景観のために私有地の利用（財産権）を制限しにくい、こんなところが理由だったのではないだろうか。以下にこれらについて検討する。

財産権は、それほど尊重されなければならないか

あらためて憲法を見てみよう。「この憲法が国民に保障する自由及び権利は、国民の不断の努力によって、これを保持しなければならない。又、国民は、これを濫用してはならないのであって、常に公共の福祉のためにこれを利用する責任を負ふ」（第十二条）、「財産権は、これを侵してはならない」（第二十九条第一項）次いで「財産権の内容は、公共の福祉に適合するやうに、法律でこれを定める」（同条第二項）。

これを受けて建築基準法も都市計画法も第一条にそれぞれ「公共の福祉の増進に資する」「国土の均衡ある発展と公共の福祉の増進に寄与する」ことを目的とすると規定している。

日本は「建築自由の国だ」という諦めは、一種の神話である。戦後の半世紀間において、「権利の濫用を許さない」「公共の福祉のために権利制限は必要だ」と考えてくれれば、都市の姿はもっと違うものとなったことだろう。建築基準法が制定された戦後五年しか経ていない一九五〇年当時の復興・建設を優先せざるを得なかった時代背景をそのまま受け継いできて、軌道修正がなされなかった結果、神話が成立してしまったのである。

景観の評価は主観的なものか

確かに景観の評価は、究極的には主観的なものだ。しかし、主観的評価が集まって多くの人が同様の評価をする場合、それは客観性をもっと考えてもよいのではないか。景観は都市空間の質である。芸術というより社会的ルールの表れである。そうであれば、十分な慎重さが必要ではあるが、多数決による決め方を採用するのも妥当であろう。景観が美しい街では紛争は起きない。景観が醜いと感じるのは、その景観

の下での都市活動や生活環境の不快さが想像されることにもよる。多数の人が不快であると感じることは避けられるべきだ。

とはいえ「主観的」ということと、「説明できない、理論化できない」ということはイコールではない。C・アレグザンダーは世界各地をまわり、生き生きとした建物、街を構成する二百五十三のパターンを見出した。また、空間の質を表現する形容詞をいろいろ考えたあげく、一つの形容詞で語れるようなものではないと結論づけて、それを「名づけ得ぬ質（Nameless Quality）」と呼んだ。J・ジェイコブスは、生き生きした都市には多様性が必要だとして、そのための四つの条件――機能が複合的で街区が短かく、古い建物と新しい建物が混在し、人が集まって住んでいる――をあげた。

「美しい」という形容は、都市を遠くからあるいは高いところから見た場合に適切であり、「生き生きした」や「魅力ある」は、都市の中で等身大で都市を感じる場合にふさわしい。どのような形容詞を用い何を尺度として空間の質を表現し評価するかは、決して簡単なことではない。アレグザンダーのような研究の蓄積がもっともっと必要だし、地域ごとに市民はその作業を担っていかなければならない。

私有地は公共空間を構成しないのか

極論すれば日本に現在、公共空間はない。あるのは公共底地だけである。空間は三次元的なものである。底地という平面に加えて建物の壁や樹木などの立面によって構成される。他人から見えない部分を除いて建築物の外壁や屋根、外から見える庭、樹木等は、すべて公共空間の構成要素である。だからこそ公共の福祉のために制限されて当然なのである。

公共空間は存在するものではない。「ここは公共空間だ」という意思によって初めて公共空間になる。そう考えないならば、日本に公共空間はあり得ない。意思がなければ、いつまでたっても公共空間は獲得できず、道路であれ、広場であれ、公共底地の域を出ない。

3 ― 合意形成に向けて何ができるか

衣食足って、則ち栄辱を知る

さて、建築基準法・都市計画法の目的である肝心の「公共の福祉」の増進とは何だろうか。どうも「公共の福祉」の内容は、時代とともに変わってきたと思える。古都の景観を守るのも公共の福祉、古都の経済活性化を図るのも公共の福祉というわけである。今では、規制を緩和し土地の高度利用を図り経済を活性化して人々を倒産や失業の不安から解放するのが公共の福祉と受け止める向きもあるかもしれない。

吉田不曇氏によれば、幕末から明治初期に日本に駐在したイギリス人外交官のサトウが日本人を評して、「日本は必ず有数の文明国家になるだろう。日本人は新しいものにどん欲で熱中する気質があるから。但し、その気質が日本を文化国家にするのを妨げるだろう」（日本建築士会連合会機関紙『建築士』二〇〇四年七月号、36頁）という趣旨のことを述べているという。

「衣食足って礼節を知る」、正確には「倉廩《そうりん》実ちて、則ち礼節を知り、衣食足って、則ち栄辱を知る」という。いつまでも経済優先でなく、「美しくない」という汚名を晴らす決意がないかぎり、法制度をいくら強化しても美しい都市は生まれそうもない。文明は欲望の実現への意思がもたらし、文化は欲望の制御の過程で培われる。

無残に切り倒される樹木、屋外広告物の氾濫、眺望を台無しにする高層建築物、低層住宅地にそそり立つ巨大マンション、隣と違う「個性」を主張するデザイン、いずれも飽くことない欲望、経済利益追求の結果である。それが透けて見えることが景観をわびしく貧しいものにする。いつまでも衣食が足りないからと経済活性化を図るのではなく、衣食は足りたと決意して、ひたすら美しい都市を追求しなければ、美しい都市は得られない。

真にサステイナブルであるために

景観法は第一条で「この法律は、我が国の都市、農山漁村等における良好な景観の形成を促進するため、景観計画の策定その他の施策を総合的に講ずることにより、美しく風格のある国土の形成、潤いのある豊かな生活環境の創造及び個性的で活力ある地域社会の実現を図り、もって国民生活の向上並びに国民経済及び地域社会の健全な発展に寄与することを目的とする」としている。構文的にも論理的にもわかりにくく美しくない文章である。「公共の福祉」が表現されていないことも注目される。

経済力はあるが美しくない都市もあれば、美しいが経済力のない都市もある。しかし、長期的にみれば、美しいことが何よりもの存在価値であり、存在価値のあるところには人が住み続け、いずれはそれが適度の経済力をもたらすだろう。建築紛争を引き起こすことも資源の枯渇を招くこともなく、現在および将来の他者に犠牲を強いない都市のあり方が真の美しさを醸し出す。それこそが「サステイナブルである」という意味だ。どれだけ長いスパンで考えて、美しい都市こそがサステイナブルであると信じられるかが課題だ。

試みるべきこと

以下に試みるべきこととしていくつか思いつく点を問題点ごとにあげる。

(1)　緑がやすやすと失われる

・(戦後の傾斜生産方式にならって)今後、十年間程度、自治体が緑地等の用地買収に予算を傾注する。

(2)　屋外広告物が氾濫している

・屋外広告物ゼロの社会実験をして広告のない街の清々しさを実感する機会を設ける。

・屋外広告物協定の締結促進や広告物に対する一種の課税権を地域に与えるなど、地域主体の屋外広告物管理を進める。

(3)　土木構築物が景観を改変している

・事業者、自治体、市民の合意形成のため、改変前の姿の可視化と改変前またはより美しい景観実現のための障害とその克服方法を洗い出し検討する場を設ける。

(4)　歴史的・文化的・自然的景観が損なわれる

・景観を守ることがサステイナブルであることをわかりやすく啓発して規制を強化する。

(5)　普通の街並みが混乱している

・混乱し切ってめざすべき都市の姿が明示できない区域は、都市計画制限を白紙に戻して、個別の計画毎に望ましい建築物等のあり方を市民・行政・事業者が協議により決める地区(協議地区)に指定する制度を設ける。

・景観計画と都市マスタープランをリンクさせる。市民が主体となって「空間の質」の表現方法を考える。

(6)　周辺と調和しない突飛なデザインが許容される

・大規模なものだけでなくすべての建築物・工作物についてデザインをチェックする体制・機会を設け、望ましいデザインについての知見を蓄積し、専門家および市民による理論化・体系化を図る。

参考文献

(1)緑について

・稲垣道子「傾斜生産方式により緑の確保を」『都市建築の発展と制御』応募論文集、日本建築学会、二〇〇四年三月

(2)屋外広告物について

・パネルディスカッション「私物化進む公共空間〝広告は誰のもの〟」（パネリスト＝稲垣道子／廣邊裕二／宮田操コーディネーター＝乾正雄）、カラージャンクション会報三十一号、二〇〇一年二月、公共の色彩を考える会

(3)〜(6)について

・稲垣道子「法と景観」『科学』二〇〇四年九月号、岩波書店

建築紛争について

・もめタネ研究会「もめごとのタネはまちづくりのタネ―建築紛争現場からの発言」二〇〇五年十一月

景観の評価について

・C・アレグザンダー他著、平田翰那訳『パタン・ランゲージ―環境設計の手引』鹿島出版会、一九八四年十二月（原著は一九七七年）

・C・アレグザンダー著、平田翰那訳『時を超えた建設の道』鹿島出版会、一九九三年十月（原著は一九七九年）

・J・ジェコブス著、黒川紀章訳『アメリカ大都市の死と生』鹿島出版会、一九七七年三月（原著は一九六一年）

二 市民参加型まちづくり

鈴木 俊治
Suzuki Shunji
㈲ハーツ環境デザイン代表

日本でも市民参加型まちづくりがかなりの広がりをみせている。しかし、これからの時代に市民参加型まちづくりが、より発展、定着していくためにはなお多くの課題もある。ここでは筆者が携わっている事例を紹介しながら、その展望を述べてみたい。

1 区画整理事業を契機とした包括的なまちづくり（沖縄県うるま市安慶名《あげな》地区）

安慶名地区の概要

沖縄県は東アジアの中心に位置し、独自の文化を育んできた。戦後は県土の約一一％を米軍基地が占めるようになり、基地に直接間接に関連する土地問題は沖縄県内各地に存在している。うるま市安慶名地区も例外ではない。うるま市は二〇〇五年に安慶名地区を含む旧具志川市と、石川市、与那城町、勝連町が合併して誕生した、沖縄本島中部東海岸、那覇市の北東二十五キロメートルに位置する人口約十一万六千人の市である。美しい海、海岸線などの自然資源、エイサーや闘牛、世界遺産になっている勝連城跡など

図１　安慶名地区の建築集合形態

南北を走る幹線道路沿いは商店街、周辺は住宅となっている。黒い部分が区画整理地区（14.2ha）
（出所）「平成13年度 安慶名地区まちづくりワークショップ実行支援及び提案等業務報告書」（㈲ハーツ環境デザイン）

の歴史・文化資源に恵まれており、特産品としては洋蘭、ＥＭ製品、グァバ茶などがある。

安慶名地区は市場を中心とする中小規模の商業集積、および第二次大戦後に米軍による土地接収に伴って移住を余儀なくされた市民が居住してきた木造密集住宅地区であった（図1参照）。商業地区は昭和三十～四十年代には沖縄中部でも屈指の繁華街であったが、施設の老朽化、経営者の高齢化、大型店舗の郊外進出などにより活力の低下が目立っている。また、住宅地区は戦後五十年以上を経て建物の老朽化が進み、狭い路地も多いことから防災面からの改善が必要になっている。安慶名地区全体の面積は約五十七ヘクタール、人口は平成十二年の区画整理事業開始時で約千四百世帯、三千八百人であり、うち区画整理事業区域は約十四・二ヘクタール、人口は三百三十世帯、千百五十人であった。

区画整理事業地区におけるまちづくり活動

安慶名地区では、区画整理事業によるまちの再生は長年の懸案であり、平成五年のまちづくり基本構想を契機として検討が開始された。平成十一年度に基本計画作成、十二年度には地権者による安慶名地区区画整理推進協力会（睦会）が発足、十四年度には区画整理事業認可、十八年度には仮換地指定完了と、ほぼ順調に事業が進んでいる。

その状況下にあって、まちづくり活動は市民ワークショップを中心として平成十一年度からスタートし、翌年の睦会発足を契機として本格化した。

安慶名地区のまちづくり活動の特色は、区画整理事業を契機として、包括的なまちづくりへの展開を図っている点である。まず、住民がこのまちでどのような暮らしをしたいか、どのような仕事をしたいか、これまでの商売を続けたいのかなどの将来像を長期間かけて討議し、それを支える都市デザインや「まちづくり規範」を実現しようとしている。区画整理事業は基盤整備事業であり、その上にどのような暮らしがなされるのか、どのような建物が建つかなどは、包括的に検討されたことはあまりなかったが、右肩上がりの時代ではない今日、区画整理を契機としたまちの再生という観点が必要である。とすれば、まず将来の生活イメージや目標を共有し、そのために必要な基盤整備を区画整理事業を活用して行うという視点が大切になる。多くの市民に親しまれる都市デザインで重要なことは、「カタチ」から入るのではなく、そこを使う人たちにどのような希望やニーズがあるのか、どうすれば使いやすくなるかを、市民が計画の

写真１　安慶名地区のまちづくりワークショップ。街路のデザインを模型をつくりながら検討した

初期段階で十分に理解し、それを実現できるデザインとすることである。

以上のような観点により、安慶名のまちづくりワークショップでは、まず市民が将来こうありたいというまちや生活の情景を描き、それに基づいて街路や公園のデザインを検討した（写真1及び図2、3参照）。そのことは、区画整理事業の街路等の計画に反映された。

例えば街路のデザインでは、地区を南北に縦断する県道は当初片側二車線ずつの四車線として計画されたが、歩いて楽しめ振わいあるみちとするため、歩道を広く確保することとして車道は片側一車線とすることとなった。

緑が多いまちとして散策が楽しめ、休憩場所を多く確保するため、当初は大規模な公園を一か所設ける計画であったものを四か所程度に分散し、それらを「緑のネットワーク」として道路および歩行者専用道路によって結ぶこととなった。また、区画整理事業地区の中央部には、別途住宅地区改良事業として市営住宅が建設されているが（一部竣工済）、その中央部に幅約九メートルのプロムナード（並木道）が設けられる。公営住宅の中央部をそのような幹線緑道が貫くことは管理上の問題などから避けられがちであるが、この地区はもともと路地が多く車が入らない路地が生活空間になっており、その良さをできるだけ次世代にも継承し、緑のネットワークの主軸とするためにも、プロムナード設置が決定された。

筆者は、安慶名地区全体の都市デザインやまちづくりにかかわってきた立場から、その住宅地区の計画検討委員となった。委員会はプロムナード設置や、住棟の高さを地域に馴染むようにするため中層以下にするなど、まちづくりワークショップの意見を反映した計画案にするため、一定の役割を果たせたものと考えている。なお、筆者は、まちづくりに際してスケッチを描くことが多い（図4参照）。計画者や地元の方々が地元を再発見し、その良さをあらためて知るには、わかりやすく良い方法であると考えている。

図2　幹線道路と沿道の計画イメージ

（出所）「平成16年度 安慶名地区都市再生土地区画整理事業調査業務 報告書」（平成17年３月、具志川市）*

図3　初期段階での道路断面計画の例

（出所）「平成14年度 安慶名地区都市再生土地区画整理事業調査業務 都市デザインガイドライン検討報告書」（平成15年３月、具志川市）*

図４　安慶名地区に見られる昔なじみの場所（左：商店街、右：路地）

（出所）「平成15年度 安慶名地区都市再生土地区画整理事業調査業務 報告書」（平成16年３月、具志川市）*
＊　図作成は著者

安慶名まちづくり規範

市民参加型まちづくり活動、ワークショップの成果を一時的なものとせず、継続的な活動としていくことが重要である。安慶名地区では地区計画がつくられたが、それを補完し、市民が安慶名のまちをより一層安慶名らしくするためのしくみとして、またその拠りどころとして「安慶名まちづくり規範」がつくられる。これはまちの「目標」、「情景」、それを支える「かたちと行動」から構成されており、住民や地元の建築家らによる「安慶名まちづくり規範運営委員会」によって運営される予定である。今後、規範に基づいた建築モデルプランの作成・展示などを行いながら、住民や設計者、施工者、不動産業者などに広報活動を進めていく。まちづくり規範のコンセプトは、元具志川村長による琉歌で「煩しゃやあて　互いにうちはれて　住み清らしゃ街よ　創てぃいかな」（煩わしくてもお互いに話し合い、住みやすく清らかなまちを創っていこう）であり、地元の安慶名まちづくり推進センターに常時掲示されている。なお、同センターは空き店舗を市が借り上げ、まちづくり拠点としてワークショップや相談会場などとして用いているが、二年ほど前にまちづくりスタッフが常駐するようになってから、その活用度が非常に高まっている。

まちづくり規範には商業、住宅それぞれのデザインガイドラインが含まれているが、一定の「カタチ」を規定することを主目的としたものではない。安慶名のまちや建築などを考える際の拠りどころであり、今後も常に更新され、成長していくことが期待される。その運用も、法律や条例ではないため多少揺れ動くことは想定されつつも、地元主体の運営委員会が担うことによって、まちづくりに多くの人々が参加し、まちの力が徐々に高まっていくようでありたい。行政や専門家は、資金の一部、広報、専門的知識の提供などにより、地元をサポートすることが主な役割になると考えられる。

商業拠点「いちゃりばタウン」

安慶名市場を再開発し、新たな賑わいの拠点とするために「こころもからだも元気になるまち」をコンセプトとした「いちゃりばタウン」計画が進められている。区画整理事業において申し出換地手法によってこの地区で商売を続けたい方々を募り、その方々が土地管理会社、さらには事業マネジメント会社をつくり共同事業を行おうというもので、区画整理事業と地域活性化が一体的に進められている。

2　市民参加型まちづくりの課題と展望

安慶名地区では前記のように包括的なまちづくり活動が進められ、多くの成果が上がりつつある。その着実な実践と定着のためには、これからも様々な課題に挑戦していくことになるだろう。それらのなかにはこの地区で解決できることもあれば、より広範の調整などに及ぶようなこともあるが、これまでの活動で培われてきた市民のまちへの想いや力は、今後とも絶えることなく引き継がれていくだろう。ワークショップやその後の夜更け過ぎまでの懇親会などで幾度となく大合唱された、安慶名まちづくり応援歌「ぐしちゃーぬ宝（*具志川人の宝）を紹介しておきたい。

「ぼくが生まれたこの具志川のまちを
ぼくはどれくらい知っているんだろう
まちぐゎ（まちの狭い通り）のにぎわい、路地裏のゆんたく
思い出だけになるのかな
でも誰より、誰よりも知っている。
まちへの思い、もてなす心、ぐしちゃー（具志川人）の気持ちが溢れている
煩しゃやあても　互いにうちはれて
住み清らしゃ　街よ　創てぃいかな
それがぐしちゃーぬ宝　それがぐしちゃーぬ宝」
（BEGIN「島人ぬ宝」のメロディーに合せて）

＊安慶名地区は旧具志川市の中心市街地であった。これからは、合併で誕生したうるま市の中心市街地として、再生が進められる。

以下に、安慶名地区での経験も踏まえながら、市民参加型まちづくりを進めるうえでの要点について整理しておく。

市民参加の受け方と説明責任

市民参加型まちづくり活動の主催者は、ワークショップなどの市民参加活動の成果をどのように受け活用するのか、できるだけ明示しておく。プランニングのプロセスを明らかにし透明性を高くすることは、市民参加型まちづくりの参加意欲を保持するために重要である。ワークショップなどで出た意見や成果をそのまま計画に反映できないことも多々あるが、その場合でも、なぜできないか、何が障害かといったことを説明することが大切がある。

専門家の職能

行政機関や民間のプランナー、デザイナーが「専門家」としてまちづくりに参加する以上、市民参加まちづくりの企画から成果の受け方・活かし方を含め、プロとして高いレベルの知識と計画・遂行能力が必要である。特に「財源」、「法制度」、「デザイン」の、さらに「全体調整」が専門家としての能力が求められるところである。

ボランティアやそれに近い市民のみで、かつ多くの場合限られた人数、時間、予算で計画の決定をして遂行していくことは、共通の目的意識や求心性の弱いグループでは困難な場合が多い。意欲をもった市民を活かす専門家の力が重要であり、専門家を活用するための財源も必要である。

誰が参加するか

草の根市民参加が根付いている米国では、まちづくりワークショップなどは一般公開が原則である。ワークショップの開催情報や資料などを事前に提供しておき、誰でも来たい、あるいは来られる人が来るというもので、最も民主的な方法といえる。その方法の欠点は、毎回新しいメンバーへの対応が必要であり、作業や議論の継続性を維持するのにより多くの時間やエネルギーがかかることであるが、それは民主主義のコストとして認識され、その点も考慮してワークショップ等の事前事後の情報提供が行われることが多い。市民の参加機会を制限することはよほどの事情がない限り行われない。なお、オープン参加をとった場合でも、参加メンバーは次第に固定化されてくる傾向がある。

市民の参加意欲を高めるには、ワークショップなどの段階と目的、成果を明らかにし、継続と新規活動のメリハリをつけることが求められる。適度の活動財源が伴うこと、小さくても目に見えるわかりやすい成果を出すことが重要である。

市民参加と法制度や専門家などの選定方式

日本でも都市計画の策定に際して、市民参加を得ることが法制度に盛り込まれるようになってきた。それは前進ではあるが、市民参加の役割、担保方策などについてはまだ未熟の状態である。たとえば米国では都市計画の権限は基礎自治体＝Ｃｉｔｙ（日本では市町村）にあり、ゾーニングから開発許可、さらには事業費調達のための課税や起債なども、自治体が主体的に行うことができる。それゆえ、各市で住民の声を反映した計画策定と事業化が可能なのであるが、日本ではまだその段階にはない。近年の市町村合併により、「地方の地方」は自治権を失いつつあることも危惧される。

また、市民参加を促しその成果を実現するための都市計画、まちづくり、商業などのコンサルタントや建築家、デザイナー、施工者などの専門家の適切な選定方式も求められよう。近年公共事業の契約に際して一般競争入札を取り入れる動きが増えているが、計画・事業者の遂行能力を適切に評価・公開するとともに、それに見合った予算を組むことが必要と考えられる。

三 由布院　いやしの里の挑戦

亀野 辰三
Kameno Tatsumi
国立大分高専都市システム工学科教授

1　消えた湯布院町

「風のハルカ」は、主として大分県を舞台にしたＮＨＫ朝の連ドラであったが（平成十七年十月三日〜平成十八年四月一日）、その第一回目のタイトルが「いやしの町に来ました！」であった。「いやしの町」とは、いうまでもなく旧湯布院町のことである。〝旧〟とわざわざ付けないといけないのは、現在、湯布院町という自治体名は存在しないからである。平成の大合併は、全国ブランドである〝湯布院町〟の名前さえも消し去ったのである。

平成十七年十月一日、湯布院町と庄内町、挾間町の三町合併で由布市が誕生した。この合併の是非をめぐり、湯布院町は大きく揺れた。財政難を理由に合併を推し進める行政に対して、「根拠があいまい」「上からの押しつけ」などと住民が反発、町長がリコール請求を受けるなど町を二分する騒ぎとなった。

合併後の新市の名称も大きな問題となった。合併相手の町の関係者から「由布院ブランドにあやかりたい」という本音が伝わってきたことに対し、湯布院町内で由布院温泉観光協会を中心とした観光業者らは、由布院温泉に含まれない地域への「由布院ブランド」の拡散、およびそれに伴うブランドの失墜を危惧し、新市名に「由布」を使うことに反対したのである。

一方、湯布院町の中でも、由布院温泉に含まれない区域においては、合併賛成の声が根強かった。観光を生業とする人たちとそうでない人たちでは、合併に対するスタンスに大きな差があったのである。

合併反対派の住民らが提出した町長リコールは成立し、それを受け、合併推進派の佐藤町長が辞表を提出、出直し町長選挙となった。しかし、佐藤町長が再選したために、由布市は当初の予定どおりに誕生した。

実は、旧湯布院町は、町名とインターチェンジが「湯布院」で、駅名と温泉名は「由布院」であった。これは、昭和三十年、当時の由布院町と湯平村が合併し、湯平の「湯」と由布院の「布院」を合わせて「湯布院町」になったことに起因するが、由布院町が消えたのに続き、このたびの合併で湯布院町という自治体名も消滅してしまった。

次項では、消滅した湯布院町のまちづくりのあゆみを簡単に振り返ってみたい。

2 「まちづくり」のあゆみ

昭和二十年代から五十年代まで

湯布院町のまちづくりは、昭和二十七年に起きた由布院盆地のダム建設計画反対運動に始まるといっても過言ではない。このダム建設計画は、由布院盆地内にダムを設け、その周辺をリゾート観光地として開発するというものであった。この計画に対し、自分たちの生活の基盤そのものを捨て去ることへの是非が、町を二分して議論された。これが、町の将来を真剣に考えるきっかけとなった。

特に将来、町を背負って立つ若者たち、とりわけ青年団を中心とした反対連動は、その後の湯布院にとって夢や理想を現実のものとしていくエネルギーの源となった。そして、その活動の先頭に立ったのが、湯平村との合併後の新しい湯布院町長となった岩男穎一であった。

昭和三十年、湯平村との合併後、岩男湯布院町長は、まず、日本における温泉地の代表格であり、有数の歓楽街を有する「別府」とは趣を異にする、生活型の保養温泉地をつくることを、新生湯布院町の指針として示した。ダム建設計画反村運動において見えてきた湯布院の町の方向性が、具体的な形で現れてきたものといえる。ここに「保養温泉地構想」がスタートした。

昭和四十五年に、突如「猪の瀬戸」にゴルフ場をつくる話が出た。猪の瀬戸は湯布院町内ではないにもかかわらず、湯布院町を中心に反対の狼煙を上げた。この活動は、自然保護の重要性をアピールするものとなった。このときに誕生したのが「由布院の自然を考える会」である。住民相互の意見交換、意思の疎通の場として活発な活動を展開した。機関誌『花水樹』は、現在の由布院においても教村書の一つとされる。

昭和四十七年、「明日の由布院を考える会」などの活動のなかから、「牛一頭牧場運動」という新しい独創的な試みが始まる。都市の人々に一口二十万円で牛のオーナーになっていただき、畜産の振興に一役かってもらいながら、由布院の温泉と大自然に触れてもらおうというものであった。また、都市の人々と農家の方々が自然のなかで交流できるという、一石二鳥にも三鳥にもなる企画であったといえる。

これが発展し、昭和五十年に「牛喰絶叫大会」が始まった。オーナーの方々に、草原のなかで、由布院を眺めながら、由布院で育った牛を心ゆくまで召し上がってもらおうという企画である。

話が前後するが、昭和四十六年、「明日の由布院を考える会」の中核である若者三名（志手康二、溝口薫平、中谷健太郎）が、西ドイツ（当時）の保養温泉地に視察に出かけた。この視察で、由布院の生き方が正しいことを再確認し、温泉や自然、空間の重要性を実感した。見てきたこと、感じたことをこれからの保養温泉地構想のなかに取り込む動きが始まった。

こうしたなか、徐々に「素晴らしい景観や環境、豊かな自然と温泉、そして、そこに住む人々の暮らしこそが最大の観光資源である」という認識を深めていくことになり、「生活型観光地」としての湯布院が姿を現してくる。

昭和五十年、大分県を中部大地震という直下型の地震が襲った。湯布院もやられたという声のなか、湯布院は健在なりというアピールをするために様々なイベントがスタートした。それが湯布院音楽祭であり、牛喰絶叫大会であり、辻馬車であり、湯布院映画祭である。

ただ単に、町のＰＲのためのイベントでなかったことが、三十年を経過した現在においても継続していることからもうかがわれる。「星空の下の音楽祭」として始まった音楽祭、「映画館のない町」の映画祭。いずれも同じ志をもった人々が湯布院の地に集まり、自分たちも楽しみながら、ゲストの方々との交流を深めていった。

人とのつながりを大切にする姿勢はこういったイベントのみならず、いろいろな形で今も受け継がれている。

バブル期以降

昭和五十年代後半から平成の初め頃にかけて、わが国は異常な好景気に見舞われ、爆発的な開発・リゾートブームで列島中が沸きかえった。湯布院にも観光開発の波が押し寄せ、外部からの開発申請が殺到した。そこで湯布院町では、平成二年に「成長の管理」の考え方を導入した「潤いのあるまちづくり条例」という全国でも先駆的な条例を制定し、具体的な規制基準を示した。

平成五年以降のバブル崩壊後、日本人の旅行のスタイルも変化し、「安近短」の旅行が求められ、それまでの会社や組織単位での団体旅行から、家族や個人グループなどの少人数での旅行が増えてきた。それに伴って湯布院でも大型リゾート開発や大規模な施設の建設は少なくなったが、代わって小規模な店舗や旅館などの観光施設が増え始めた。

平成九年から三年間をかけて「ゆふいん建築・環境デザインガイドブック」が作成され、混迷する湯布院の景観とまちなみに対して基本となる考え方が示された。

また平成十一年には「人と車が折り合った湯布院の交通のしくみを考える会」が設置され、行政・民間の協働による自主的な活動が始まった。年に一度の交通調査や町をあげての交通実験結果をもとに、湯布院の交通環境について、七つの提案を町長および県知事に提出した。

平成十四年、悪化する湯布院町の交通問題を解決する手がかりを得るために、多数のボランティアの協力を得て、交通社会実験が実施された。この実験は、観光地における交通社会実験としては全国屈指の規模で行われ、実験の成果が全国的な注目を浴びた。これについては次項で詳述する。

平成十七年十月一日、湯布院町は、隣接する挟間町と庄内町とで合併し、「由布市」が誕生した。自治体名としての湯布院町は、半世紀に及ぶ歴史を刻んで消滅した。（注：もちろん合併によっても、由布市湯布院町という地名は残っている。自治体名としての湯布院町が消えたということである。）

3　由布院の苦悩――交通社会実験から見えてきたもの

現在、由布院は多くの観光客が訪れる、あこがれの観光地となった。筆者が全国各地を訪れて「大分から参りました」というと、すかさず「由布院に行きたいですね」と話しかけてくれる人が大変に多いことからも〝ゆふいんブランド〟の威力を実感できる。

由布院におけるここ四十年の観光客の推移は図表1からもわかるように、昭和三十七年に三十八万人の観光客数が、平成十七年で三百八十五万人と、この四十年間で実に十倍も観光客が増えたことになる。旧湯布院町の人口が約一万一千人だから、ほぼ人口と同じ数の観光客が毎日、由布院盆地を訪れているわけだ。週末などは二万人とも三万人ともいわれる人々が押し寄せるわが国有数の観光地となっている。

しかしながら、由布院盆地はいかにも狭い土地である。したがって、道路の幅員も狭い。また、普通の民家に混じって旅館やホテルや土産物店がある。狭い土地に、毎日人口と同じくらいの観光客が押し寄せている。温泉ブームを背景に、九州では、お隣りの黒川温泉（熊本県）、長湯温泉（大分県）とを結ぶトライアングル型のコースが評判を呼び、大型バスでの団体客や家族・グループの自動車が狭い由布院の道路に侵入している。休日ともなると、由布院駅前から金鱗湖までの狭い道は、観光客の長い列が続く。その人ごみの中へ、マイカーやバス・タクシーが入り込む。人が歩ける道ではなく、危険さえ感じられる場所となる。

図表1　湯布院町の年間観光客数の推移

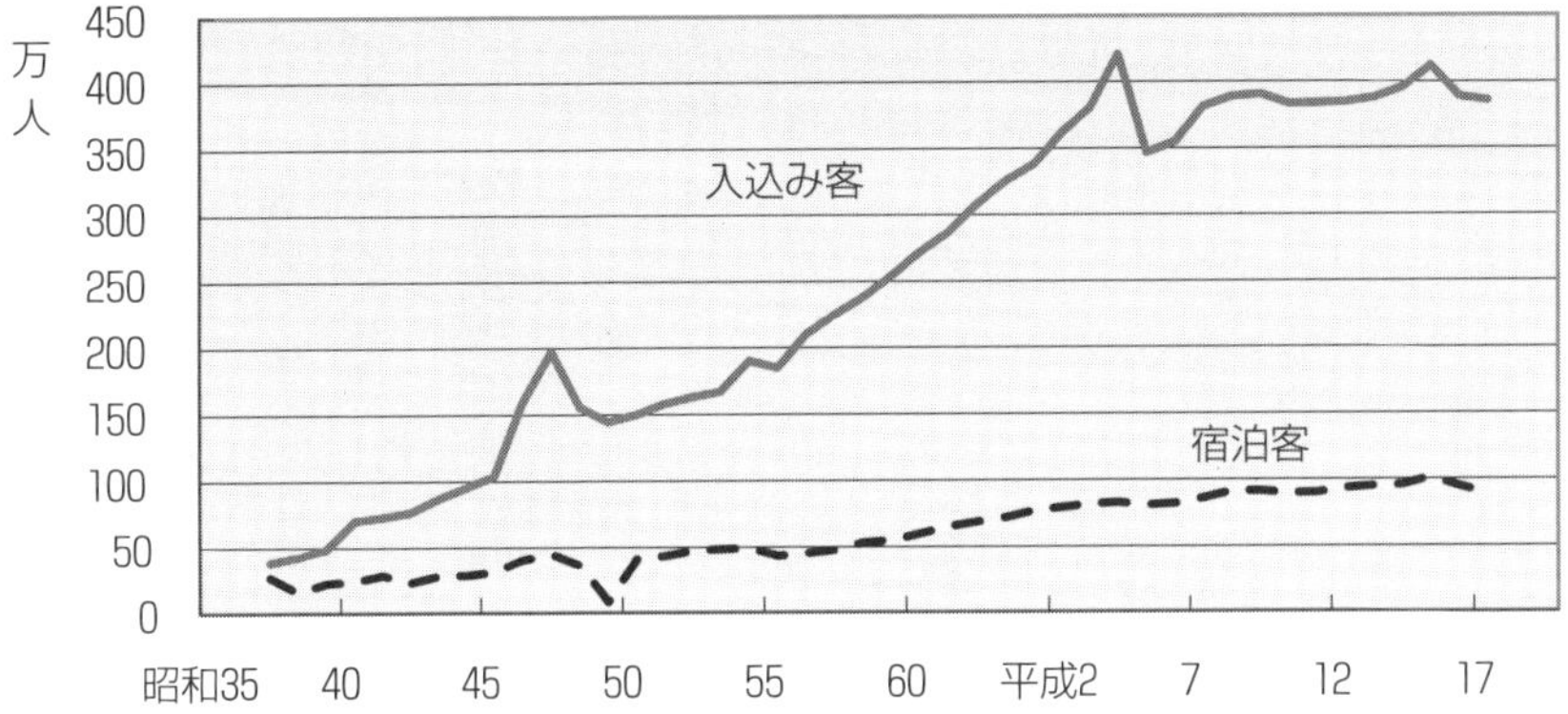

写真1　混在する交通（湯の坪街道）

交通問題は観光客だけの問題ではない。住民にとっても排気ガスや騒音等は迷惑以外のなにものでもない。「観光よりもまず地域ありき」が由布院のまちづくりの基本だ。現状は、由布院がめざす「生活型保養観光地」とは相容れない状況が生じているのである（写真1参照）。

そこで、歩いて楽しい由布院の交通環境を創り出すために、平成十四年十一月二十三・二十四日の二日間、由布院盆地を舞台にして交通社会実験が実施されたのである。

交通社会実験の概要

実験は、秋の行楽シーズンの休日の二日間、すなわち、観光客、交通量ともに最も多い時期に実施した。最も渋滞が予想される時期に、以下に示す多くのメニューを実施するのであるから、用意周到の準備が必要であった（筆者は、湯布院町総合交通計画委員会幹事会の委員長として、本実験のメニュー策定や運営を担当した）。

実験は、以下に示す三つの目的に応じて複数メニュー（合計七種類）を組み合わせた「パッケージ型」によって行った。

第一の目的は、中心部へ流入する観光自動車を減らす実験である。

① パーク&バスライド（道の駅に臨時無料駐車場を設置。中心部へはシャトルバスを運行）

② パーク&レールライド（南由布駅周辺に無料臨時駐車場を設置。由布院駅まで臨時トロッコ列車を運行）

③ 田園地区に無料駐車場設置（町内観光中心部の周辺地帯〈田園地区〉に無料臨時駐車場を設置）

第二の目的は、中心部内の観光自動車の無駄な動きを減らす実験である。

④ 駐車場予約システム（中心部の駐車場を事前予約制にし、駐車場探しや満車によるうろつき交通を軽減）

写真2　交通社会実験（レンタサイクル）

⑤　観光バス乗降システム（観光バスの専用乗降場を亀の井バスターミナルに設置）

第三の目的は、歩いて楽しいみちをつくる実験である。

⑥　観光自動車の乗入制限（中心部の一部区間で観光自動車の乗り入れと通行を制限）

⑦　レンタサイクル（町内五か所で乗り捨て自由のレンタサイクルを提供。**写真2**参照）

上記の三つの目的実現のために、他にも多くの関連施策が用意された。例えば、マスコミ報道・広告・チラシ配布等によるPRは周到に行われたことや、ドライバーに強制的なイメージを伴わないように、湯布院らしいイベント的演出の工夫がなされた（**写真3**参照）。また、案内看板、ポスター、特典用バッチなど実験にかかわる様々な物を統一したマーク・デザインで揃え、景観にも配慮した実験であることを強調した。

実験スタッフとして、二日間にわたり約五百四十人の町民ボランティアと実験事務局関係者約六十人

写真３　交通社会実験（イベント的演出）

写真４　交通社会実験（町民ボランティア）

図表2　意識調査結果

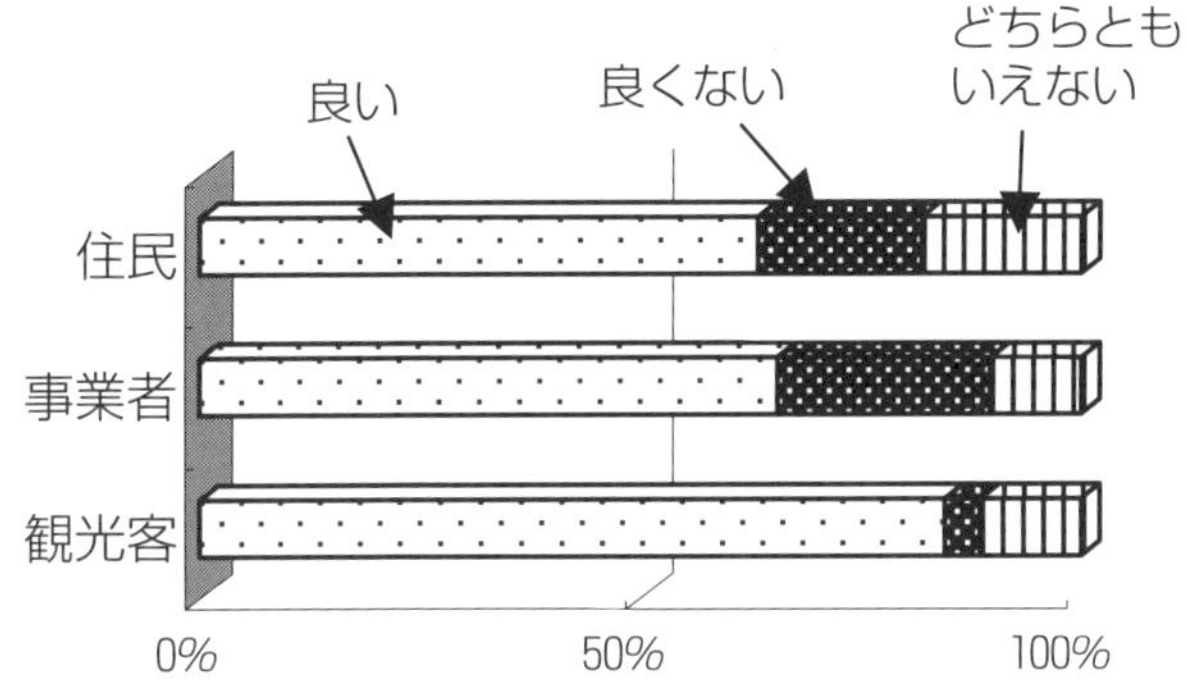

（注）　住民：N＝202、事業者：N＝86、観光客：N＝1,592

が加わったが、町民の約五％が参加した交通社会実験は、住民参加型の規模としては全国でも随一のものであった（写真4参照）。

交通社会実験の評価

日帰り観光客の平均滞在時間は、実験日が約四～四・五時間であり、前週の十七日の日曜日と比較してもほとんど変化はなかった。しかし、平均消費金額は、実験日二日間の平均約八千二百円に対して、十七日の約六千円を大きく上回る結果となり、一人平均で約一・四倍の消費をしたことがわかった。

図表2は、観光客、住民等への意識調査結果である。この図からも、様々な実験メニューを組み合わせた「パッケージ型」の交通社会実験の実施によって、由布院のまちは「歩いて楽しむまち」であることについて、観光客からは約九割近くの圧倒的支持を得たことがわかる。一方、地元住民や事業者からは、約五～六割程度の支持にとどまっており、観光客と地元住民・事業者の評価の結果に差が表れるなど、町民や事業者との合意形成に向けての課題やめざすべき方向性が明らかになった。

交通社会実験を終えて

今回の交通社会実験の特徴である「パッケージ型」の実施によって、由布院のまちは「歩いて楽しいまち」が実現し、特に観光客からは圧倒的に高い評価を得た。また、個別のメニューにおいても、道の駅でのパーク&バスライド、南由布駅でのパーク&レールライドは十分に実現可能性があるものと評価された。実際、平成十五年三月末から、JR九州ではトロッコ列車による湯布院駅・南由布駅間運行を開始し、利用客の好評を得ているなど、今回の実験が単なる試行実験に終わらなかったことも大きな成果である。

しかしながら、これら以外の駐車場予約システムや観光自動車進入制限等の施策は、地元住民や事業者の合意形成が必要であることがあらためて確認された。今後は、これらの残された課題を含め、行政・町民・事業者・観光客など多様な人々がそれぞれの立場の違いを理解しつつ、「生活型観光地」を実現するための合意形成に向けて最大限の努力をする必要があろう。

4 由布院の今後

以上、由布院の歴史を振り返り、現在、由布院が直面している交通問題に焦点を絞って、交通問題を解決する手がかりを得るために実施した交通社会実験について詳細に論じてみた。実は、大規模な交通社会実験が行われてほぼ四年が経過しようとしているのに、実験後、町中の交通をコントロールする動きは、ほとんど何も実施されていない。今も、以前と変わらず歩行者と自動車が混在し、休日にはおきまりの激しい渋滞が続いている。観光客からは、「静かな由布院と聞いてきたのに……、もう二度と由布院には行きたくない」などの声が聞こえてくる。

このことは、由布院の人たちにとっても耳の痛い話に違いない。「何とかしなければ……」との想いは強いはずだ。

実は、ここにも合併問題が大きく影響しているのである。交通社会実験当時は、「湯布院町のこと」で、いわば身内の問題だけに、由布院の人々はわが町の将来を考え、真剣に取り組んだが、由布市となった今は、由布院盆地の一問題ととらえられがちである。まして、新市長は旧湯布院町の出身者ではない。平成の合併は、湯布院町の名前を消去しただけではなく、交通問題に対する意識を相対的に薄める役割を果たしたといってよいだろう。

由布院には、この交通問題のほかにも、もう一つ「景観の乱れ」という大きな問題が横たわっている。紙幅の関係で詳細は省かせていただくが、先駆的な試みであった「潤いのあるまちづくり条例」の形骸化や由布院の風景づくりに住民のアイデアが満載された「ゆふいん建築・環境デザインブック」が、現実の行政の中でほとんど活用されていないなどの問題が指摘されている。合併により由布市になった現在、景観法による景観行政団体になったことを活かして、「景観条例」の策定に向けての作業が始まった。由布院が自らの知恵と工夫により、混迷する景観問題解決の糸口を官と民の協働により見出そうとしている。

交通と景観問題は、全国有数の観光地になったがゆえの外部不経済であることは明らかである。しかし、由布院の今後に、筆者はあまり悲観していない。それは、由布院は人材の厚さに加え、〝連帯意識〟がすごいと思うからである。

大分県には「観光カリスマ」が現在四人いるが（ちなみに都道府県別で全国最多）、そのうちの二名は由布院にいる。前述した中谷健太郎氏と溝口薫平氏である。彼らの卓越したリーダーシップで由布院は観光の勝ち組となったのであるが、現在、彼らを引き継ぐ次の世代のリーダーも育っている。旅館玉の湯の三代目社長であり、昨年四月に設立された「㈳観光ツーリズムおおいた」の初代会長に就任した桑野和泉氏もその一人であろう。

このようなリーダーを支える人たちが由布院にはたくさんいる。それこそが、由布院の強みである。今回の交通社会実験でも、進入禁止の辻々に立って、車中の運転手に交通社会実験に協力していただくようひたすら頭を下げたのは、町内の若者であった。また、二日間のボランティアスタッフの昼食づくりを一手に引き受けたのは、町内のおばさんたちであった。おばさんたちも静かな由布院をつくるために、エプロンを着て、ボランティアとして多数参加していたのである。みんな自分たちの役割を心得え、それぞれがそれぞれの役割を楽しく果たしていたのである。

それに、忘れてはいけない存在がある。町外の由布院サポーターの人たちである。由布院観光総合事務所（事務局長は全国公募で選ばれた米田誠司氏。実にこまめに動き、町内外の信頼も厚い方である）から送られてくる「ゆふいん観光新聞」は、由布院サポーターとの心をつなぐ愛の定期便でもある。由布院のサポーター組織である「ゆふいん親類クラブ」の活動はとても活発である。由布院には、多くの問題があるにせよ、それらをわがこととして、分かち合える町内外にわたる多くの人々の支えがある。

人のつながりを大事にする由布院のまちづくりの理念は、「生活型観光地」であることを、私たちはもう一度確認する必要がある。観光地間の競争が厳しい昨今、まちづくりの勝ち組はさらに早く走ることを求められる。しかし、生活型観光地をめざす由布院にとって、焦りは禁物といえよう。

〝偉大なる田舎〟で暮らす生活者のスピードは、昔も今も、そして未来も変わりようがないのだ。百年先を見込んだ息の長い取り組みが求められるのが、由布院という所なのである。

参考文献

・中谷健太郎著『湯布院幻灯譜』海鳥社、一九九五年
・「由布院温泉観光基本計画」(一九九六)、由布院観光総合事務所発行
・中谷健太郎著『湯布院発、にっぽん村へ』ふきのとう書房、二〇〇一年
・日本まちづくり協会編『住民参加でつくる地域の計画・まちづくり』技術書院、二〇〇二年
・亀野辰三他共著「湯布院町・いやしの里の交通社会実験」第二十三回交通工学研究発表会論文報告集、二〇〇三年
・「湯布院町交通社会実験評価報告書」湯布院町まちづくり交通対策協議会発行、二〇〇三年
・木谷文弘著『由布院の小さな奇跡』新潮社、二〇〇四年
・石井一郎・亀野辰三・岩立忠夫・上田敏共著『道づくりのソフトサイエンス』鹿島出版会、二〇〇五年

四　新宿学

戸沼 幸市
Tonuma Kouichi
早稲田大学名誉教授

1　新宿——私の大学

十八歳の春、私は新宿にきた。新宿は私にとっても青春の門であった。

「高田馬場駅で降りると駅前に黒い学生服が見えた。大学へのスクールバスに乗る学生たちの列だった」とは、同時期九州から早稲田大学の露文に入った五木寛之の『青春の門・自立篇』の書き出しである。私は昭和二十八年に南ではなく北は北海道、函館から早稲田の理工科に入って、新宿に住み着くことになった。

当時、早稲田には全国から若い学生たちが集ってきていた。

「俺は人間たちとつき合いたいのだ……世の中のしくみを眺め自分がどう生きてゆけばいいのかを求めるためにやってきたのだ」といった気分であった。

その点で入った大学が新宿にあったというのは私にとって決定的なことであった。

二階吹き抜けのオシャレな風月堂、名曲喫茶田園など、喫茶店が方々にあり、西洋のジャズやクラシックが流れていた。

〝抜け弁天〟のある余丁町の賄い下宿に四年間住んだ。下宿から早稲田のキャンパスへは若松町の内閣統計局、戸山町の国立第一病院脇、穴八幡、馬場下と歩いて通った。

下宿から新宿の繁華街も近かった。戦後十年も経っていないので方々に焼け跡が残っていた。それでも新宿駅周辺、東口にはハイカラな店が並んでいた。

高野フルーツパーラー、インドカリーの中村屋、洋書がずらりと並んだ木造二階の紀伊國屋があり、これが新宿かと感じ入った。デパートの大きいのにも驚いた。三越、伊勢丹といった百貨店は函館にはなかった。売っている品物もハイカラで、東京やその向こうのアメリカやヨーロッパの風が吹いてくるのを感じた。これが都会の感覚かと思った。親元を離れ、一人東京に暮らす自由の感覚とも重なった。

昭和二十八〜三十二年頃の新宿は、戦後の焼け跡、傷跡があちこちにあり、新宿駅周辺には闇市風の屋台もあり、いまだ混沌としていたが、戦後再建に向かって新しい勢いを実感させられた。

新宿歌舞伎町にコマ劇場がオープンし、都会の新しい盛り場の形ができつつあった。

映画をよく見た。満員の武蔵野館や日活名画座ではよく立ち見した。私と同世代の早稲田の学生で後年、ジャーナリストや作家、政治家になった人たちは少なくないが、「僕は学校には行かないで映画や芝居を見たり、喫茶店でだべったり、赤線に通ったりして過ごした」とうそぶいている。

この言い方には照れ隠しもあろうが、学校の教室の板書の授業では得られない「生（なま）」の情報が、戦後の新しい芽吹きを感じさせる〝新宿〟にあったことはたしかである。

寺山修司が「書を捨てて街に出よう」というわけでもあったろう。彼も私の生まれた青森出身であった。青森（人）は何故か新宿（人）に似たところがある。

図　東京の市街地の発展と新宿区

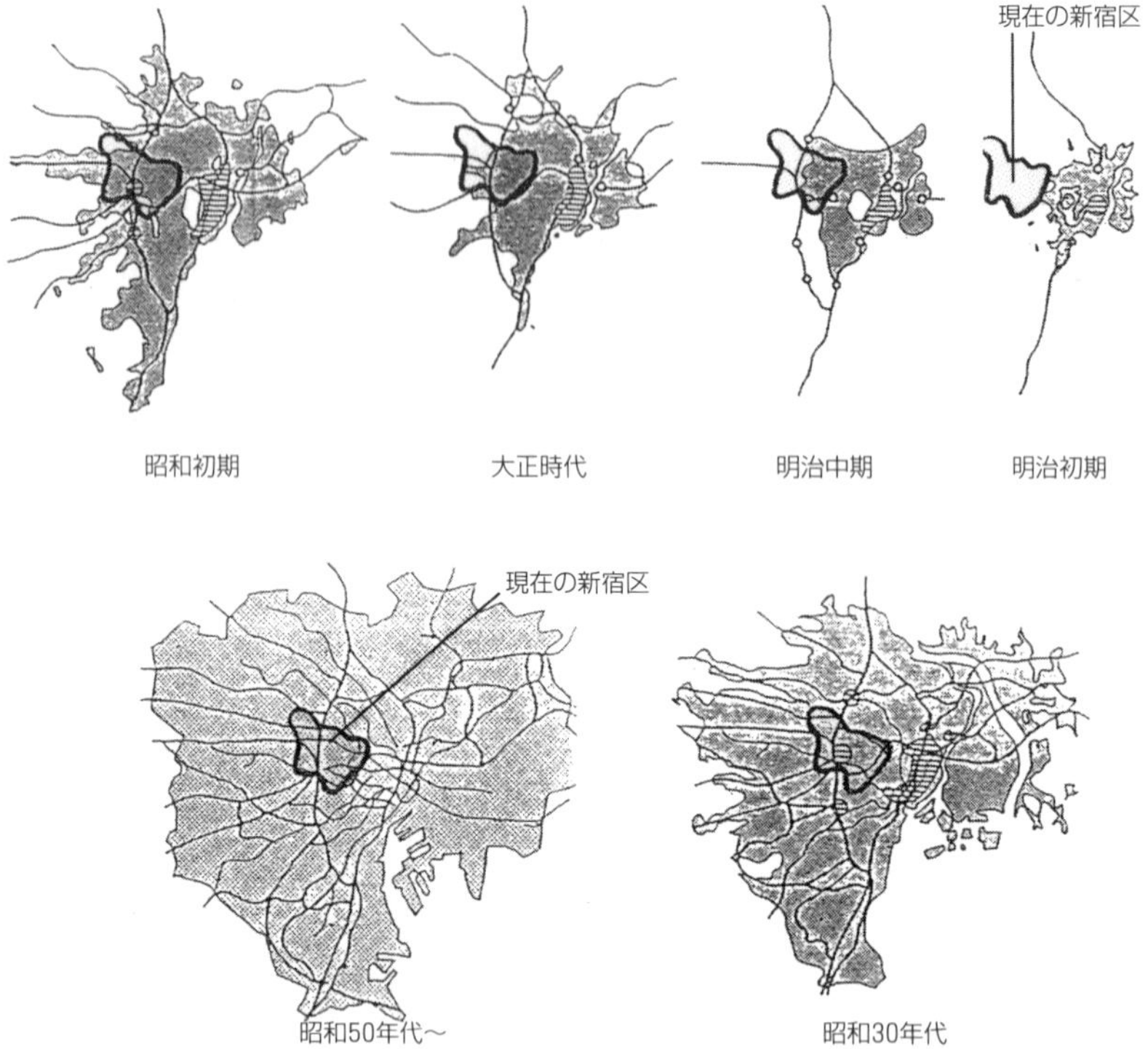

そして赤線、青線である。

新宿二丁目の赤線街の店構えには独特なデザインがあった。玄関の丸柱や窓周りには色とりどりのきらきらしたタイルが貼ってあった。

「おねえさん方は家のタイルがきれいだからこれを表に出しましょうよ」といってデザインしたのだとは私の習った早稲田の高名な建築の先生の講義であった。つい先日、このデザインを墨田の鳩のまちの元青線地区で見かけたが。売春防止法が施行されたのは昭和三十三年四月一日であった。その夜、赤い灯の消えるのを惜しんで皆で見学に出かけたものであった。これを境に、盛り場としての新宿は大きく変わることになるのであった。

新宿は学生のまち、特に早稲田の

まちであった。野球の早慶戦の夜、学生は新宿で大騒ぎをしたが、まちの人も、早稲田の学生を大目にみてくれた。

昭和三十五年の安保闘争、昭和四十二、四十三年の国際反戦デーに全学連の行った闘争は新宿が舞台となり、ここに学生はいわゆる解放区をつくり出した。西口広場から、警察に追われた学生も東西を分断する鉄道線がバリアとなり、東口からゴールデン街に逃げ込んでしまえば捕まえられなかった。

新宿は青年、特に早稲田の学生にとっては青春の門であり、人生劇場であった。ここで多くの人に出会い、人間について、まちについて、多くのことを学んだ。

新宿は私にとっての大学であった。

2 ― 新宿学

昭和四十一年、私は早稲田大学の建築学科に教師として採用され、「都市計画」を担当することになった。私は身近な新宿、特に歌舞伎町を教材によく活用した。なにしろここは、長年の私のフィールドである。と同時に未だ謎が多く、このまちがどこに向かっているのかが不分明であった。光と陰があり、この土地に住んでいる地霊がわからない。これを突き詰めようと「戦後の地区発展からみた新宿歌舞伎町における復興計画の影響に関する研究」といった論文を建築学会に発表したりもした。「新宿学―歌舞伎町研究」といったところである。

歌舞伎町のプランは通常の碁盤目型の区画整理とは異なって、T字路の組み合わせからできており、中心部に劇場に囲まれた中庭型の広場を設けるという、戦後の盛り場の日本のプランとして野心的なものであった。広場には池もあった。

これは東京都の役人であった石川栄耀のアイデアによるものであるが、後年、早稲田の土木学科の教授となった石川は、時にこれを格好の教材としたようであった。

昼の実地見学と夜の見学を合わせ技としたところがユニークである。

私も学生たちとしばしば、昼、夜と実地見学をした。昭和四十年代、五十年代と変化し続ける新宿、歌舞伎町を追って随分飲み歩き、カラオケも歌った。津軽など北を歌った演歌と同じくらい、新宿と名のつく演歌が多いことも学習した。私のところへ来た留学生でカラオケで日本語を学んだ者もいた。

外国の研究者が東京を知りたいと私のところに訪ねてくると、新宿駅からJR山手線に乗せて、浅草や秋葉原などを見させた後、一回りして新宿で落ち合い、ゴールデン街の止まり木の小さなバーで、しゃべり合うことを定番にした。

超高層の六本木ヒルズも都庁も巨大都市東京も身に余り、都会の片隅の地べたのある兎小屋の小空間に自分をやっと取り戻し安心顔になる。ヒューマンスケールが回復するのであろう。

なぐさめの小空間として、旅人にも、大都会のサラリーマンにも、地面があり地べたがある新宿の盛り場の、もてなす人の顔のある小空間こそ、ひとときの自分の居場所である。

歌舞伎町は昭和末から、平成の初めにかけた高度経済成長時代、盛り場としての均衡を保ちつつ、全盛期を迎えた。歌舞伎町全体がまるでナースステーションになっていた。猛烈サラリーマンの傷をいやし、朝まで賑わっていた。

現代都市にも栄枯盛衰がある。かつてまとまっていた赤線、青線が解体されて、歌舞伎町は性産業のメッカとなっていったが、やがて陰の部分が多くなり、衰退に向かった。

性は暴力と結びつく。五百メートル四方のこの空間に、この時期、暴力団組事務所二百か所、組員二千人の危険なまちとなってしまった。現在（二〇〇六年）の歌舞伎町は、時の首相がやってくる日本の安全、安心のモデル地区にまでなり、多数の警察官が常駐し、方々に監視カメラ付のまちとなってしまった。

戦後、戦災から立ち直った地元民、鈴木喜兵衛たちが力を合わせて創ったまちが、現在、どのように再興するかが大きな問題となっている。二〇〇一年九月十一日のニューヨークのテロの数日前、歌舞伎町の雑居ビルでは四十四人が火災で死んでいる。歌舞伎町再興ルネッサンスが動き出している。

国家による治安回復も必要であろうが、この盛り場の再興、歌舞伎町ルネッサンスの成否は、まち場の人々、店の人々がこの土地に住み、自らの手で安全、安心を作り出す以外にはないのではないか。そうでなければ、大きな外国資本が入った全く異なった形のものになるに違いない。

平成十五年三月、私が仲立ちとなって新宿区（中山弘子区長）と早稲田大学（白井克彦総長）の協働連携に関する基本協定を結んだ。

手始めに新宿区と戸沼研究室と共同で、「新宿をつくってきた人々」にインタビューを試み、新宿の過去、現在から未来について語って記録した（インタビュー集「新宿を語る」新宿区、平成十七年三月）。紀伊國屋、中村屋、高野、伊勢丹など、商人のつくった新宿の姿が当事者の方々から熱く語られた。「新宿学」の貴重な生資料である。続いて、平成十六年四月から、早稲田大学のエクステンション（生涯学習）プログラムのなかに「新宿学」の講座を設けた。現在、六期三年目に入っている。まち歩きをしながら、毎回新宿に詳しい人々を講師に招いて、議論を続けている。私自身いつも新しい発見がある。新宿駅東口、西口、四谷荒木町、神楽坂、早稲田界隈、歌舞伎町、新宿御苑などを私も毎回歩いているが、新宿はいかにも多様で坂の多いまちだと実体験させられる。

新宿研究から新宿学へ、やっと研究の緒についたというのが昨今の実態である。早稲田に在職中、実は何度か共同研究として「新宿学」の構築をめざしたが、いつも学生と飲んで終わってしまうのである。今度こそは自制して形にしたいものである。

3　新宿まちづくりへ

私の「新宿学」は、地理、地形の上に築かれる都市形成史をたどると同時に、その未来に横たわる問題や解決策を提案することも入っている。これには新宿の五十年後、百年後は無理にしろ、十年後、二十年後を考えるためのマクロ的検討も必要である。当然ながら、東京や日本的都市の状況や、地球の人間居住にまで視野に入れることが必要となる。

私自身、現在日本の都市づくりにおいて、安心、安全の問題が最も気になっている。日本社会がピラミッド型のなかで伝統的に保っていた信頼の構造が崩れ、多くの場面で個がぶつ切れになり、機械的情報と交通のネットワークにつなぎ合わされて、不安定になっている。人間の生存と生活のディフェンスの基本領域が見出せないままに現代社会は進んでいる。

都市はもともと人の集まる場所のことである。新宿はこの意味で都市のなかの都市である。集合する人間が多様で、多ければ多いほど、不特定多数であるほど、安心と安全の対策が格段に、不断に必要である。巨大な人数が流動する新宿駅やその周辺は地震時に安全かということも問題である。

巨大なターミナルと盛り場を抱える新宿区は、三十万人の住民が住み続けている生活都市である。新宿駅周辺地域の他にも、三百年、四百年来の歴史のなかに築かれてきた地域―四谷・外苑、飯田橋、神楽坂、若松、河田、早稲田、高田馬場、大久保、百人町、落合等が固有の景観を保ちながら大地に息づいている。ここには、地域社会を支える信頼の網が少なからず働いているようだ。と同時に国際化や情報化、少子高齢化の大きな波を受けて多分に変貌を余儀なくされている。大久保百人町のように外国人居住が常態化し、多文化共生のまちづくりが始まっているのもその一つの典型である。

新宿において物理的都市空間の過密化、狭隘化、老化、劣化が進み、防災上の問題となる地区、地域も見受けられる。大地震に備えて、膨大な流動人口を抱える新宿駅駅前広場の見直しも必要であろう。様々な都市機能集積地、膨大な人間が集まる新宿区は、もともと豊かな水と緑の資源をもつ恵まれた大地に築かれた都市である。江戸城の外濠、神田川に囲まれ、新宿御苑や明治神宮外苑、新宿西口公園、戸山公園、早稲田の杜などの大きな緑地をもっている。これらが緑道のネットワークでつながることは、環境共生時代を先端的に実現する新宿区の大きなテーマであるに違いない。

新宿は世界的にみても極めて特異で先鋭的な都市である。新宿駅西口の超高層オフィス街と駅をはさんだ巨大盛り場歌舞伎町のコントラストは訪問者に強い印象を与える。いまや巨大ターミナル化した新宿駅を核とした商業、娯楽、文化、学校などの集中、集積の様相には世界都市新宿の先端性が読みとれる。東京都は一九九一年、都庁を新宿に移転させた。これにより、行政的に世界都市東京の中心、新都心となったともいえる。これに呼応するように新宿の勢力圏が区境を超えて拡大している。しかし、その様相はモザイク的、カオス的である。これに加えて世界中からの人、モノ、情報が間断なく流入し、そして拡散されていく。

新宿のカオス的ともいえる巨大なエネルギーは何処に向かうのか？

新宿は何処にゆくのか？

これが新宿の将来像を求める新宿都市計画の基本的課題といえよう。この課題を解く一つの鍵は、新宿の歴史のなかに埋め込まれた街の遺伝子（DNA）にあろうか。

新宿は江戸の建設と呼応して甲州街道と青梅街道の交叉点に宿場町としてつくられた。

(Ⅰ) 江戸期の新宿は、出発点においてターミナルと宿場（盛り場）であり、これが新宿のDNAといえまいか。ターミナルに咲く赤いオアシスであった。

(Ⅱ) 明治期には新宿は盛り場としての発達にあわせて東京と郊外を結ぶ物流拠点を形成した。

(Ⅲ) 大正―昭和初期には、東京外周市街地における交通の結節点化、盛り場・繁華街として栄えていった。新宿は東京の成長点となった。

(Ⅳ) 昭和中後期には商業・業務行政中心、娯楽、文化などの複合集積がなされ、東京の副都心、新都心として巨大都市東京の明らかな核となった。盛り場としては銀座などと異なって、間抜けたところがあったのだが。

(Ⅴ) そして現在、平成時代である。ターミナル性、盛り場性という新宿の歴史に色濃く認められるDNAをいかに新しい時代状況のなかで育成するのかがこれからの新宿のまちづくりの課題に違いない。

新宿という都市の発展の歴史のなかで特筆すべきは、この都市を根底から否定・破壊した天災、人災である。江戸時代の地震と火事、大正の関東大震災、昭和の大戦災である。これは東京そのものの拡大発展の歴史のなかの災害史とも重なっている。新宿にはこのパニックも復元し次なる発展に繋ぐ底力が認められる。

現在の新宿まちづくりを取り巻く状況下で、誰が新宿をつくるのかがあらためて大きな問題である。日本のまちづくり、都市計画のやり方がここにきて大きな転換期にさしかかり、国主導、行政主導の都市計画から、民の都市計画、住民、市民参加、企業参加の都市計画、まちづくりが強く求められているのである。

新宿の都市形成の歴史をみると、確かに江戸幕府、明治国家以来の国家の力、東京府市、区などの行政の力による梃子入れがあった。都市基盤整備、主な公共施設、建築などの建設は多く官によるところが大きい。この間、一定の法制度も整えて渾然たる都市活動に方向付けがなされてきた。

しかしながら、新宿の溢れるような発展を支えてきたのは地場の人々の力である。

この地域に住み、働き、楽しみ、往来する人々、これを支える商業、企業家の旺盛な日常活動によって新宿は発展してきたに違いない。

江戸期における宿場町の経営者、明治以来の新宿駅周辺に集まった熱意溢れる商店主たちがこのまちを立ち上げ、都市発展の原動力となっている。時代を先取りし、先端都市の芽を育てて走り続けている主役はこの人々である。新宿に愛情を注ぎ、この場所を盛り立ててきた個人史の重なりの上に今日の新宿ができたと考える。

地球時代の都市計画における共通課題として、環境共生型の都市づくりがあり、新宿はこれに呼応して水と緑、大地と水と森を中心にまず都市を再生すべき時である。

この大地、地盤の上に次々に芽吹く日本的・世界的都市活動を育てることに新宿の将来像があると考える。

「大地に芽吹く先端都市新宿」がイメージされる。

新宿区は今、中山弘子区長の下で新しい新宿のまちづくりに取り組んでいる。

基本構想（ソフト）と都市マスタープラン（ハード）を一体とした構想・計画書を広範囲な市民、住民参加、企業市民参加でつくり上げる意気込みである。

区民、市民、そして区長も「ヒューマンスケールのまちづくり」を求めているように思われる。顔の見えるまちづくり、地面、地べたからの発想を求めている。新宿のまちの景観や建物の高さについても一定の見解を示しつつある。

「新宿」の未来像をマクロ的大状況に対して、いかに「人間尺度」を引っさげて立ち向かうのか、立ち上げるのかは、文明史的にも大きな挑戦に違いない。

これについては都市の究極を求める「新宿学」も一役買いたいものである。

第4章

都市と国土

一　消え失せた土地神話、三十年の地価問題の軌跡

長谷川徳之輔
Hasegawa Tokunosuke
明海大学教授

1　高度経済成長期の宿痾《しゅくあ》、地価問題

関心薄れた土地問題

この三十年の土地・地価問題を振り返りながら、二十一世紀、これからの土地問題を考えてみたい。二十世紀、高度経済成長の宿痾であった地価問題が終息し、地価の抑制、引き下げを目的にした諸制度、諸計画は曲がりなりにも、その目的を達成して存在意義を失っているようにみえる。土地は普通の財になり、経済原則に沿って機能すればよく、特別の規制助成など対策を必要としていない時代になった。

二十一世紀に新しい土地政策が必要なのか、必要とすればどのような目的なのか、既存の諸制度をどうするのか、どのようなシステムを整備するのか、議論は興味を呼ばず、方向は必ずしも鮮明ではない。

国土交通省は、今後の土地政策は地域再生、都市再生に資する適正な土地利用の推進であり、土地対策は土地市場の活性化のために土地取引情報の整備、市街化区域内農地の環境に配慮した利用、土地の細分

化の解消などをあげている。どうやら、消費者、公益の保護の土地政策からビジネス、経済活性化のための土地政策への転換だということであろうか。土地の有効利用などは、従来の土地政策でもあげられていたことであり、国全体の政策として推進する必要性があるのか、どのような政策効果があるか不鮮明であり、土地政策としての存在意義は弱い。土地問題は、経済財政諮問会議の議論にも、政党のマニフェストにも現れていない。

当たり前の地価に

地価が収益還元価格に回帰したことは、地価にも市場経済が機能しており、他の財と同様に、マクロ経済に連動して地価が形成されることを意味している。ただし、土地の利用は個別性が強く、すべての土地に一律的に収益還元価格が形成されるわけではない。収益や費用の算定によって様々な評価が可能になる。収益の上がる土地は地価が上昇し、収益の上がらない土地は地価が低落するのは当たり前の話である。一〇%上がる土地と一〇%下がる土地があれば、上下で二〇%の変動であり、地価公示のように単純平均して地価変動がゼロという計算にはならない。地価変動を一律に分析してもあまり意味はなく、一律的な地価を表示する地価公示価格は後付けの評価にすぎなくなっている。

戦前の地価評価を昭和十八年に東京市が調査した資料で見ると、市内の地価は、昭和八年から十五年にかけてかなり上昇し、一・四倍から一・七倍、場所によっては数倍に上昇し、昭和十五年の物価統制令で止まったとされている。その評価方法は、実体価格としてみると、土地の収益に比例する価格で変動は小さい。期待価格は投機的期待から生じる価格で変動が大きい。そのほかに感情価格があり、趣味、環境に合致する価格で変動は小さいと地価を理論づけて、この時期の大幅な地価の変動は、土地投機による期待価格としている。しかし、この評価システムが、戦後の不動産鑑定評価基準に反映した形跡はない。

定着しなかった地価理論

土地は個別性が強く、評価する目的、算定方法の相違で収益還元価格は異なる。収益還元価格は、不動産鑑定評価基準、地価公示法でその評価方法が示されている。しかし、もともと不動産鑑定評価基準は、地価高騰のはじめに、土地政策の手段として、理論や現実の経験を欠くままに、アメリカの資料を参考にした取引事例法、収益還元法、原価法などはアメリカの評価システムを翻訳したものであり、現実には理論も不鮮明なうえに、情報、資料の蓄積もなく、理論も実際も地価理論は定着していなかったといえよう。

二十世紀後半の地価の高騰も、もともと長期にわたる土地投機によってもたらされたものであり、土地が経済合理的な財に回帰して投機性を失うことで、あの地価問題は終焉したと考えられる。地価問題が解決すれば土地問題の大部分が解消した。地価の変動は、長期的には経済成長の流れに連動するものであり、戦後五十年間の長期にわたる二十世紀後半の異常な地価の上昇の調整に時間を要したが、その調整がいま、終息しようとしている。日本の土地不動産は、地価の呪縛から解放されたのである。

2 ― 数字で見る土地不動産、地価変動

長期的には連動した地価と経済

地価が上がった、下がったと熱くならないで、冷静に土地不動産の推移を数字で眺めてみよう。バブル

の時期まで、われわれ日本人には、土地神話、土地本位経済という特別な土地不動産意識があった。日本の地価は、経済成長や金利、物価に比べてもっと高く上がり続ける、決して下がることはない最高に有利な資産だという土地哲学である。日本は国土が狭い、人口は稠密で、おまけに経済活動は活発だから、そもそも土地不動産は他の国の土地不動産とは違う、日本の土地は特別な財だと誰もが思っていたはずだ。本当にそうだったのだろうか。

図表1で一九五五〜二〇〇〇年の四十五年間の六大都市の地価と経済成長の関係をみよう。この間の名目の経済規模は八・六兆円から五一一兆円と五八・八倍に増加し、年平均成長率九・五%、実質の経済規模は四七・九兆円から五三一兆円と一一・一倍、年平均成長率五・五%の実績を示している。他方、地価指数（六大都市）は六〇・四倍であり、年平均変動率九・五%と、四十五年間でみれば名目の経済成長と地価の上昇は同じ数値を示しており、地価も経済の範囲でしかなかったことを物語っている。しかし、この動きを、時期を限ってみると事態は異なった姿をみせる。

第一回、第二回の地価上昇があった一九五五（高度経済成長の初め）〜八五年（バブルの発生まで）の三十年間、地価が経済成長を上回って上昇し、土地神話が定着した時期、名目経済規模は三七・七倍で年平均成長率一二・九%、実質経済規模は七・八倍と年平均成長率六・五%の高成長を示すが、他方、地価指数（六大都市）は五六・一倍に上昇し、年平均変動率一四・四%の高騰を続けてきている。経済成長は九・五%という高成長を示しても、地価の上昇は一四・四%と経済成長を五%も上回った上昇を続けてきたのである。三十年間の経緯は、地価は経済成長以上の上昇を続け、決して下がらないという土地意識を植え付けてしまった。しかし、よく見れば、この差も高度経済成長のなかでの、時間差で解消されてきたのである。地価が上昇し、住宅価格が上がっても、所得の上昇が五年程度の時間差で追いつき、ローンの返

図表1　経済成長と地価変動

	1955	1960	1965	1970	1975	1980	1985	1990	1995	2000	2005
地価指数	1	5.2	10.8	19	31.6	40.8	56.1	167.1	91.4	60.4	55
名目GDP	1	2.1	3.98	8.87	17.5	29.3	38	51.9	57.8	58.8	60

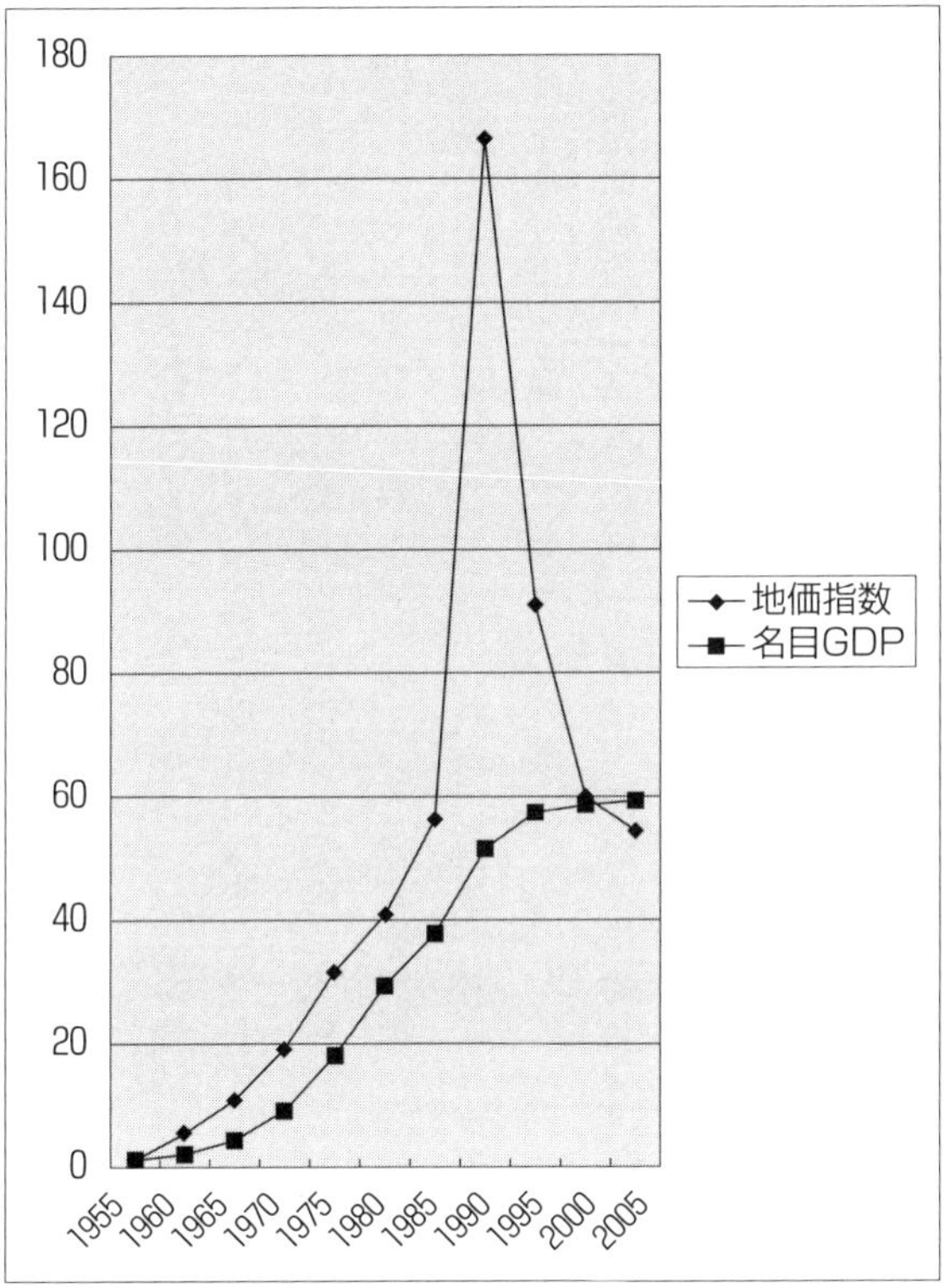

1955～2000	名目GDP	年平均成長率	9.50%
	地価変動	年平均変動率	9.50%
1955～1985	GDP		12.90%
	地価変動		14.40%
1985～1990	GDP		6%
	地価変動		24.40%
1990～2004	GDP		0.80%
	地価変動（全国商業地）		-7.80%
2005～	GDP		1%
	地価変動		1%

済を容易にし、さらに継続的な地価の上昇は新しいキャピタルゲインを生んでいったのである。

異常なバブル期の変動

しかし、一九八五〜九〇年、第三回の異常な地価上昇を招いたバブル拡大の時期の五年間は、所得の上昇で不均衡を時間差で均衡させるという地価と経済の調整機能を失わせてしまった。この間、名目の経済規模は一・四倍で、年平均成長率は六％であり、他方、バブル経済のなかで地価指数（六大都市）は三倍と拡大し、年平均変動率は二四・四％と経済成長率の四倍もの上昇を示してきたのだ。この数値は、それ以前の三十年の数値が、時間差で均衡してきた関係を完全に失わせてしまったことを示している。地価が経済成長と無関係に、それ自体が上昇し続けるという錯覚を国民、企業にもたらしてしまった。一、二年で終息する土地投機であれば傷は小さくて済んだが、官民一体になって行われたカジノ経済が五年、六年と続き、完全に健全な経済を破壊してしまった。

地価も所詮、経済活動の一部であれば、両者はどこかで均衡しなければ市場は成立しない。地価が二四・四％で五年上昇し続け、経済成長が六％にとどまれば、時間差でその格差はさらに拡大してしまう。以前のように数年の時間差で解消されれば、市場は機能したであろうが、この差では低成長下、たとえ四％程度の成長が確保されたとしても、所得が地価に追いつき両者が均衡するには三十年以上の時間が必要になるはずである。時間差で経済が地価に追いつく関係は崩壊し、土地市場が機能するには、それまでとは逆に地価が経済に近づかなければならないという関係が現実化したことが、バブルの崩壊をもたらしたのである。それに至る時間が長すぎたことが、この十五年の不況、経済衰退を招いてしまったのである。

先延ばしされた十五年もの調整過程

一九九〇～二〇〇四年のバブル崩壊後の十四年間は、五十年間の地価と経済の不均衡が解消される時間であった。前述のように五十年間でみれば、地価と経済は、まさに均衡したのであり、バブルの崩壊は、両者が均衡することで初めて解消したことになるのだ。この十四年間で、低成長下、名目経済規模は一・一二倍で年平均成長率〇・八％でしかなく、マイナスの成長すら現実化したのである。他方、地価はそれまでとは全く異なった動きを示してきた。

全国地価では、住宅地は半分の〇・五七倍で年平均変動率はマイナス四％、商業地は三分の一の〇・三二倍で年平均変動率はマイナス七・八％を十四年間続けてきている。東京圏地価ではさらに大きく、住宅地が半分以下の〇・四五倍で年平均変動率マイナス五・四％、商業地にいたっては、四分の一以下の〇・二二倍で年平均変動率はマイナス一〇・二％と、二桁の下落を十四年間続けてきたのである。バブルの傷は、地価と経済の関係、均衡化を、今が底だとして意図的に先延ばししたために、よりいっそう深くなり、深刻な不動産金融危機を生み出してしまったのである。

地価の上昇と矛盾した地価対策

もう一度、地価と経済の関係を整理してみよう。一九五五～二〇〇〇年の四十五年間、名目経済成長率と地価変動率は同じ数値であり、地価が経済に連動して長期的には同じ変動を示している。長期でみれば地価の経済の一環でしかないことを意味している。一九五五～八五年の高度経済成長の三十年間、地価変動率は名目経済成長率の一・一二倍であり、地価は経済成長を上回って上昇したが、五、六年の時間差で経済が地価に追いつく関係にあった。一九八五〜九〇年のバブルの五年間、地価変動率は名目経済成長率の四・一倍の高騰を続け、時間差でも経済が地価に追いつかない関係をつくってしまった。一九九〇〜二〇〇四年のバブル崩壊後の十四年間、地価変動率と経済成長率に連動せずに下落し続け、五十年間の不均衡を調整する過程にあった。このことが、それぞれの時期の土地、地価政策の変化を示している。

一九五五〜八五年の高度経済成長下では、地価対策は、需要過大供給過小の土地の需給不均衡をいかにして解消するかにあり、土地開発、住宅供給こそが主役であったし、供給拡大策としては、不動産金融、ローンの付与が極めて有効に機能する政策であった。一九八五〜九〇年のバブルの時期は、もはや供給拡大策では追いつかず、地価抑制策としては、過剰な仮需要をつくる土地投機を抑制することになり、土地税制の強化、土地不動産への金融を政策的に規制する金融政策が主体になる。固定資産税に加えて、国税の土地保有税である地価税が導入され、土地不動産の仮需要を抑制する金利の引き上げ、不動産融資の総量規制がとられたのである。一九九〇〜二〇〇四年のバブル崩壊後の不動産金融危機に対しては、一転して需要拡大政策が声高に主張されて、土地税制の緩和策、土地利用、容積率緩和などの土地利用の規制緩和が主体になる。猫の目政策の積み重ねが行われてきたわけである。

さて、地価と経済がようやく均衡した二〇〇五年以降は、どのような政策が必要になるのか、いまだに不透明だが、地価と経済に連動して、土地市場にも価格メカニズムが機能するときに、国が土地不動産市場に公的関与を強化して、土地利用や土地取引に規制や助成をする特段の政策を講じる必要は、かなり薄れているとみるべきであろう。

3 ― 地価公示とこれからの土地政策

二〇〇六年地価公示、底打ちの評価

二〇〇六年の地価公示では、地価の底打ちが強調されている。全国平均では、引き続き住宅地、商業地ともマイナス二・七%の低落をしているが、前年より下げ幅が縮小し、住宅地では三大都市圏がマイナス一・二%と、中心都市の高級住宅地では上昇または横ばいだが、その他は依然として下落するなど、大都市と地方都市の二極化が顕著になっている。住宅地では、東京圏がマイナス〇・九%と四年連続して下げ幅が減少し、平均では横ばい、東京都および二十三区部では、〇・九%、二・二%の上昇と十五年ぶりに平均での地価上昇を示した。商業地では上昇が目立ち、三大都市圏では一%の上昇、東京都および二十三区部では三%、三・七%の上昇と、各圏域の中心都市で上昇または横ばいになった。特に高度の商業機能が集中している東京都心部では、三〇%を超える上昇がみられると、十五年続いた地価下落の底打ちを歓迎する姿勢が示されている。世の中の空気に迎合したのか、地価の底打ちを強調している感が強い。中立、客観的であるべき地価公示、そのために土地鑑定委員会があるにもかかわらず、世の中の空気に対応して地価公示が対処しなければならず、十五年続いてきた地価の低落が底打ちしたとアナウンスする国土交通省の表現に、転換期にある地価公示の苦衷が現れている。

先延ばしされた地価低落

もともと、一九九一年のバブル経済の崩壊で高騰した地価は、一挙に低落してバブルは消えたはずなのに、地価公示が底打ちを期待して年々徐々に地価が低落するように演出したために、現実には底打ちせずに十五年にわたって地価が低落し続けてきた。地価公示があるたびに供給者は、今年が底だといい続けてきたが、市場では裏切られて、さらなる低下を続けてきた。短期的に解決すべきバブルの後始末は、先延ばし、不良債権問題の深刻化、不動産市場の長期の停滞などバブルの傷をより大きくしてしまった。

現在、地価は投機で成立するのではなく、土地の利用価値収益で成立する収益還元価格に回帰していて、当たり前の土地不動産市場が機能している。このことは、地価は収益の差で、同じ地域でも評価は異なり、一律的な地価変動があるものではないことを意味している。

銀座中に宝石店が立地することはありえず、すべて最有効利用で地価が成立するはずはない。地価の二極化は当たり前で、全国的にも、地域的にも地価の変動を一律的にとらえることにあまり意味はない。その意味で一律的に地価の変動率を示している地価公示の意義、不動産鑑定の役割は薄くなっており、地価公示法、不動産鑑定評価制度の存在意義をもう一度考え直す時期に来ていると思われる。

五十年の長期でみれば、地価も結局は経済変動の枠内で成立しており、短期的に異常な地価の変動が現れて、土地神話、土地本位経済が機能した時期の地価の変動、土地不動産市場が不正常であったということができよう。経済社会構造が転換して構造改革が叫ばれるいま、土地問題にも改革が求められており、地価の底打ちを強調するならば、これまでの長期にわたる土地不動産市場の推移について、客観的に分析して、土地不動産市場が大きく転換していることを知らしめ、これまでの諸政策、諸計画のレビューを行い、土地対策をどう変えていくのか明確に示す必要がある。

4――地価公示法、不動産鑑定評価法は機能するか

土地政策の総レビュー

二〇〇四年（平成十六年）の『土地白書』は、土地市場に構造的変化が進展し、土地神話の崩壊などの国民・企業の土地意識の変化、所有資産の見直し、不動産取引の証券化の進展、収益還元価格への回帰から、地価問題は終焉したとして、今後の課題は都市再生、地域再生に資する適正な土地利用の推進としている。土地政策の目的は、土地取引の活性化、収益力の確保であり、地価抑制による住宅の確保の生活者の視点から、不動産事業の活性化などの景気の回復を図るビジネスの視点に転換しているとしている。市場構造の変化に対応して、不動産取引の円滑化および適正な地価の形成に資する制度への改正が必要だとして、二〇〇四年度に地価公示法と不動産の鑑定評価に関する法律が改正されている。

地価公示法では、都市計画区域外の土地を地価公示の対象に広げること、不動産鑑定評価制度では、不動産鑑定士補を廃止し、不動産鑑定士は従来の学識理論を中心にして専門家から実務経験を中心とした専門家に改め、その業務は不動産の鑑定評価のほかに土地不動産の利用、取引、投資に関する調査や分析を行うコンサルタント業務を担当するとしている。この改正が土地政策の目的にどのように資するのかは不明確であり、なお土地政策は浮遊している。地価公示法や不動産鑑定評価制度のみならず、この五十年間に積み上げられてきた諸計画、諸制度、新住宅市街地開発法、新都市基盤整備法、地価公示法、不動産の

鑑定評価に関する法律、公有地拡大法、宅鉄法、市街化区域内農地宅地並み課税、農地所有者等賃貸住宅利子補給法、農住組合法、国土利用計画法、土地税制、土地不動産金融、さらにいえば土地基本法など広範な土地制度についてあらためて見直し、再整備することが求められる。

5 土地神話、土地本位経済を生み出したもの

歪んだ土地意識

戦後半世紀の五十年間、このような歪んだ土地市場を生み出してきたのは、表では高度経済成長を支え、影ではその負の遺産をつくり出してきた土地神話、土地本位経済という国民の土地意識、時代風潮であった。日本の国土は狭い、人口は多い、しかも経済活動は類を見ないほど活発である。日本の土地、地価は、経済成長以上に上昇し続け、決して下がらない、世界の標準では図れない特別の資産だという意識が、政治にも、行政にも、経済界にも、国民の生活にも蔓延し、定着してしまったのである。誰もその事実を検証したわけではない。そのほうが経済にも、国民生活にも都合がよいという勝手な思い込みであった。一九六〇年代の第一回の工業開発に伴う地価高騰、七〇年代の第二回の列島改造の地価の高騰にも、そのマイナスを憂慮する国民意識より、それを経済成長の現れだと歓迎する意識が強かったといえよう。

カジノ経済を演出した地価政策

第三回のバブル経済ではそれが頂点に達してしまった。一九八〇年代半ばから九〇年にかけて数年間も

続く土地投機の波が日本全体を覆ってしまった。日本の経済成長、黒字経済に対するアメリカの圧力、国際公約だとした内需拡大の声で続けられた極端な金融緩和、低金利、税制緩和などの規制緩和、東京の国際化、情報化の中で夜郎自大（自分の力量を知らずに威張ること）な都市開発を、歴史の流れだとして、危険な土地不動産投機を官民そろって拡大し続けてきた。

土地を使ったカジノ経済が横行したということができる。胴元に政府、金融機関がなって、土地神話、土地本位経済の風潮を助長し、決して損をしない土地取引だとして土地税制を緩和し、賭場のディーラー役の金融機関は賭け手に無制限にチップ、投機資金を供給し続けてきた。本来危険を予知して不健全な経済を回避するのが政府、金融機関の役目であるにもかかわらず、政府自身もＮＴＴ株の発行、リゾート開発など、自らが投機の当事者になってしまって投機にのめり込み、それを国際経済のためだと五年、六年の長期にわたってやり続け、金融機関がそれを助長し、その風潮に乗った賭け手の企業、国民が一体となって土地投機を際限なくやり続けた結果が、バブル経済の帰結なのだ。

6　日本の土地は特別な財なのか

国土〇・二八％、人口二・二％、経済一五・七％

土地神話が成立した論拠は、日本の土地は国際的にみても特別な財だからだといわれたが、果たしてそうだろうか。**図表2**の数字で、日本の土地、そこに生活する人口、そこで活動する経済を数字で国際比較してみよう。国連統計で見ると、二〇〇〇年時点で世界全体の人口は六〇億五五〇〇万人、陸地面積は一

図表２　人口、国土面積、経済の国際比較

（　）は単位

国名	人口[2000年]（100万人）	人口年平均増加[1995−2000]	国土面積（万 km²）	経済規模GDP[2000年]（億ドル）	人口密度（人/km²）	１人当たり経済規模（ドル/人）	経済規模/国土面積（億ドル/1000km²）
世界	6055	1.4%	13464	308720	44	510	2.3
日本/世界	2.2%		0.28%	15.7%	7.7倍	73.6倍	54.8倍
日本	127	0.18%	37.8	47620	340	37549	126
	＜100＞		＜100＞	＜100＞	＜100＞	＜100＞	＜100＞
中国	1275	0.8%	959.7	9912	132	780	10.3
	＜996＞		＜2539＞	＜21＞	＜39＞	＜2.1＞	＜8.2＞
韓国	47.2	0.87%	9.9	4615	472	9763	46.6
	＜37＞		＜26＞	＜10＞	＜139＞	＜26＞	＜37＞
シンガポール	4.13	?	0.062	927	6300	22456	14950
	＜3.2＞		＜0.0016＞	＜2＞	＜1853＞	＜60＞	＜11865＞
香港	6.72	?	0.108	1625	6366	24.02	15050
	＜5.3＞		＜0.0029＞	＜3.4＞	＜1872＞	＜65＞	＜11944＞
アメリカ	275	0.59%	936.4	98246	29	35692	10.5
	＜215＞		＜2477＞	＜206＞	＜9＞	＜95＞	＜8.3＞
オーストラリア	1949	?	774	3797	2	19816	4.9
	＜15＞		＜2045＞	＜8＞	＜0.6＞	＜53＞	＜3.2＞
カナダ	3077	1.1%	997	7171	3	23306	0.72
	＜24＞		＜2638＞	＜19＞	＜0.8＞	＜67＞	＜0.6＞
イギリス	58.5	0.3%	24.4	14325	239	24077	58.7
	＜46＞		＜65＞	＜30＞	＜70＞	＜64＞	＜46.6＞
フランス	58.9	0.4%	55.2	13065	105	22186	23.7
	＜45＞		＜146＞	＜27＞	＜31＞	＜59＞	＜18.8＞
ドイツ	82.2	0.3%	35.7	18662	230	22708	52.3
	＜64＞		＜94＞	＜39＞	＜68＞	＜61＞	＜41.5＞
オランダ	15.9	0.7%	4.1	3695	381	23277	90.1
	＜12＞		＜11＞	＜8＞	＜112＞	＜62＞	＜71.5＞
スイス	7.2	1%	4.1	2395	171	33397	58.4
	＜5.6＞		＜11＞	＜5＞	＜50＞	＜89＞	＜46.3＞
ロシア	145	−0.2%	1706	2596	9	1784	0.15
	＜113＞		＜4513＞	＜5.5＞	＜3＞	＜5＞	＜0.12＞
ケニア	28.7	?	58	103.6	51	338	0.18
	＜22＞		＜153＞	＜2.2＞	＜15＞	＜0.1＞	＜0.14＞

（注）＜　＞は日本を100とした場合の指数

億三四六四万平方キロメートル、経済規模（GDP）は三〇兆八七三〇億ドルということである。どのくらい大きいのか見当がつかないが、日本でみると、人口は一億二七〇〇万人で世界人口の一・二％を占め、陸地面積は三七万八〇〇〇平方キロメートルで、世界の陸地面積の〇・二八％ということになり、経済規模は四兆七六二〇億ドルで世界経済の一五・七％という計算になる。わかりやすくいうと、日本は世界の土地の〇・二八％に、世界の人口の二・二％が生活し、世界の経済規模の一五・七％を生産している、〇・二八％の土地、二・二％の人口、一五・七％の経済と一桁ずつ大きくなる特異な国だといえるだろう。地球上のけし粒みたいな土地に、世界第十位の人口規模をもち、世界第二位の膨大な経済力を発揮している特別な国だという理解もできないことはない。

単位当たりの数値の比較

単位当たりの数字でみると、もっとそのことがよくわかる。平方キロメートル当たりの人口密度は日本が三四〇人、世界の平均が四四人だから、日本の人口密度は世界平均の七・七倍ということになる。一人当たりの経済規模は三万七五四九ドルで、世界有数の金持ち国だが、世界の平均はわずか五一〇ドルだから日本は世界平均の七三・六倍ということに落ち着く。さらに土地の生産性では、千平方キロメートル当たりの経済規模は、日本は一二六億ドル、世界平均は二・三億ドルだから日本の土地生産性は世界平均の五四・八倍ということになる。数字でみれば日本はとてつもなくすごい国であり、この国の土地不動産が特別だというのもわからないことはない。

大国のアメリカ、中国と比較してみる。アメリカの人口は二億七五〇〇万人、日本の二・二倍、国土面積は九三六万平方キロメートル、日本の二十五倍、経済規模は九兆八二四六億ドルで日本の二・一倍、さすが大国であり、アメリカの人口密度は二九人で日本の十分の一、一人当たり経済は三万五六九二ドル、日本の〇・九五倍でほぼ同じ、面積当たりの経済規模は、さすが日本の八・三％に過ぎず、ゆったりした国土で日本の土地事情とはかなり違う。中国は人口一二億七五〇〇万人で日本の十倍、陸地面積は九六〇万平方キロメートルでアメリカと同じ、日本の二十五倍の規模、人口密度は百三十二人、日本の〇・三九倍、一人当たりの経済力は二〇〇〇年時点ではまだ低く、七八〇ドルで日本の二％足らずという規模になる。面積当たりの経済力は日本の八・二％に過ぎず、なお国土の生産性は低い。確かに、土地の生産性をみる限り、日本の特殊性は顕著であり、土地不動産は特別の財だという論もわからないことはない。しかし、土地は陸地だけではない。竹島だの尖閣列島など領海問題が深刻な国際問題になっているが、海に囲まれた日本は領海を国土面積に含めれば国土面積は一挙に三倍にもなる。埋め立てても考えれば、決して狭いことを高地価の論拠にはできなかろう。

安定した小国との比較

さらに、世界には国土が日本より狭く、経済力は活発で、なお土地不動産が安定している国はたくさんある。例えばオランダは、陸地が狭く、多くが海面の埋立地であり、人口密度は三八一人で日本の一・一二倍の高密度である。土地の生産性も日本の〇・七二倍で遜色はない。オランダは、狭い国土を上手に利用しており、住宅環境も抜群に優れている。もっと狭い国、シンガポールは人口六七二万人、国土面積はわずか六二〇平方キロメートル、東京都二十三区部と似たような規模である。人口密度はなんと六三〇〇人で、日本の十九倍、土地の生産性は日本の百十九倍という規模にもかかわらず、いや、だからこそ土地政策は極めて有効に行われているのである。大国のイギリス、ドイツも、土地、人口、経済とも、大きくみれば日本の事情と大差はない。日本は国土が狭く、人口が稠密、経済が活発だから土地は特別な財、地価は高くて当たり前という論調は、本当のところは論拠がないためにする理屈である。

7―二十世紀の日本、二十一世紀の日本

日本だけの高度経済成長、一時のパックスジャポニカ

二十世紀後半の半世紀は日本にとっては特別で、ある意味では幸運な時代であったように思えるが、何とか数字で国際比較ができないだろうかと、人口と経済の数字をいじってみた。自分でつくるのは大変なので、アメリカ人の学者が作成している数字をみて、日本の二十世紀を観察し、国連が作成している統計で二十一世紀を展望してみよう。図表3の十九世紀から二十世紀に至る長期の統計で、アメリカ、イギリス、ドイツ、フランス、日本の経済の推移を示した調査がある。大変な作業量であり、信頼性に問題があるとしても、このような数字を作成していることに敬意を表して、それによって日本の姿をみてみよう。

一九〇〇年（明治三十三年）、まだ開国から三十年もたっていない日本、そのときの経済規模は五〇〇億ドルと推計され、アメリカが三一三〇億ドルで日本の六・三倍、イギリスが一七七〇億ドルで三・五倍、ドイツが九九〇億ドルで二倍、フランスが一一六〇億ドルで二・三倍であったが、日本の経済力が意外にも大きかったように思える。さて二十世紀、一九〇〇～九五年の九十五年間で、アメリカ経済は一八・九倍に増加、年率三・一四％の成長を続けてきた。イギリスが五・四倍で、年率一・七九％、ドイツが一二・九倍で、年率二・七％、フランスが九倍で年率二・三％、欧州は一％から二％、肝心の日本は、なんと

図表3　20世紀主要国の経済成長

	1900	1925	1950	1975	1994
アメリカ	313	779	1457	3468	5904
	＜625＞	＜721＞	＜928＞	＜283＞	＜242＞
イギリス	177	213	345	678	961
	＜354＞	＜197＞	＜220＞	＜55＞	＜39＞
ドイツ	99	149	214	806	1276
	＜198＞	＜138＞	＜136＞	＜66＞	＜52＞
フランス	116	168	218	690	1043
	＜231＞	＜156＞	＜139＞	＜56＞	＜43＞
日本	50	108	157	1224	2442
	＜100＞	＜100＞	＜100＞	＜100＞	＜100＞

（注）　単位：10億ドル、＜　＞内は日本を100とした指数

倍率、伸び率

	1994/1900	1950/1900	1994/1950	1994/1975	1993/1997
アメリカ	18.9　3.14%	4.7　3.14%	4.1　3.19%	1.7　2.69%	
イギリス	5.4　1.79%	2.0　1.40%	2.8　2.30%	1.42　1.77%	
ドイツ	12.9　2.70%	2.2　1.59%	6.0　5.25%	1.58　2.13%	
フランス	9.0　2.30%	1.9　1.29%	4.8　3.55%	1.51　2.08%	
日本	48.8　4.18%	3.1　2.28%	15.6　6.30%	2　3.53%	1.07　1.0%

四八・八倍で年率四・一八％の成長を九十五年間続けてきたことになる。成長率では四・一八％はイギリスの一・七九％の二・三倍の差だが、経済規模では、九十五年間で十倍もの差が生まれてしまったことになる。この数字をみる限り、二十世紀はパックス日本であったようだ。

ジャパン・アズ・ナンバーワンの幻

二十世紀前半の一九〇〇年から一九五〇年までの半世紀、アメリカは四・七倍で三・一四％、イギリスは二倍で一・四％、ドイツは二・二倍で一・五九％、フランスは一・九倍で一・二九％であったが、日本も三・一倍で二・二八％の成長で、アメリカが突出して高い成長力を示して

いたし、日本はイギリスより高いが、アメリカより低かった。二十世紀前半には、各国にそれほど大きい格差は見当たらない。

二十世紀の後半、一九五〇年から一九九五年の四十五年間では、アメリカは四・一倍で年率三・一九％の成長、イギリスは二・八倍で二・三％、ドイツは六倍で五・二五％、フランスは四・八倍で三・五五％の成長であり、アメリカが前半の成長率と同じ数字であったが、四か国は二十世紀前半の五十年よりも高い成長力を示している。とりわけ敗戦国のドイツと日本の成長が著しかったことが理解できる。特に日本は、一五・六倍で年率六・三％という突出した成長力の高さを示しており、二十世紀後半の日本の高度経済成長の成果が大きく、ジャパン・アズナンバーワンと夜郎自大な評価が生まれた経過がよく理解できる。

その日本も、一九七五年から一九九五年の二十世紀後半の二十年間、石油危機を経て経済力を落として三・五％に減速し、さらに一九九〇年代には一％を下回る成長力しか示せなくなっている。日本の潜在成長力といわれる一％とは、二十世紀を通してのイギリスの成長力の一・七九％を下回るものであり、二十一世紀に日本が向かう道が厳しいものであることを暗示している。ジャパン・アズナンバーワンという夜郎自大の経済大国意識は一時のあだ花であったのだろうか。

人口の増加減少の狭間

経済力は究極には労働力、人口の量と質に行き着く。図表4で、一九二〇年以降、一九九五年までの五か国の人口の動き、その後の二〇五〇年までの動きを国連の資料で展望してみよう。一九二〇年から一九九五年まで日本の人口は五五九六万人から一億二五一〇万人と二・二四倍、年率一・一％で増加してきた。同じ「産めよ、増やせよ」の時代から平均寿命が長期化して人口が増加し、これが成長力を支えてきた。

図表4　主要国人口推移

（単位：万人）

	1920	1961	1995	2000	2030	2050	1995/1920 倍率、年平均	1995/1990 年平均伸び率	2050/2000 倍率
日本	5596	9405	12510	12647	11899	11000	2.24　1.1%	0.30%	0.87
ドイツ	5918	7009	8159	8170	7443	6424	1.38　0.4%	0.60%	0.79
イギリス	4425	5293	5826	5902	6175	6164	1.32　0.37%	0.20%	1.044
フランス	3880	4596	5798	5902	6135	6040	1.49　0.53%	0.50%	1.023
アメリカ	10571	18374	26325	27512	33660	34897	2.49　1.22%	1.00%	1.268
世界			571642	615805	807061	983321			
発展途上国			454982	497252	743444	862570			
日本のシェア			2.20%			1.10%			

期間のアメリカの人口は移民の増加により二・四九倍に、年率一・二二％で増え続けてきた。しかし、欧州諸国においては、イギリスは一・三二倍で年率〇・三七％、ドイツは一・三八倍で〇・四％、フランスは一・四九倍で〇・五三％と、アメリカと日本を大きく下回ってしまっている。これが欧州諸国の衰退の要因でもある。

一九九〇年代、先進諸国の人口は低迷して、平均増加率は、日本〇・三％、ドイツ〇・六％、イギリス〇・二％、フランス〇・五％にまで下がり、アメリカだけが移民政策もあってか、なお一％を維持している。もはや先進諸国の人口が伸びることは期待できない。二〇五〇年の人口について、世界人口は九八億三〇〇〇万人と五十年間で一・五九倍になると予想されているが、発展途上国が四五億五〇〇〇万人から八六億三〇〇〇万人と一・九倍になるのに対して、先進諸国は人口の減少傾向は顕著になり、アメリカだけが一・二七倍、イギリスとフランスは現状維持、ドイツは〇・七九倍の二一％の減少、日本は〇・八七倍と一三％の減少になると予測されている。経済力は最終的には人口の量と質に行き着く。二十一世紀に日本の経済、土地不動産がどうなるのか、真剣に考えなければならない。

二 所有本位から利用本位の土地制度への改革

——生存権的土地利用、公益的土地利用への転換

牛見 章
Ushimi Akira
元東洋大学建築学科教授
元埼玉県都市計画審議会会長
元埼玉県住宅都市部長

1 前近代的な土地制度が国民生活に及ぼす悪影響

今、日本の社会は、マイホームでの家庭内放火殺人事件、マンション耐震偽装問題などに象徴されるように、モラルの崩壊が末期的症状を呈している。

それにしても二十世紀後半の四十年、どうして日本人のモラルはここまで低下したのか。「資本主義はあくまでも物を作ってそれを売ることによって利潤を得るものであり、企業の土地投機や土地操作によって利益を得るなどは何主義でもない。が、その刺激が日本人の経済意識を大きな部分において変質させ、民族をあげて不動産屋になったかのような観を呈し、本来、生産もしくは基本的には社会存立の基盤であり、さらに基本的に言えば人間の生存の基盤である土地が投機の対象にされるという奇現象が起こった。大地についての不安は、結局人間をして自分が属する社会に安んじて身を託してゆけないという基本的な不安に繋がり、私どもの精神の重要な部分を荒廃させた。誠に迷惑な話で、どうにも安んじてこの社会に住んでゆけないという居たたまれぬ気持が、私に土地のことを考えさせることになった」。これは『土地

と日本人―対談集―司馬遼太郎』（中央公論社、一九七六年）のあとがきの一節である。

私はこれまでの四半世紀、建築・住宅・都市計画をライフワークとして研究、実践してきた。その経験を通して、市民革命を経験したヨーロッパ先進諸国では、「土地は神様のもの」「土地は女王のもの」（裏をかえせば、「土地はみんなで利用する公共財であって私物ではない」）という概念が定着していて、「土地とウワモノを一体不可分とみなす不動産概念」が確立していて更地の売買は不可能であり、土地所有権が公共利用のために建物の用途、高さ、容積、場合によっては町並みの景観についてまで制限を受けるなど、「建築不自由の原則」が確立しており、さらに、市民の合意を得た都市計画は土地の私的所有権に優先する「計画高権」という概念が確立しているので「計画なくして開発なし」という「計画高権」の理念のもと、法定の都市計画マスタープランに基づいた、あのような整然とした美しい町並みが形成されているということを知った。

それに対して、日本の住宅・都市問題が解決しない根本原因は、土地の私物視、土地の商品化を可能にしている日本の土地制度と、それを容認している日本人全体の土地観にあるとの結論に達していた私にとっては、自分の考えに間違いはないとの確信を得た喜びの反面、「私どもの精神の重要な部分を荒廃させた」という司馬氏の警告に慄然とするものを禁じ得なかった。

2　土地神話を捨てきれない日本人

思えば一九六〇年、所得倍増計画発表を機に経済の高度成長が始まり、「土地は持っているだけで値上がりする商品である」という土地神話が生まれた。大都市近郊地域の乱開発、工場公害、都市公害が発生するなかで、一九六九年に「新全国国土総合開発計画」（いわゆる「新全総」）の策定、また、一九七〇年に発表された田中角栄総理の「日本列島改造論」を当て込んだ不動産業者の土地買い占めに始まって、あっという間に庶民が我勝ちに土地買いに狂奔する、いわゆる「一億総不動産屋」現象による急激な地価上昇があった。これらによる社会的影響の大きさに対する有識者の危機感の現れが、「土地は商品ではない」という当時の瀬戸山建設大臣の発言や、前述の司馬遼太郎氏の発言であり、一九七八年の日本都市問題会議設立の時代背景であった。

一九八〇年に入り、さらに地価上昇が加速し、その社会的影響が拡大するにつれて、多くの識者が危機感をもち、日本住宅会議や土地法学会などが設立されて警鐘を鳴らし、マスコミもＮＨＫの特別番組「土地は誰のものか！」や五大新聞を筆頭とする各紙が特集記事を掲載するなど、居住権優先、公益優先の土地制度への根本的な改革を望む世論が高まった。

政府は一九八〇年代の終わりにようやく重い腰を上げて、土地基本法の制定と金融機関による不動産担保融資に対する総量規制を行い、ある程度の効果はあったものの、地本主義的な経済運営や国民の土地神話信奉にとどめを刺すまでにはいかなかった。

そうこうするうちにバブル経済が崩壊し、土地投機熱が沈静化した結果、地価は一転して下落したものの、一九九二年のピーク時の半額程度の水準で下げ渋ったままで二十一世紀を迎えた。

このような状況を経て不況を脱出した今日、大都市商業地の地価公示価格が上昇に転じた。賃貸マンションの投資ブームで、準工業地域内の土地の買いあさりなど、土地神話が依然として生き残っているということは、長年放置されてきた庶民住宅を取り巻く社会環境の問題、つまり世界に例のない高地価、無制限な更地売買、行政責任を放棄した持ち家優先の住宅政策、都市計画の立ち遅れ、膨大な数の不法・欠陥住宅の放置、国民の都市居住に対する意識の低さ等々を是正するチャンスがすっかり遠のいた一方、社会全体のモラルの崩壊は日々悪化の一途をたどっている感じで、住宅・都市問題の解決をライフワークとして研究、実践してきた私としては本当に残念で、このまま座視することはできない。

一方、小規模土地共有の分譲マンション居住者の増加に伴って、多くの国民が好むと好まざるとに関わらず、知らず知らずのうちに小規模土地所有者になった。一九四五年以前の大都市では三〇%程度で推移していた土地所有者数が、今日では七〇%に近づいたとのことで、今後、日本人の土地所有意識が近代化して、市民の公共的義務意識が育たない限り、とても公益優先の都市計画が実施できるとは思えないし、これからの「豊かないえづくり・まちづくり」が可能になるとは思えない。また、このような生活環境下で次の世代の子どもたちが未来に夢をもって伸び伸びと育っていくとは到底考えられない。

私は、国際水準からみても卸売物価水準からみても、日本の地価はもう一桁下がらないと適正ではないと主張し続けてきた。しかし、そのような主張は極めて希少で、むしろその後は平成の大不況のさなか、経済界を中心に不景気対策定番の公共投資拡大や土地資産価値の上昇待望論が頭をもたげるなかで、世論もマスコミの論調もすっかり熱が冷め、土地制度の根本的解決の世論はすっかり影が薄れ、その間の政治の怠慢を見過ごしてしまったのは誠に残念なことである。

3　市街地地価が国際的に異常に高いという具体例

以下に、日本の市街地地価が国際的にみて異常に高いという具体例を四つ挙げる。

例示1　日本の市街地地価が、1965年以降、卸売物価と比べて異常に高水準で推移し、しかも変動幅も大きいことを示している。

地価（全国市街地）・物価の上昇カーブ
＜戦前（1936年頃）を1とする指数＞

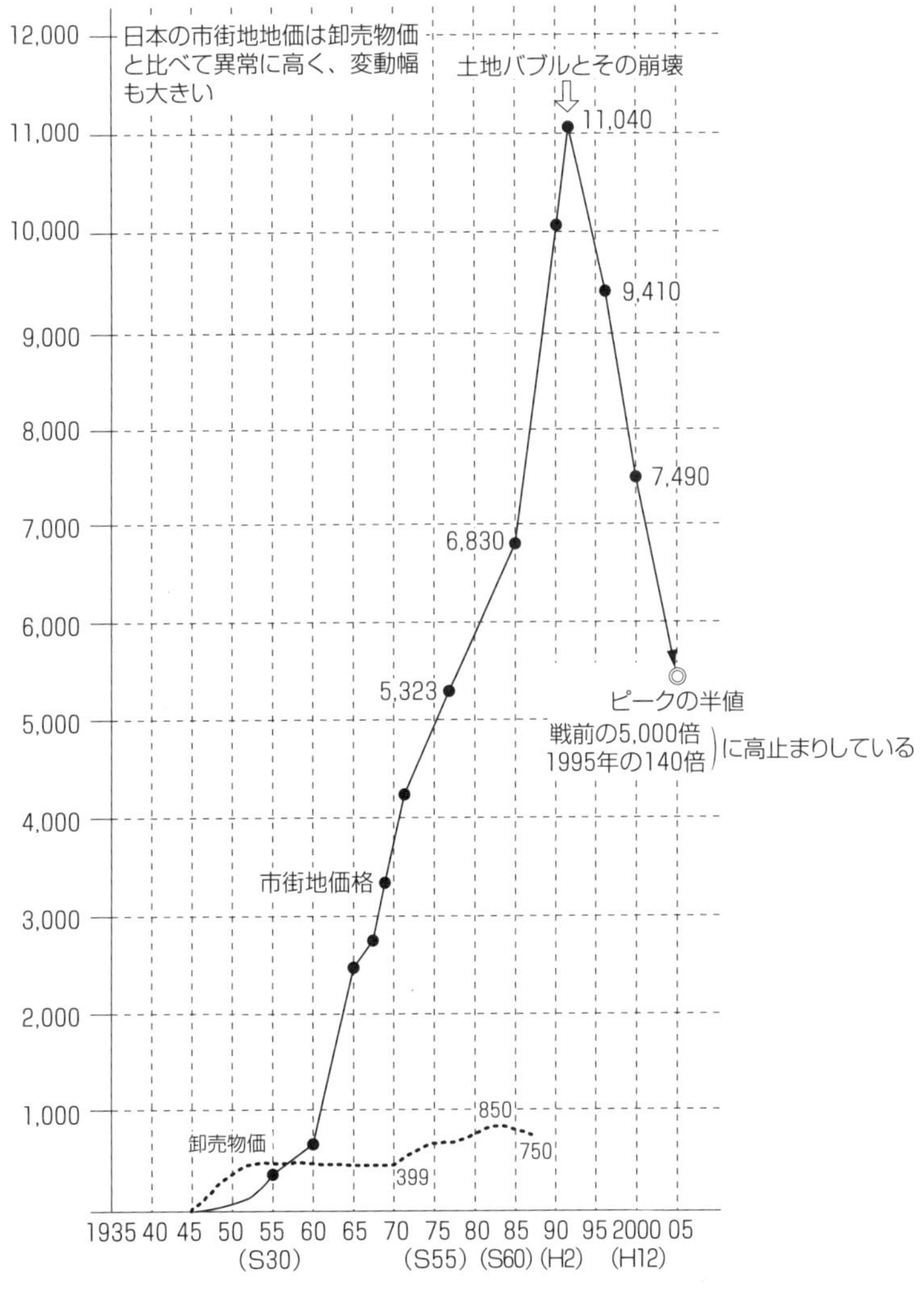

例示2 日本の市街地地価が欧米に比べて異常に高く、変動も著しいことを示している。

日本と英米各国の大都市・代表住宅地の地価

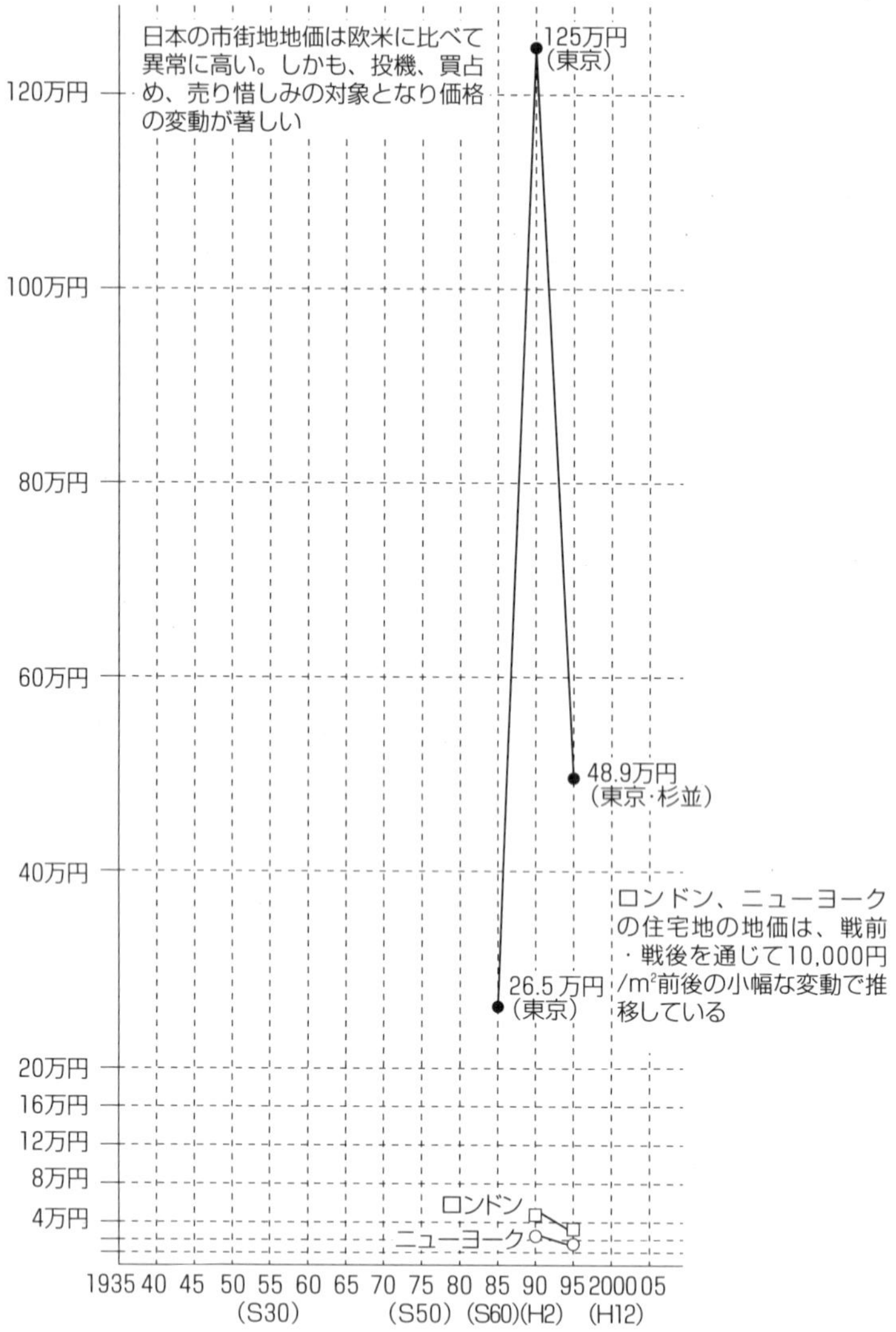

例示3 日米の有形資産に占める住宅資産・宅地資産等の割合の比率を示したもので、下の「世界住まい事情」の見出しにあるように、日本の宅地を売れば「アメリカの土地が3回買える」という、日本の地価の異常な高さを紹介している。ちなみに私が大学の講義で、「20回買える」といって、当時、学生を驚かせたこともあった。

日米の有形資産に占める住宅資産の比率

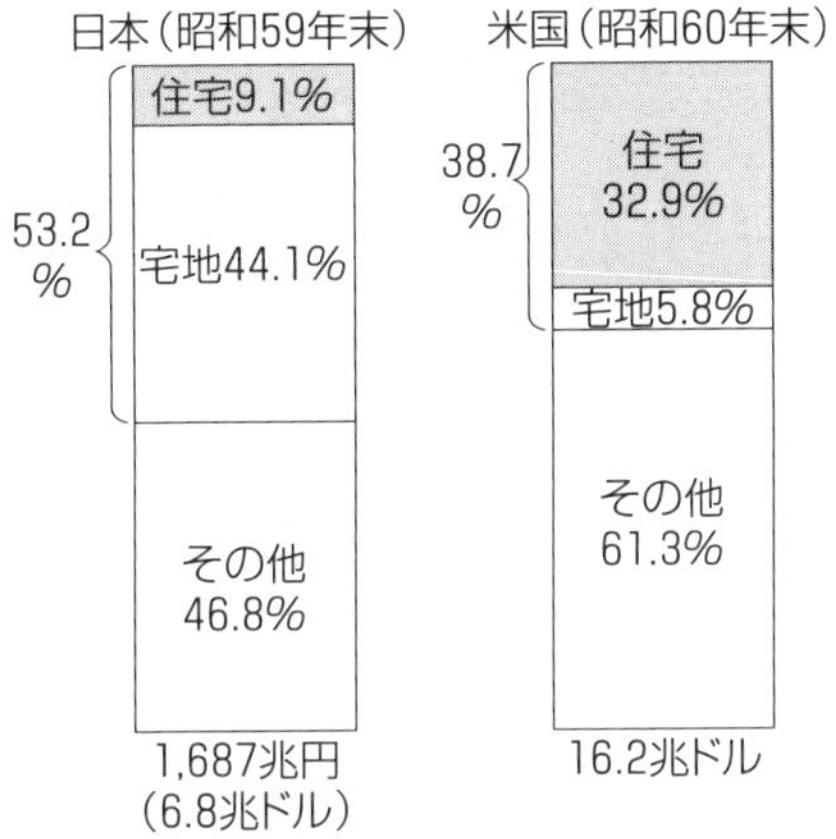

（資料） 経済企画庁「国民経済計算年報」
米国商務省「Survey of Current Business」

世界住まい事情

アメリカの土地が3回買える

日本の地価の高さは、異常としかいいようがない。この1年で国土面積の0.15%にすぎない東京都区部の地価の総額は、国家予算の約4倍にあたる200兆円近く高騰したのである。

この地価高を日米の有形固定資産に占める住宅資産と土地資産で比率すると図のとおりになる。日本の有形固定資産6.8兆ドルのうち住宅価格の総額は9.1%に対して、宅地価格の総額は44.1%、一方米国では、16.2兆ドルのうち住宅価格の総額は32.9%に対して宅地価格の総額は5.8%にすぎない。この計算では、日本の宅地価格の総額3兆ドルでアメリカ宅地全体1兆ドルを3回買えることになるのである。わが国の地価は、まさに「虚構の地価」といえよう。

（『朝日新聞』昭和61年7月19日）

例示4 国富の中に占める土地の価額の割合が、日本は、面積が25倍の米国の1.8倍、7割弱の英国の実に22倍になるという、日本の地価の異常な高さを示している代表的な例といえる。

実物資産構成の国際比較表（日英、日米の例）

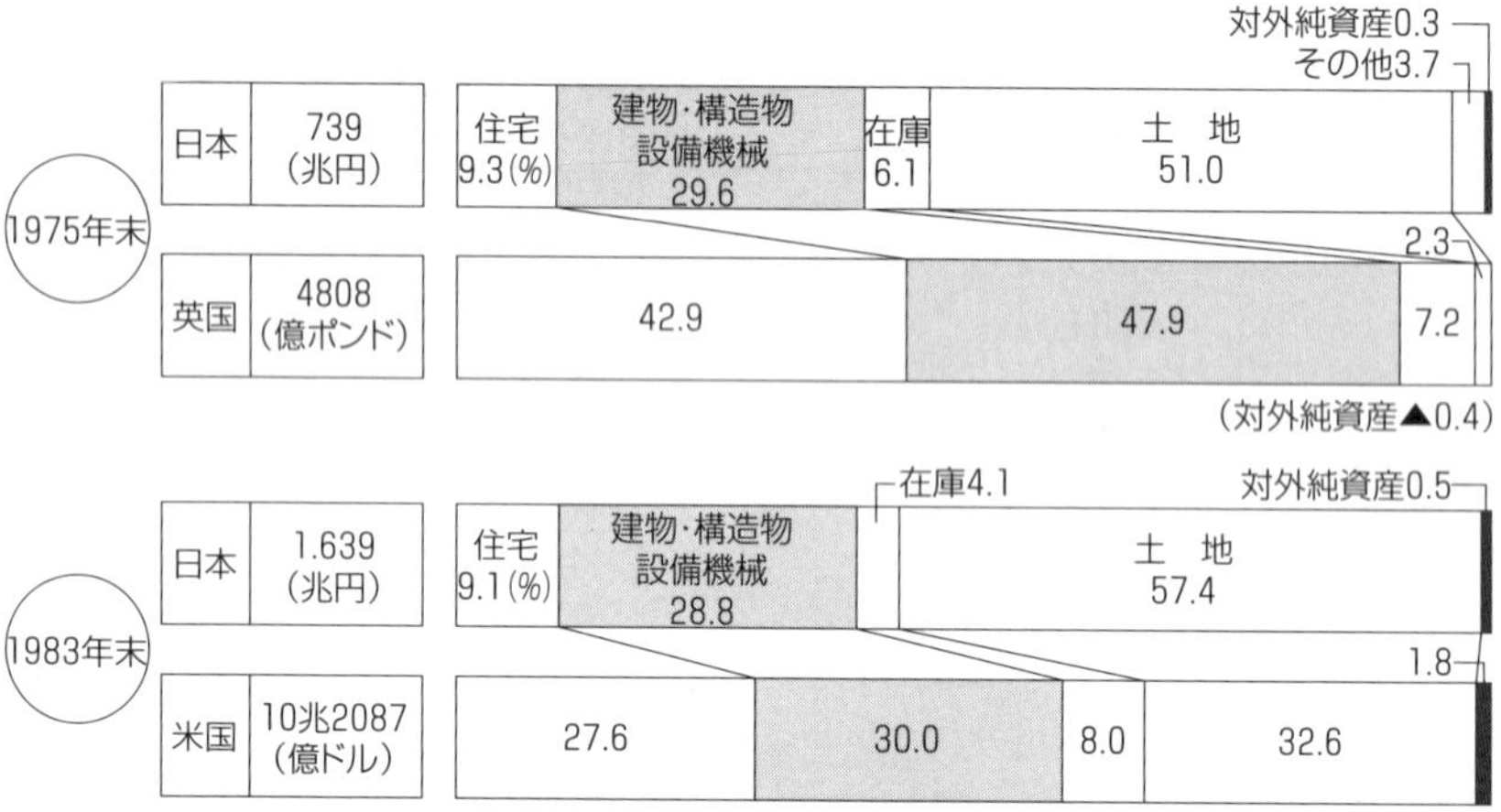

（注）「国富」とは国民経済の資産項目のうち実物資産を合計したもので、必ずしも国富の量が「豊かさ」の尺度にはならない。

（出所）日本＝経済企画庁「国民経済計算年報」、米国＝Balance Sheets for the U. S. Economy 1945—83, Board of Governors of the Federal Reserve System、英国＝Economic Trends.

4　土地制度の近代化が日本を破滅から救う!

日本の都市居住の未来を豊かで安心・安全なものとするためには、昨今の世情からみて、何よりもまず、日本社会のモラルのこれ以上の荒廃防止が必要である。そのためには、家族や地域の絆を復活させる住宅・都市政策が必要である。そのような政策を進めていくためには、「土地」に偏在している現在の国富の配分を、欧米先進諸国並みの、都市計画マスタープランに基づいた、質の高い住宅と地域社会施設中心のまちづくりを可能にする経済政策への転換が必要である。

そして、そのような転換を可能にするためには、所有本位の日本の土地法制を、利用本位、特に国民の居住権優先、公益優先の土地法制へ改正することが前提となる。

5　居住権優先、公益優先の土地制度へ

成熟した集住都市社会では、市民の生活の場である住宅・建物・共同スペースの安全性・快適性の確保が、行政はもちろんのこと、土地・建物の所有者、利用者共同の責任であることはいうまでもない。

都市では、小さな戸建て住宅でも大震火災の発火源、ごく狭い空き地でも犯罪に利用されるなど、すべての土地・建物が地域全体の社会共通資本の構成要素としての役割を担っているという共通認識を、分譲マンションのたとえわずかの共有土地所有者であっても、いまや都市居住世帯の七〇%を超える土地所有者層の一員として是非とも共有していただき、居住権優先、公益優先の土地制度への改正の趣旨を理解し、

協力していただくようお願いしたい。

本稿は、拙著『わたしたちのまちとすまいに未来はあるか？——二〇世紀の住宅・宅地・都市問題研究者から、次世代の研究者・自治体行政マンへの置き手紙』（ドメス出版、二〇〇六年五月）の内容を要約したものです。原著には、提案の背景となるライフワークの目録集のほか、いくつかの主要な論文・論考を記載していますので、本稿に賛同頂ける方には是非ご一読賜れば幸甚です。なお、本稿は専門家以外の方々にもお読みいただくため、要点をできるだけ平易に書き直したつもりですが、問題の性質上、読みづらい点がありましたら、何卒ご容赦ください。

三 道州制 本格的な州体制の創設を要望する

――グローバル化の時代に応える日本型の州体制

山東 良文
Sando Yoshifumi
㈶国土計画協会州制度研究会
ワーキング・グループ代表

1 いまなぜ州か

人々が各地域で能力を発揮できる体制が必要

明治以来の中央集権体制は、すでにその役割を終えた。現在の国・県・市町村という上意下達の体制は、もはや時代に適さない（注：本稿では、都道府県を単に県という）。九州は九州で、近畿は近畿で、東北は東北で、それぞれの地域で、産業を興し、教育を見直し、豊かな地域をつくるために、人々が能力を存分に発揮できるような体制が要求される。

この点、現在の中央省庁は国民から遠い存在である。その政策立案にみられる現場感覚の欠落は、地域再生、教育、医療、福祉、環境、産業、雇用、防災等々あらゆる面で、的を射た政策の策定を困難にしている。さりとて、県では社会の要求に現場的対応はできても、政策立案への知の結集は難しい。

独自の政策決定権能を持つ州が必要

もし独自の政策立案・立法の権限と独自の財政力を持つ地域政府——「州」が存在するなら、医師不足や地域医療体制の危機に対しても、もっと迅速に具体的な活きた対応策をとることができるだろう。学級崩壊や教育の荒廃に対しても、人々から選ばれた州首長は、官僚機構とは違った発想で、一旦、教育を社会の手に戻し、知恵を結集して、根本からの政策を打ち出すだろう。

政策形成の形態は、これまでの中央決定・上意下達から、州発想・中央調整へと、大きく変わる。これは、国の内政機能の地域分割、分権化である。かつ、同時に、遅滞ない現場的対応に連なる。単なる国の出先機関や地方自治体の広域化の問題ではない。

現行体制の持つ非効率・無駄を解体する必要

現状、中央省庁は、権限の巨大集中と各省割拠体制による硬直・非能率が甚だしい。他方、地方自治では、大阪、横浜等の指定都市を持つ県では、二重の議会と議員、二重の税負担と投資といった、県・市間に二重構造の非効率、無駄が顕著である。これは、政令指定都市をもつ県以外の県でも潜在する。

州の創設を契機に、国—県—市町村の重層関係は、徹底的に簡素化されなければならない。国・地方を通じた古い政府機構の、五十年、百年に一度の解体修理が避け難くなる。各省割拠の縄張り、官僚の組織への帰属意識も、同時に徹底的に排除される必要がある。

図表1　州のスケールを示す1つのイメージ
―州の区画割りは、住民と政治が決める―

【説明】

様々な提案があり得る。これもその1つの素材である。衆議院の比例区を基礎に若干の分離・統合を行った。1つの州が太平洋と日本海にまたがることを意識した。

1．北海道
2．東北
3．北関越　　埼玉、茨城、栃木、群馬、新潟
4．南関東　　東京、神奈川、千葉、山梨
5．中部　　　愛知、静岡、三重、岐阜、長野、富山
6．近畿・北陸　京都、大阪、兵庫、奈良、和歌山、滋賀、福井、石川
7．中四国　　中国地方および四国地方
8．九州
9．沖縄（特別州）

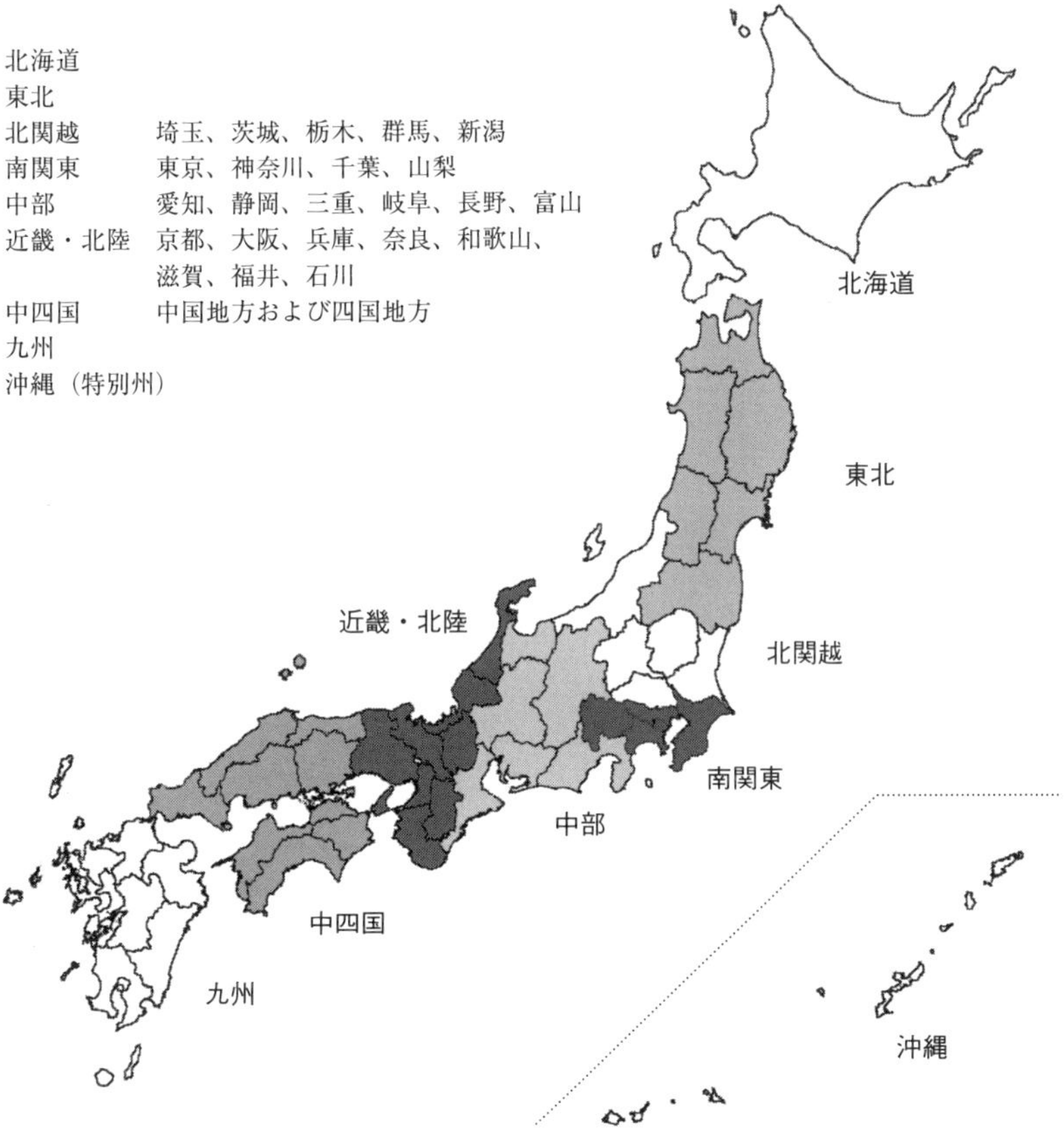

（注）上記は、単に州のスケールを認識するための1つの例である。衆議院の比例区を基礎に若干の区域変更をしている。特に大きな変更の箇所は、衆議院の比例区では北陸3県（福井、石川、富山）と、新潟・長野を1つの区域としているが、1つの地域共同体としてまとまりにくいので、石川、福井は近畿に入れ、新潟は関東への志向が強いということで、埼玉を含む北開東と合わせて北関越とした。そして富山、長野は中部につけた。また、比例区では、東京は1つの選挙区になっているが、閉鎖水域である東京湾を囲む地域は、多少人口が多くなっても1つの地域にすることが適当と考えた。沖縄は州に準じた位置づけを考え、特別州とした。

グローバル化の荒波に対応できる体制が必要

これからの社会、経済あらゆる面で予想されるグローバル化を考えると、中央はマクロの政策、州は具体的な政策の立案実施という形で、中央・州が緊密な補完・協力関係を保ちながら、グローバル化のなかを、柔軟、機動的に対応できる体制を構築する必要がある。

2　州制度は何をもたらすか

州の制度設計については、後で述べることとして、それでは州体制はどんな効果をもたらすかをみてみよう。

日本社会の質を高める原動力

第一に、州は社会の質を高める改革の原動力になるであろう。経済的には、東北はGDPでいえばスウェーデンとノルウェーを加えたものにほぼ匹敵する。もしも、政治や文化の求心力がそれぞれの州にできれば、各州とも本当に一国並みの質の高い社会をつくることができよう。州間競争がダイナミズムを生むだろう。そしてこのことが、国際社会における日本の魅力と影響力を高めることになる。いわゆるソフトパワーである。

州は中央を補完する新しい安定と成長の基礎となる

第二に、州の誕生によって、中央と州は、新しい、補完関係となる。州は「マクロとミクロの政策の結節点」である。ある州は、教育に、保育に、またある州は僻地医療に、福祉に、また雇用に、中央の方針との調整措置をとらねばならない。経済的なハンディキャップ階層が生まれるとき、また、社会が希望を失い荒廃するとき、州は政策の隙間をていねいに補填しなければならない。州による歪是正の手当てが、中央の政策を成功させる。

州は新設の機構であり、形式的には国や自治体の過去の債務の重圧から切断される、いわば息抜きの場に仕立てることができる。独自の州財源と独自の資金調達により、独創的な産業と地域再生の戦略プロジェクトを組むことができる。企業も教育も情報産業も新しい州都へ向かう。この立地転換需要を、州は将来に向かって長く拡大させていこうとするだろう。そして、これが州の産業の再生と雇用の安定の基礎をつくることになるだろう。

現場感覚のある政策対応が社会と産業を蘇らせる

第三に、現在、教育の問題にしろ、雇用や産業起こしの問題にしろ、問題はすべて現場から遠い中央で議論される。すると勢い、扱い方が抽象的になってしまう。こんなところに現在の日本再生策の盲点があるように思える。必要なのは現場感覚をもった的確な政策対応である。

教育に関して一言だけ触れておくと、戦後の日本社会は有能な男性は経済界に向かい、会社人間になって家庭を顧みなかった。女性はもっぱら子どもを有名大学、有名企業に入れるために受験勉強に熱中し、学校は学校で有名校への合格率を重視して、教師はその評価に縛られる。そして子どもは、寸暇の遊ぶ時間もない、詰め込まれた過酷な一日を送ることとなる。

学級崩壊は、学校の問題であるというよりも社会の問題である。全国一律の教育制度を再検討する権能を州に与えてはどうか。いまや教育は、専門家から、いったん社会の手に返すべきときである。

州体制は東京一極集中と地方の衰退から日本を救う

第四に、明治以来、特に戦後六十年、毎年毎年、中学、高校を卒業するたびに相当量の人口が大都市へ、東京へと流出し続けた。三十年経ち、五十年経つと、地方は当然、負の累積、文化創造の人材的砂漠化が進む。現状は、あたかも東京王国とその属国たちの観がある。

州体制は人口の流れを変える。人口・人材の地方への還流が緩やかに始まる。州体制は長期的視点からの、地方への「人口・人材の還流機構」となる。

重要なことだが、政府機構だけで州政治は成り立たない。学界、ジャーナリズム、経済界、労働界、市民団体、外国機関等が州都に集まり、社会意思形成に参画する。「州都」は、複数の中央として、気鋭の士を惹きつける。州都は、機能的には制度が整えば直ちに成立する。物理的な整備は、財政の許すなかでゆっくり進めていけばよい。

究極の改革・社会改革

第五に、州は社会を変える環境をつくる。州とは、新しい社会をつくる雰囲気、熱気、立ちこめる蒸気のようなものである。州の社会改革への期待を拾い上げてみよう。

① 古い社会の因習が、どんなに固いものか。州首長は、その因習を破る先頭に立つ。外国人留学生には住宅を貸さない。帰国子女の活発な発言を、出しゃばりだといって爪はじきする。決して異物を受け入れようとしない。外国人、異文化との接し方は、中央の指示で日本全体を一律に変えられるような性質のものではない。

② 反対に、いたるところに外国語、カタカナ語の氾濫。官公庁の白書までが新しい外国語の先導者である。そして、まず、外国はどうやっているかを調べ、手当たり次第に借用する。立派な真似でも、しょせん本物には及ばない。

③ 公衆の面前で、男も女も、壮年も老年も、絶えずむしゃむしゃと口を動かし、物を食べる。電車のなか、大勢の人のなかで化粧する。白昼堂々のお化けである。風習として定着してしまったなか、州社会はどう動けるか。

④ 内外価格差は腹立たしい限りと、消費者団体が運動を起こして円高差益の還元を求める。

⑤ これまでは陳情書が中央官庁の高官の机の上に高く積み重ねられるにすぎなかった。彼らは、今は陳情の代わりに州民広場に集まって、自分たちの勉強会をやり、政策化への途を探す。そして州を動かし、政治家を動かす。日本人に再生へのバネがある限り、州民広場は賑わうだろう。沈黙してはならないのである。

⑥ 萎えた生命力と倫理的頽廃、力強い野性を失った若者たち。

⑦ 一斉入学、一斉卒業、一斉就職、終身雇用。ずいぶん変わってきたとはいえ、会社は永遠であり、会社人間ができ、過労死も出る。転職不自由、社宅暮らしで上司宅への気配り、社内旅行と、どこまでも会社がつきまとう。単身赴任、家族分離。

⑧ 外国のどこの国の人でも、誰でもが、そこに住み、そこで働きたいと羨ましがるような日本をつくることが、日本の国際貢献だとの、ある外国人の日本評。

⑨ すっかり品格を失った駅構内。氾濫する広告と食べ物。金儲け主義。車内では混雑の中をひっきりなしに物売りに来る。ある会社の新幹線は、客を立たせることが平気である。こういう地域独占事業のサービス水準は、誰がどう決めるべきなのか。

⑩ 戦後、すべてが寸詰まりになった建物、住宅、施設。スペース倍増が必要なのは住宅ばかりではない。地下鉄五ドア車輌のあの中途半端な二・五人分の席。そこへ強引な男、女が割り込んできて、ぎゅうぎゅう身体をくっつけて座る。

⑪ 鉄道などの巨大公共事業が、よく住民の反対運動の標的にされる。痛感させられるのは、民衆の素朴な要求を専門用語に翻訳する専門家が介在すれば、解決を早めることになる。

⑫ 非営利民間セクターは社会の質を高める。行政の不備が修正される。自由な空気の州にこそNPOが育つ。

⑬ 競争制限的な日本社会の体質は、社会から発展・変革のエネルギーを奪ってしまう。しかし、競争さえすればよいというものでもない。問題は競争、連帯のバランスのとり方である。そこに文化の違いが生まれる。市場原理万能主義は、純粋経済人間の世界であって、全人的な人間社会の幸福という点からみると、かなり歪んだ世界である。

⑭ ワークシェアリングをやり、失業の恐怖をなくし、休暇とゆとりを配分する。このことは、本当は現在の市場競争社会を適正に維持していくためにも、最小限必要なことであるはずである。

⑮ もう一つの世界・悠久のインド——近代化・工業化が進んだ先進国の若者たちが、「悠久のインド」

に憧れ、訪ねることが多いという。近代化の過程で文明社会が失ってきた素朴な人間性、家族の絆や友人の信頼、生活のゆとりや自然の偉大さなど、これらがまだそこにはあるからだという。そしていま、もう一つの新しい現代インドが生まれつつある。その展開、融合に注目したい。

3 州制度の設計

州制三本の柱——全国と州・統合と分立のバランス

以上のような州を制度として、どう設計するか。

州制度の中で、要になるものが三つある。私はこれを「州制三本の柱」と呼んでいる。

1 まず、「州首長公選」である。官治型の任命制ではいけない。内閣から独立した自主的な決定権をもつ州では、やはり州首長は公選でないといけない。

2 次に、全国と州のバランスをとるための「議会機能」である。州首長公選後十五～二十年程度を州制度定着に至る過渡的期間として、この間に逐次国の権限を州へ移管するが、この段階では独自の州議会を置かず、議会機能は国会が当たる。この場合、州選出の国会議員は、自分の選出州のことに関して優越した議決権をもち、同時に国政の代議員として国政全体を考えるという、中央（全国）と州の最も良きバランス関係をつくることに最大の配慮を払う。例えば、一定の条件の下で、一つの州に適用する法律の制定を認める。

独自の州議会の設置については、過渡的期間において、ある程度、州政を経験したうえで、改めて

図表2　国・地方の組織の再編

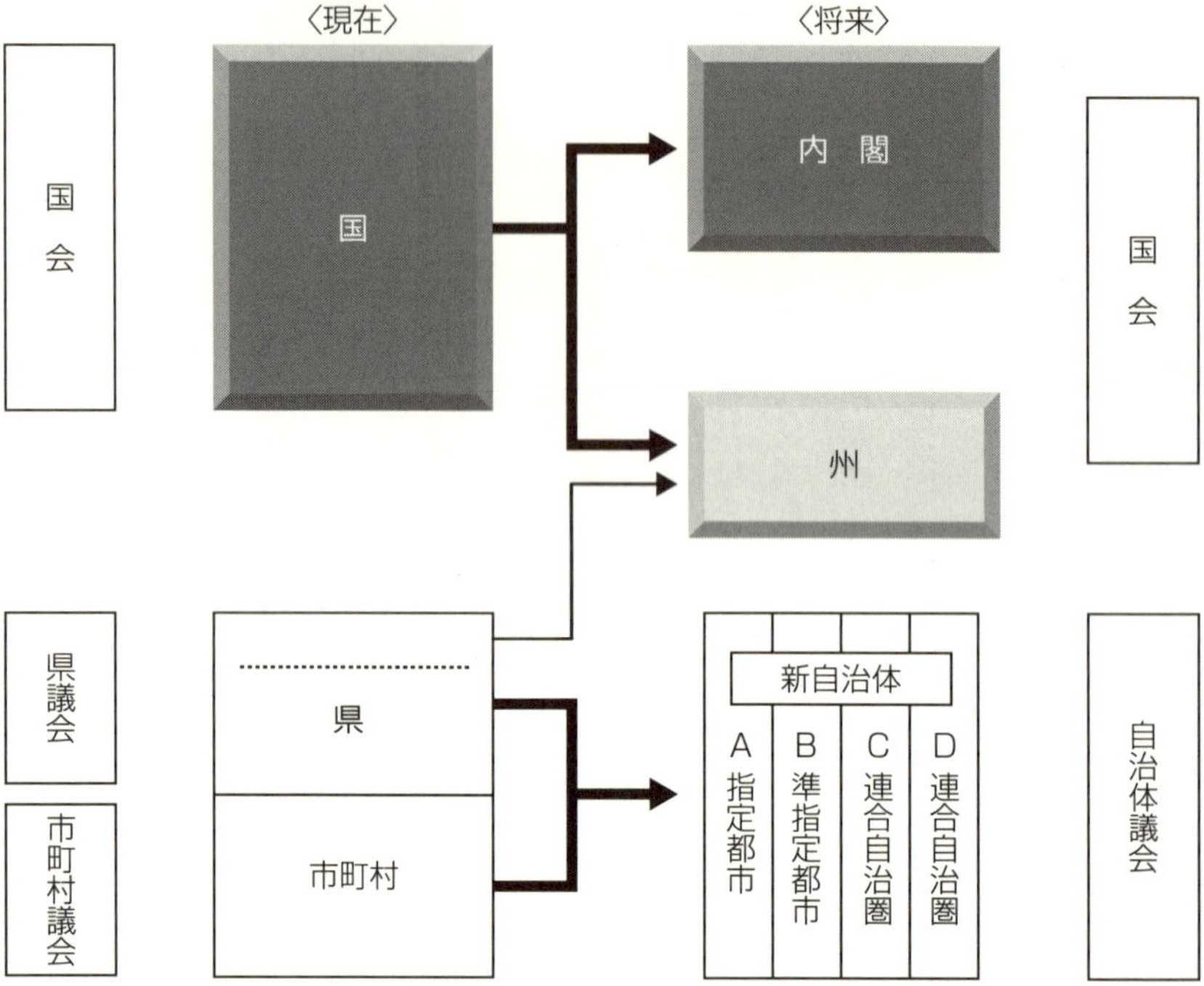

（注）国・県・市町村から州および新自治体への機能の移行を示す。なお、独自の州議会の設置については、過渡期経過後、決定する。

その設置を決定することとするのが適当であろう。

3 最後に、政治への民意の伝達結集のネットワークとしての「州民広場」がある。社会は、人々自身の手によってしか変えられない。そして、ここで提案する州民広場とは、何もヨーロッパにあるような物理的に実在する広場ということだけでなく、電子空間を含めた民意のネットワークであり、世論の形成機構である。これによって、民意がより密接に政府を動かし、社会を良くしていくことが可能になる。

中央と州の役割——州制度は国際戦略に強い中央への編成替えを促す

「中央は国家の統治、州は社会づくり・人づくり」の理念のもとに、中央と州の分担が決められる。このことで、中央は外交、防衛、治安、マクロ経済といった、国際問題や国家の存立の問題に比重を置くことになる。いま、変貌するアジアおよび世界の中での、二十年先、三十年先の日本の相対的な位置を考えると、国際戦略に強い中央政府の存在が、国民の切実な要求となる。

他方、内政は州が中心になり、教育、地域整備、産業・雇用、医療・福祉・生活、環境・防災などといった分野は、全国共通事項を除き州の仕事になる。そして、社会保険、年金、各種ナショナルミニマムの設定、超広域交通通信、地球環境、超広域防災などの全国的なインフラは中央政府が担当する。

公務員は各省割拠の枠を離れ、新しい人事制度の下で、中央と州間および各州間を幅広く異動できるシステムに支えられる。

州財政

州財政は、中央からの裁量に左右されない確実な収入財源と、州の自由な支出権限の保証が基本である。国税収入（特定税目）の一定割合を州全体の財源として法律に基づき確保し、その州別配分については、例えば、人口比を基礎に面積、気象条件等での若干の補正を加味して、全く自由裁量の余地のない、簡明直截な配分ルールとして法定する。

ここでの州は、あたかも連邦国家の形成とは逆方向の、日本という単一国家の国政の地域分割によって成立するものであり、もともと財政基盤は国税にある。地域主権としての課税権に基づく税収の州間格差は、ここでは存在する余地がない。もちろん、自由な支出権限によって州は限りなく独自性を発揮していく。（これは、州制度検討機関が設置される場合、そこでの重要な検討事項となろう）

州と併行して自立への自治体再編が必要

州制度の創設と併行して自治体の再編成を進めることが重要である。地方自治の基本は、基礎自治体の自立にある。現在の国・地方の膨大な借金財政を考えると、「自ら負担し、自ら決める」自立のための自治体の再編成は避けられない。その場合、基礎自治体である市町村の自立が目標になる。

政令指定都市は、すでに自立できているのに、県市二重の投資、二重負担の無駄が顕著である。まず県は、政令指定都市およびこれに次ぐ都市から手を引く。単独では自立できない他の市町村についても、市町村連合をつくって広域市町村圏として自立させていく。連合のマネージャーには、県または民間の専門家を導入して、地域経営にあたらせるという考え方もある。上に県を戴かない一層制の自治圏である。もちろん、これも短期間にはできない。十五～二十年の期間、ちょうど州制度が定着するまでの過渡的期間だけの期間が必要であろう。

県は、人材（職員）と財源を広域市町村圏に分割投入して、市町村の自立を手助けしていく。税収の極端に少ない市町村に対する最小限の市町村間の税収格差の調整措置が、所詮、必要になるだろう。

州制度は国と県の合作である

州は国や県の既存の組織の延長ではない。古いしがらみをもたない、全くの新設の組織である。そして、組織を構成する職員の面では、州は国・県の合作である。州を舞台に国・県の政策立案機能と実施運営機能のエキスパートが結合する。民間を含め適材適所で、希望をもって、新しい職場をつくる。州設置に伴う国や県の大規模な組織の改廃も、十五〜二十年間の過渡的期間を考えれば、現職員の解雇・失業を求める必要はないだろう。

州首長・県知事・政令指定都市の長の協力体制

市町村連合による広域の自立自治体をどうまとめていくかを考えるにあたっては、州首長、県知事、政令指定都市の長の三者でつくる州協議会の役割が重要になる。例えば、知事は、あの市町村はどのような性格で、財政力がどれだけかを熟知している。また州首長は、国民の租税負担率から考えて、税収の小さい自治体に与えることのできる税収調整額（地方交付税に替わる）の限度はどれくらいかを把握している。そういうなかで、関係市町村と押しつ戻しつしながら、一つの広域市町村圏をまとめていくのである。

(注) 県税と市町村税の合計額で基礎自治体の自立を図れるか、どれだけ不足するかを、まず検討する。

州制度と憲法改正

州の設置については、首長公選、内閣と州の関係、一つの州に適用する法律の制定と州選出国会議員の議決権の優越、州首長と議会のチェック機能との関係等について、憲法改正により、憲法上の位置づけを明確にすることが必要であろう。

図表3　州制度実現へのプロセス

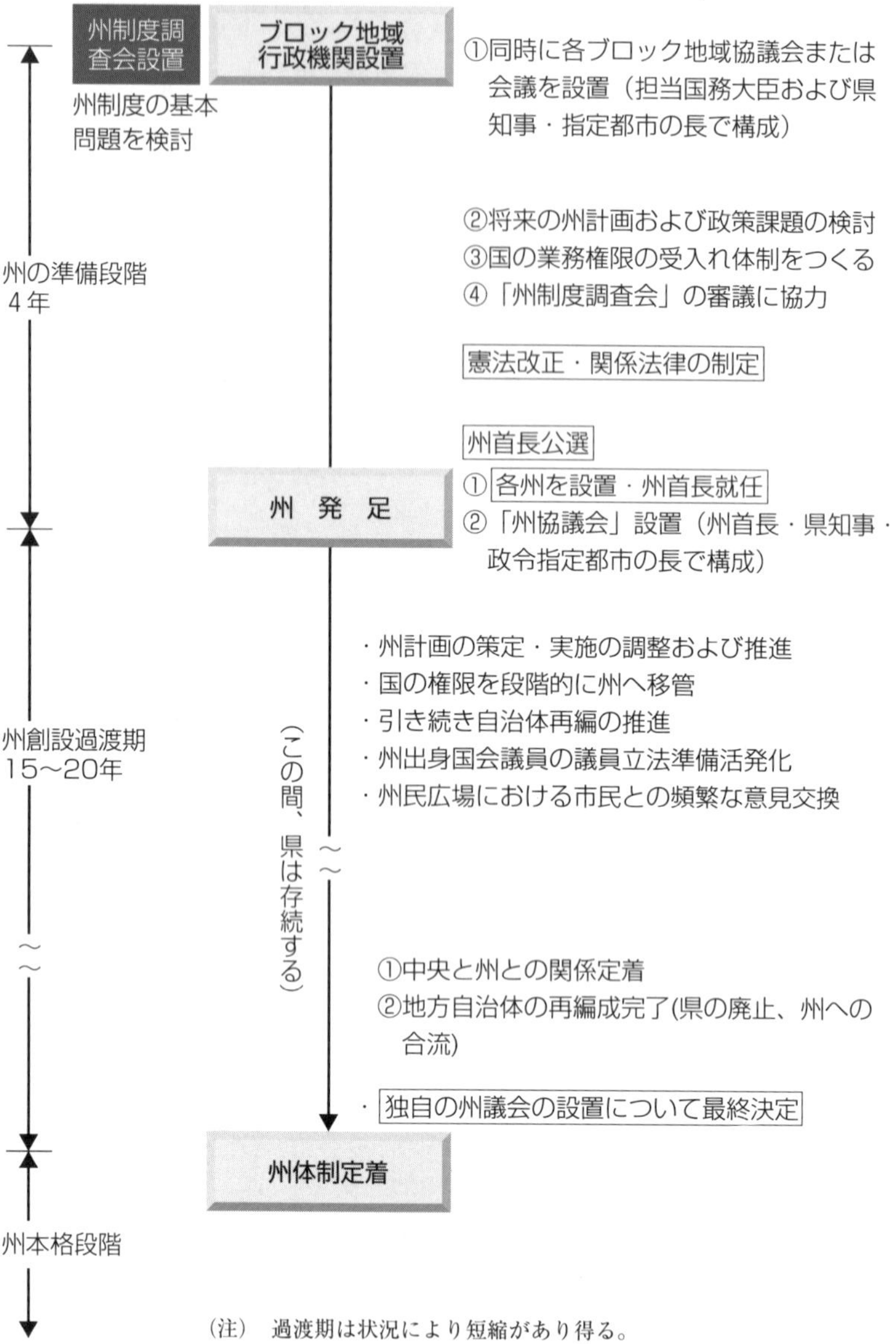
州制度調査会設置
州制度の基本問題を検討
ブロック地域行政機関設置
①同時に各ブロック地域協議会または会議を設置（担当国務大臣および県知事・指定都市の長で構成）
②将来の州計画および政策課題の検討
③国の業務権限の受入れ体制をつくる
④「州制度調査会」の審議に協力
憲法改正・関係法律の制定
州首長公選
州の準備段階
4年
州　発　足
①各州を設置・州首長就任
②「州協議会」設置（州首長・県知事・政令指定都市の長で構成）
・州計画の策定・実施の調整および推進
・国の権限を段階的に州へ移管
・引き続き自治体再編の推進
・州出身国会議員の議員立法準備活発化
・州民広場における市民との頻繁な意見交換
州創設過渡期
15～20年
（この間、県は存続する）
①中央と州との関係定着
②地方自治体の再編成完了(県の廃止、州への合流)
・独自の州議会の設置について最終決定
州体制定着
州本格段階

（注）　過渡期は状況により短縮があり得る。

4　州制度実現に向けて

州の準備段階が鍵

州制度を一挙に実現することは難しい。そのための段取りが必要である。

① まず、州が発足するまでの準備段階として、州制度の基本事項を、各界の識者によって、あらゆる角度から検討してもらう「州制度検討機関」——例えば「州制度調査会」の設置が必要である。

② そして同時に、各ブロック地域における、州の前座的な行政運営の機関ともなり得る政策・計画の策定実施を司る「ブロック地域行政機関」の設置が重要である。

ブロック地域行政機関は、総合的な地域の将来計画（人口、産業構造、地域再生等々）を策定し、実施を推進するために必要な法律案および予算案を作成する。内閣府の外局として設置される国の中央機関であるが、事務所を現地に置くことが重要である。

③ 同時に、「ブロック地域協議会」または「ブロック地域会議」を設ける。担当国務大臣および県知事、政令指定都市の長で構成する。州の将来の姿について、自由に討議し、合意事項はブロック地域計画に反映させる。

※本稿は、一九九八年十一月の日本都市問題会議例会で行った研究発表の整理記録をベースにしたものである。

四 高速道路の整備による豊かな交通環境の形成を求めて

堀江 興
Horie Koh
新潟工科大学名誉教授

1 不死鳥としての高速道路

一九四五年八月、一連の長かった戦争が終わったとき、国土は荒廃し、国民の生活は貧困のどん底にあった。加えて頻繁に起こる天災により、戦後復旧・復興事業は容易ではなかった。この惨憺とした状態のなかで、都市の再整備をはじめ、ダム・道路、長大橋梁、鉄道、河川、港湾、空港等の事業が細々と進められ、昭和三十年代からは高速道路や新幹線建設工事が本格化した。この結果、今日みるような国民生活の向上が果たされることとなった。

しかし、国民の生活環境全体が充足していくのに伴い、高速道路やダム建設に例をみるように、これ以上の整備は不要とする見方や考え方が、今日世論として形成されてきている。果たしてこの認識は正しいのであろうか。

本稿では、都市および国土の高速道路整備のあゆみを時系列的に、また並列的に述べ、世界の状況も視野に入れて、日本の未来にとって都市や国土の高速道路は不死鳥の如く、整備が不可欠であることを唱えるものである。

2 東京の高速道路計画

戦前の構想誕生

日本で最初に都市内高速道路計画が発想されたのは昭和初頭であった。内務省都市計画東京地方委員会に所属していた近藤謙三郎は、高速道路建設の必要性を悟り、輩下の石川栄耀と山田正男は、具体化に向けて研究に着手した。その結果、山田によって一九三八年に「内務省都市計画東京地方委員会案」が策定された。

この計画案は、東京を中心として、時速百キロメートルで走行できる放射・環状型の高速度道路網を形成しようとするものであった。山田はこの計画案実現のために必要な事業費や財源についてもマクロ的に試算している。

この成果が礎となって、昭和三十年代に、山田が中心になって東京の高速道路計画を新しく策定し、今日われわれが目にする姿となっている。

一方、山田の先輩にあたる石川栄耀も、東京の高速度自動車道路網を東京から半径四十キロ圏に拡げ、東京の工業分散と、均衡のとれた大都市圏構造の形成を図ろうと考えていた。

山田と石川に共通している考えは、「高速度自動車道路」を建設して、東京の都市・交通問題を総合的に解決していこうとするものであった。

写真　昔の面影がない銀座数寄屋橋の上空を通る無料の高速道路（筆者撮影）

戦後の民間第一号構想実現化へ

石川の構想は、戦後民間事業として動き始め、陽の目を見ることとなった。場所は現在の都心に位置する新橋から数寄屋橋を経て鍛冶橋・呉服橋方面に至る、江戸時代につくられた外濠であった。石川はこの濠の空間を一部使って、細長いビルを建設し、高速道路はこのビルと抱き合わせてつくろうとするものであった。その規模は、地上高さ四十五メートル、地下深さ十五メートル、延長千二百メートルに及ぶものであった。名付けてスカイウェイ（道路）とスカイビル（建物）とを合築させた「スカイセンター」と呼ぶ構造物であった。戦災で廃墟と化した都心部にこのような巨大なビルと高速道路をつくる考えは、当時としては奇想天外なものであったが、なぜか広く衆知させることはしなかった。

当時、石川は、戦後、東京都建設局都市計

画課長として戦災復興計画を進めていく責任あるポストにいたため、立場上表面に出ることは避け、財界の有力者を表にたてて、手続きが煩雑な都市計画法を使わずに、民間主導の無料で走れる自動車専用道路をこのビルにつくり出そうとするものであった。この道路はその後、自動車運送法という法律をあてはめて、通行する自動車の無料化を考えたり、多くの紆余曲折はあったが、戦後「君の名は」のラジオドラマで全国的に有名になった数寄屋橋の上空を現在走っている（写真参照）。今日でいう「民間活力」第一号ともいうべきものであるが、このことから後世、安井知事時代の都政七不思議の一つにされ、今もこの高速道路区間は無料で走ることができ、全国的に珍しいものである。

3 国家構想としての高速道路誕生

戦前の弾丸道路構想

紀元二六〇〇年にあたるとされた一九四〇年十月、近衛内閣は「国土計画設定要綱」を閣議決定した。これを受けて内務省は国内の重要道路網の選定等に着手し、三か年計画の樹立を目指した。背景としては、当時ドイツのヒットラー政権がすでに長距離のアウトバーンを建設していたことや、アメリカでも一九二〇年代からターンパイクが整備されており、日本がこの状況に触発されていたためである。

内務省は、戦争最中の一九四三年五月に、北海道から九州に至る総延長五千四百九十キロメートル、工事費六十五億円に及ぶ自動車国道網計画を策定した。これが世にいう「弾丸道路」であった。しかし戦況が悪化したため、この計画調査は一九四四年に打ち切られている。

衝撃を受けたワトキンス報告

一九五〇年五月に「国土総合開発法」が公布されたことから、建設省は一九五一年十二月、東京—神戸間の高速自動車道調査を始めた。この結果、総工事費は概ね千百四十二億円になるとの試算が出された。これは当時の国土全体の道路整備費七十二億円の十六倍に相当するものであった。このため建設省は、一九五二年から五六年にかけて、アメリカから複数の専門家グループを招聘し、高速道路計画の妥当性について診断を求めた。

これら専門家グループのなかで、一九五六年五月から八十日間にわたって綿密な調査をしたラルフ・J・ワトキンス調査団一行は、国に報告書を提出したが、内容は衝撃的なものであった。曰く「日本の道路は信じがたいほど悪い。工業国にして、これほど完全に道路網を無視してきた国は日本の他にない」と。

日本は国家統一された明治時代から、道路整備にはなぜか不熱心で、浮世絵から美しい日本を連想して来日した外国人からも嘲笑されたり厳しく指摘されてきていたのである。一九二三年九月の関東大震災以前の東京の主たる道路舗装率は「九牛の一毛」にも例えられるほどわずかであった。晴天の風の強い日は、道路が渾名の「馬糞風」となって吹きまくり、雨天の日は、膝まで泥水がつかる道が少なくなかった。ましてや東京以外の都市の場合は推して知るべしであった。戦後、連合軍総司令部もこの状態を見かねて日本政府に是正を求める書簡を出しているが、道路舗装は遅々として進まなかった。ワトキンス調査団が来日したときも、日本の一級国道の舗装率は二三%、二級国道や都道府県道にいたっては、わずか四～一〇%程度であったので、調査団が驚いたのは無理もない。

名神高速道路開通へ

一九五六年四月に日本道路公団が発足し、五七年四月に「国土開発縦貫自動車道建設法」が公布され、ワトキンス調査団の指摘に従い、名神高速道路建設の道が開かれた。

その結果、世界銀行からの借款によって一九六三年七月、日本道路公団は名神高速道路の尼崎―栗東間七十一キロメートルの工事を完成させ、一九六五年七月には小牧―西宮間約百九十キロメートルを全線開通させている。これが日本の都市と都市を結ぶ都市間高速道路の幕開けとなったのである。

その後、日本道路公団による高速道路の全国的ネットワーク化は大きく進展した。また一九七〇年五月の法律で本州四国連絡橋公団が創設され、三本の長大橋も建設され、日本の高速道路ネットワーク化はさらに進むこととなった。

その結果、日本国全体で現在約八千八百キロメートル余の高速道路がつくられ、目標とする一万四千キロメートルの高速道路整備へと進んできた。しかし二〇〇四年六月以降、後述するように事態が大きく変わることとなった。

4　東京の高速道路計画・建設の始動

首都高速道路計画・建設に向けて

東京の高速道路計画が本格的に検討され始めたのは一九五二年であった。一九五三年四月、国の機関である首都建設委員会が「首都高速道路に関する計画」として、五放射線一環状線延長四十九キロメートルを官報で公告しているが、その内容はかなり粗っぽいものである。

しかし一九五五年十二月、東京都建設局都市計画部長の任に着いた前述の山田正男が、都独自の計画案を早々に策定し始めた。

おそらく山田の意向が働いたと思われるが、一九五七年七月、建設省は「東京都市計画都市高速道路に関する基本方針」を決定している。これは首都建設委員会の公告をベースとして、都が策定した案を斟酌して作成されたものであり、山田の思想をほとんど採り入れたものといえる。

山田独自の計画案は、都の案として急速な転回をみせ、一九五九年八月、八路線、延長七十一キロメートル余に及ぶ都市高速道路が決定された。その範囲は、東京区部西側をとり巻く環状六号線（山手通り）と東側荒川放水路の内側に限られていた（一号線のみ羽田空港に計画が及んでいる）。

千載一遇の東京オリンピック大会

国や都は、山田が策定した高速道路を早急に事業化する必要性に迫られていた。その最大の理由は、一九六四年十月に第十八回国際オリンピック大会を東京で開催することが一九五九年に決定されていたためである。国や都は日本の威信、東京の名誉にかけて、世界の信頼に応えるためにも、オリンピック開催に必要な高速道路の建設を急速に進めることとなった。幸い同年六月、国や都等の出資によって首都高速道路公団を設立していたので、同公団が急ピッチで建設事業を進め、一九六二年十二月には東京都中央区京橋―港区芝浦間四・五キロメートルが、日本で初めて都市内高速道路として開通した。

東京では、この高速道路事業のほか、主要幹線道路、上下水道施設、新幹線、地下鉄、モノレール、競技施設等の工事が各事業者によって一斉に昼夜兼行で進められた。そのため東京のまちは当時、鉱山現場といわれるほどの建設状況であった。そして一九六四年十月、これらのプロジェクトは完成し、無事にオリンピック開催を成功させ、世界に日本の力を示すことができたのであった。

拡大を続けていく都市高速道路

前述したように一九五九年八月に都市高速道路が決定された後、今日に至るまでの約半世紀の間、首都高速道路としての整備は、東京、神奈川、埼玉、千葉の一都三県に領域が拡大した。二〇〇六年十月現在の供用総延長は約二百八十七キロメートル、車の一日利用台数は百十五万台に達している。

首都高速道路は、東京の都市機能が密集している地域につくられてきているため、世界にも例を見ないほどの線型計画、構造設計、工法等に工夫が凝らされており、今後、ネットワークの拡大、技術力アップが見込まれる。

5 阪神高速道路計画・建設の立ち上げ

東京に負けたくない西の雄を目指して

大阪も東京と同じように、市街地の幹線道路の交通渋滞が一九五〇年代後半から増大していたため、解決策として一日も早い都市内高速道路の建設に迫られていた。東京で首都高速道路公団が設立されたことに関西地区の関係機関や団体は触発され、阪神地区高速道路協議会によって都市高速道路や幹線道路等の調査、研究、計画が進められた。その結果、高速道路導入の必要性が確認され、一九六二年五月に阪神高速道路公団が設立された。

阪神地区高速道路協議会の当初の建設計画案は、九路線約百四十二キロメートルであったが、そのうち八路線約五十八キロメートルが緊急整備路線として絞り込まれた。この結果、一九六二年九月、「大阪地区」および「神戸地区」について、五路線五二・四キロメートルが都市計画決定されている。

この阪神高速道路の計画で目をひくことがある。それは大阪都心部の環状線が片側二～四車線で構成され、東京にはない一方向の通行形態をとっていることで、よく考えられた交通システムになっていることである。

最大の好機到来

東京が国際オリンピック大会開催という千載一遇の幸運を得て、高速道路整備が急速に進められたのと同様に、大阪では一九七〇年三月から九月までの間「日本万国博覧会」が千里丘陵で開催されることとなった。このため一九六七年から三か年で七路線七九・四キロメートルの高速道路整備が必要となり、総額三千七百二十五億円が集中投資され、日本万国博覧会は成功をおさめている。わずか三か年で、これほどの整備ができたことは特記に値するといえよう。

環境問題の台頭

阪神高速道路も首都高速道路と同じように、国際的イベント成功への任務が終了した後、引き続き都市内高速道路網形成に向けて事業が進められた。しかし、その道程は決して平坦なものではなかった。とりわけ高速道路沿道住民との軋轢や住民訴訟は、その箇所や問題の所在にもよるが、解決に多くの時間とエネルギーが必要であった。このことは首都高速道路についても同様であるが、神奈川県川崎市内の大気汚染訴訟の場合は、司法の段階で和解に至っているケースもある。

おそらく阪神圏、首都圏とも今後、住民との争いが避けられない地域や地区が新しく出てくると考えられるが、可能な限り双方とも深刻な対立状態で多くの時間を費消しないように、当事者間で可能な限りの対話を十分に重ねていくしかないであろう。

大地震発生と将来への対策

一九九五年一月に発生したマグニチュード七・二の兵庫県南部地震が阪神地域に大きな被害を与えたことは記憶に新しい。この予期しなかった地震により、阪神高速道路神戸線や湾岸線は大きな被害を蒙り、首都高速道路および他の公団や公社が建設してきた高速道路の安全性にも警鐘を鳴らすこととなった。各公団は株式会社に生まれ変わった今日も引き続き安全策の一つとして、高速道路の橋脚部分や床板をつなぐ箇所について補強策を怠りなく講じてきている。しかし、過去に地中深くつくられたフーチングと呼ばれる基礎部分とその下部の基礎柱の補強については、すべて地面あるいは水中を掘り返して地震対策を講じるのは不可能であり、有効な抜本的対策をとることは技術的に困難である。地震が起こってみなければ被害が発生するか否かわからないのが現実である。

ネットワーク拡大化へ

阪神高速道路は、二〇〇六年七月現在、約二百三十四キロメートルが供用されており、一日の利用台数は約九十万台を数えるに至っている。しかしこれだけでは不十分なため、今後に向けて新たな事業が展開されている。

6 日本の二大都市圏の高速道路拡大に向けて

首都圏ネットワーク

首都圏の全体高速道路ネットワークを模式的に示したのが図表1である。このなかから中央環状新宿・品川線、東京外郭環状道路および首都圏中央連絡自動車道についての概略を述べる。

① 高速道路中央環状新宿・品川線

本線は東京都板橋区熊野町から目黒区青葉台四丁目に至る中央環状新宿線と、目黒区青葉台四丁目から品川区八潮三丁目に至る中央環状品川線によって構成され（法律的手続内容とは多少差異がある）、全長二〇・四キロメートルに及ぶトンネル式の高速道路で、すでに工事が進められている。

この高速道路のうち、中央環状新宿線は環状六号線の幹線道路上空を利用して高架方式で建設する予定であった。しかし、昭和四十年代に当時の美濃部亮吉東京都知事の意向で、高速道路の整備が遅れていた東京東部地域の建設を先行させたため、今日まで整備がされてこなかった。昭和六十年代に入り、東京北部地域の「王子線」建設の目途がついた段階で、この中央環状新宿線は環境対策上、技術的に可能な地下トンネル構造方式に変更することとなり、一九九〇年八月と二〇〇四年十一月の二回に分けて計画が決定されたものである。地上部の環状六号線が予定されている箇所は幅員二十二メートルを四十メートルにす

図表１　首都圏の高速道路網イメージ（実線は完成、点線は一部工事中）

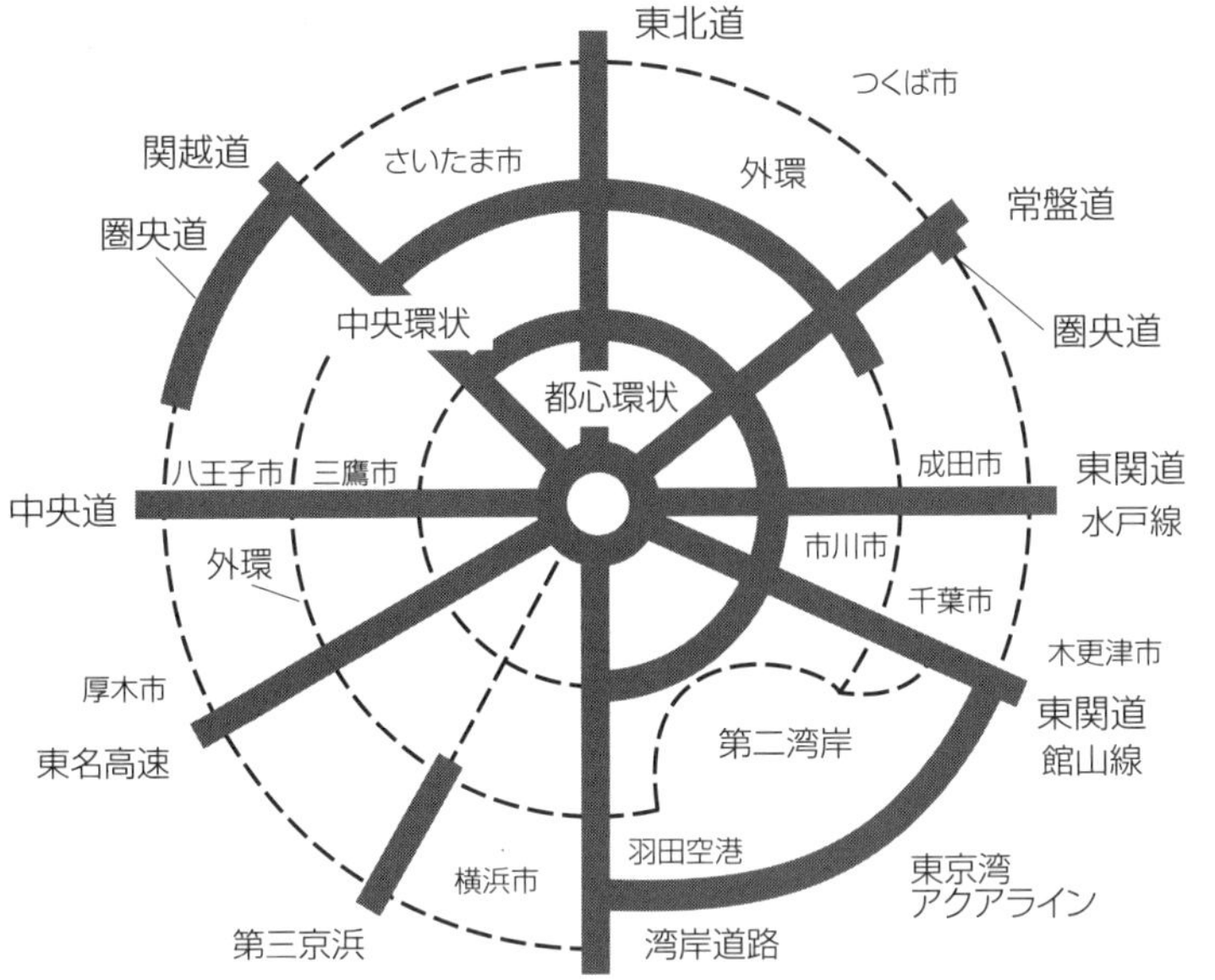

（出所）国土交通省資料

る拡幅工事が進められており、将来は快適な道路環境が生み出されることが期待できる（図表２、図表３参照）。もし可能ならば、都市計画手法や建築規制で、フランスのパリのような均整のとれた建物によって沿道が美しく修景され、住民の努力で日本の代表的なまちなみにつくられることを、筆者なりの夢として地元住民説明会で要望したが、結果的にそうなってきていないことが惜しまれる。

なお、目黒区大橋一丁目地区は、中央環状新宿線と東名高速道路方向に走る首都高速三号渋谷線が接続することから、高速道路と高層ビルが一体となった大規模再開発モデル事業が進められている。

② 東京外郭環状道路

東京外郭環状道路は、都心から十五キロメートル圏を周辺三県を含め、環状方向に結ぶ総延長約八十五キロメートルの

図表２　首都高速中央環状新宿・品川線イメージ

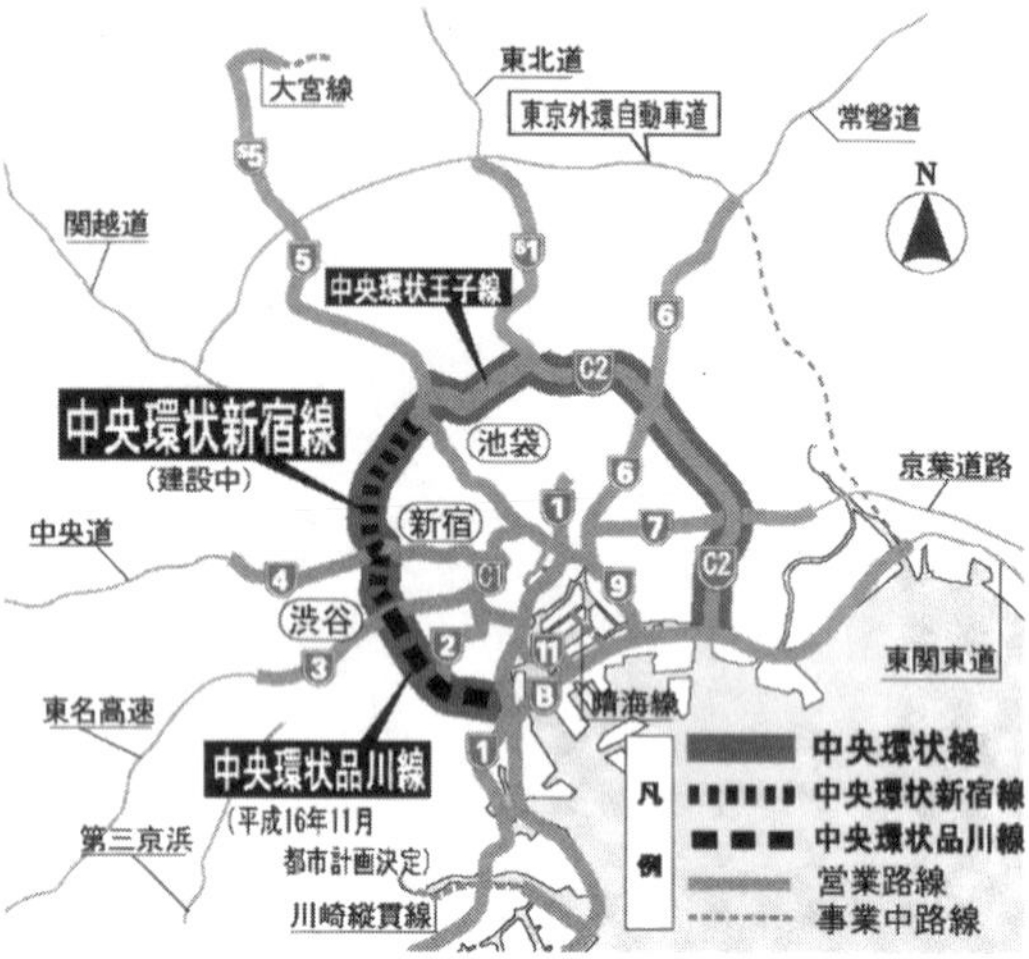

（出所）首都高速道路㈱「会社案内」パンフレット

図表３　首都高速中央環状新宿線イメージ（環状６号線街路との一体的整備）

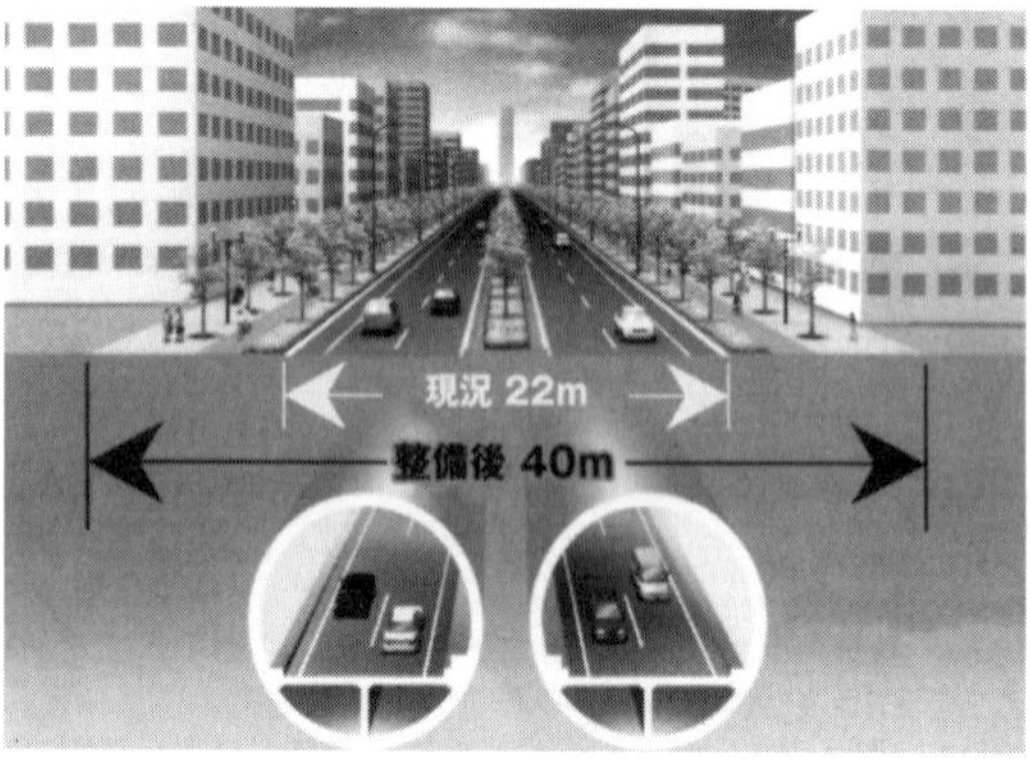

（注）・起　終　点：目黒区青葉台四丁目〜板橋区熊野町
・延　　　長：11Km
・道路規格等：〔規格〕２種２級〔車線数〕４車線
〔設計速度〕60Km／h
・出 入 口 数：５箇所
・換 気 所 数：９箇所

（出所）図表２と同じ

自動車専用道路である。このうち、東京都分約十六キロメートルについては、一九六六年七月に都市計画決定されているが、計画発表当初から住民の反対が強く、国会においても、かつて建設大臣による事業の凍結発言等があったため、今日まで練馬区内で関越道と接続する一部完成分を除き、未着工の状態が続いていた。

当初の計画決定から四十年以上を経た今日、この東京外郭環状道路部分は、基本的に地下トンネル構造で建設する計画案に変えられ、地元調整が進められている。

③　首都圏中央連絡自動車道

首都圏中央連絡自動車道（通称「圏央道」）は、東京中心部から半径約四十〜六十キロメートルの位置に計画されたもので、神奈川・埼玉・茨城・千葉の四県を含む総延長約三百キロメートルの高規格幹線道路である。この「圏央道」は都心からの放射状道路をつなぐ環状の高速道路で、完成すると東京の交通分散化に大きく寄与すると考えられている（図表4参照）。

このうち東京都に関しては、一九八九年三月および一九九七年二月に約二四・六キロメートルが都市計画決定され工事が進められている。

この圏央道計画は、東京都のほか神奈川県の一部で根強い住民反対があり、今後の事業は難航が予想されるが、首都圏全体の交通機能にとって重要な高規格道路である。

京阪神のネットワーク

①　大阪地区の都市再生環状道路

大阪都市再生環状道路とは、大阪市を中心とする延長約六十キロメートルの環状道路で、湾岸線、淀川

図表4　首都圏中央連絡自動車道（圏央道）全体構成

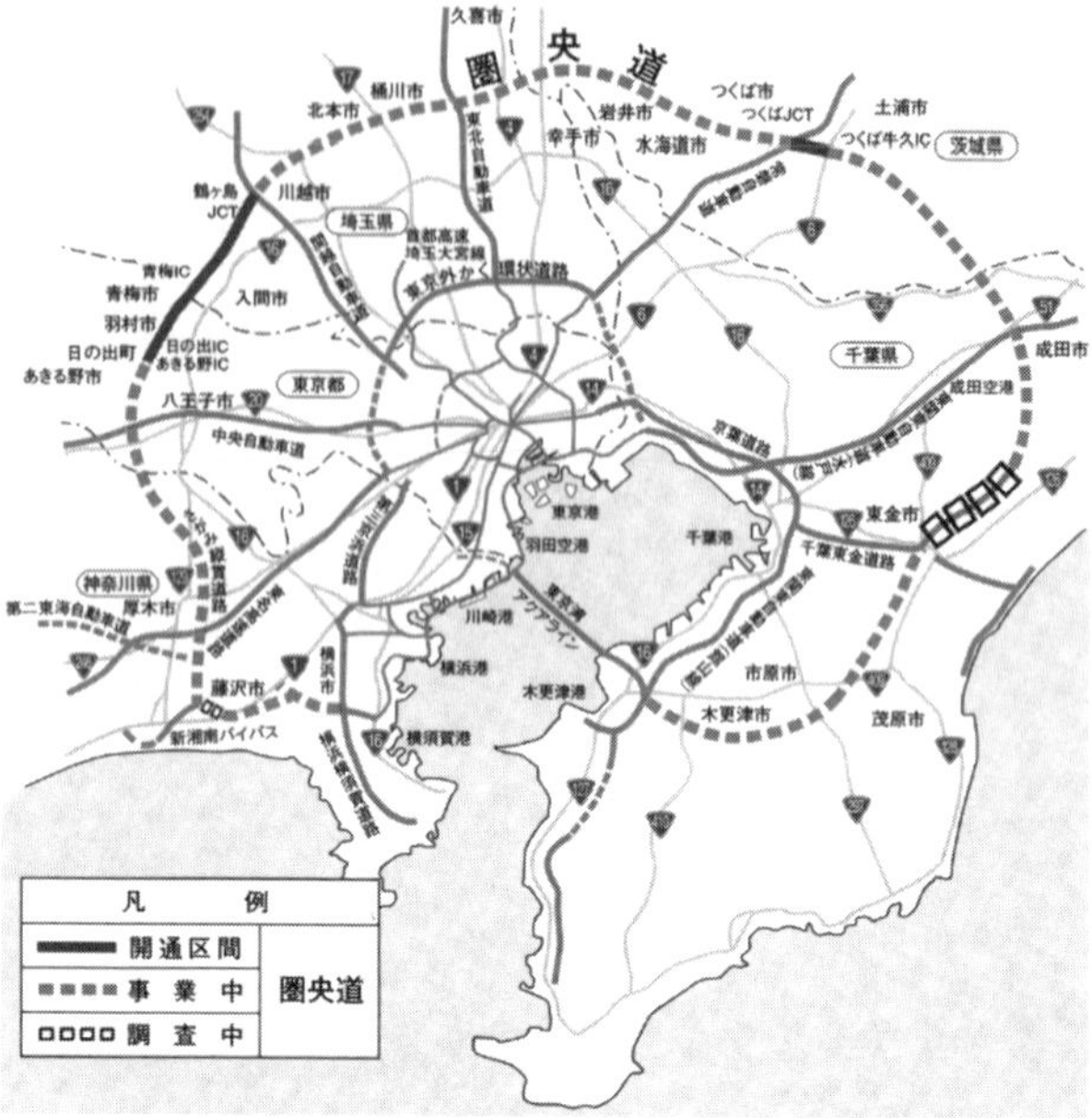

（注）　起終点：神奈川県横浜市～千葉県木更津市

延　長：約300Km

車線数：４～６車線

（出所）　圏央道　in Tama

左岸線、近畿道および大和川線等で構成されるもので、内閣の都市再生本部によって、二〇〇一年七月に位置づけられている。図表5にイメージ図を示す。

将来、この道路と大阪湾岸道路が完成すると、現在の一号環状線（都心環状線）や三号神戸線の交通負荷が大きく軽減され、阪神高速道路の渋滞解消や経済効果の上昇、環境改善が期待できるとみられている。

このプロジェクトのうち淀川左岸（一期）は、阪神高速5号湾岸線と阪神高速3号線とを結ぶ延長五・七キロメートルの自動車専用道路である。従来の計画は掘割構造であったが、これを覆蓋構造に変更し、排気ガスや騒音の低減化

図表5　大阪都市再生環状道路（延長約60Km）イメージ

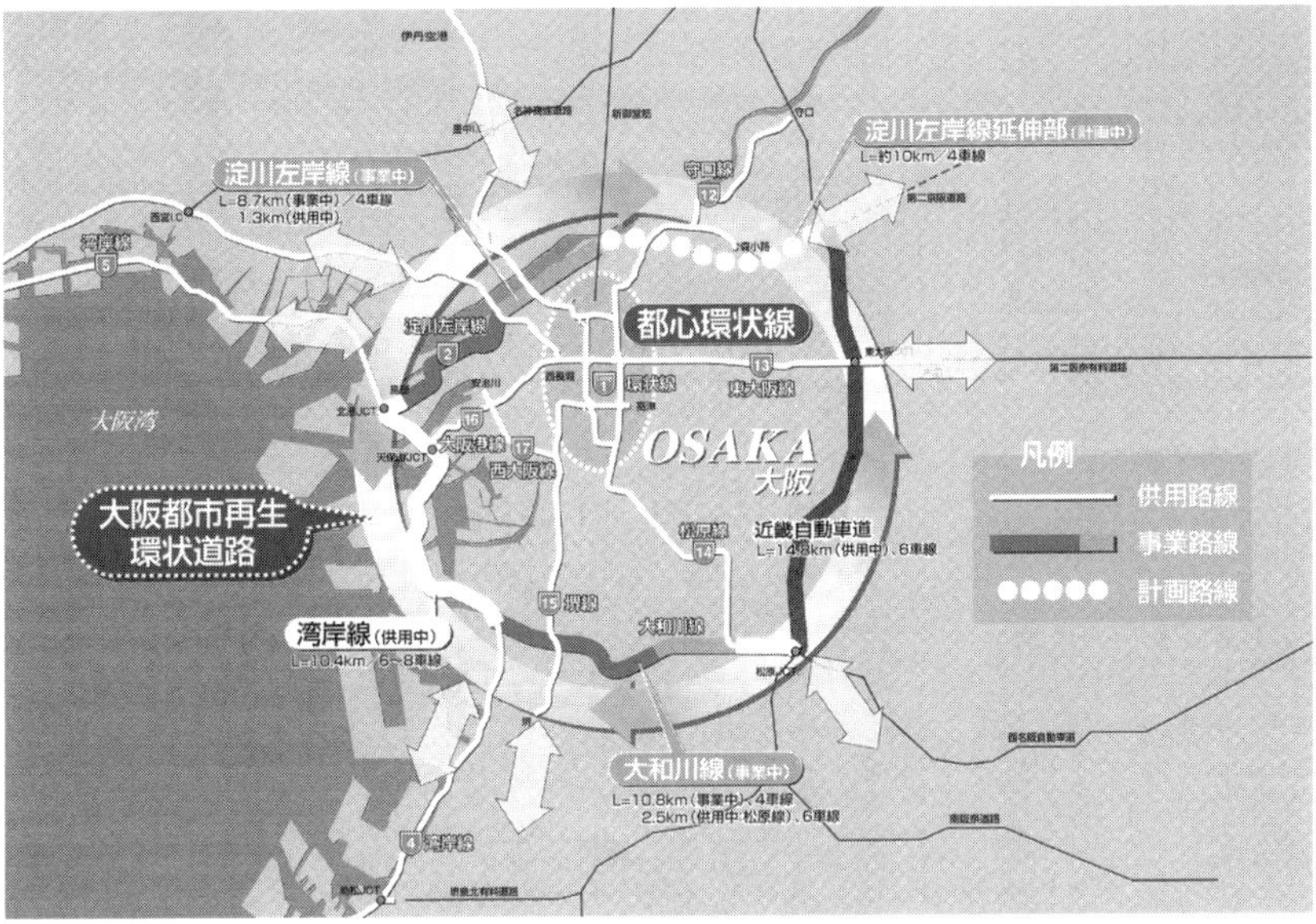

（出所）阪神高速道路の新渋滞対策アクションプログラム（阪神高速道路㈱）

をはかるとともに、新しくつくられる地上部には、延長約二・六キロメートルの歩行者専用道をつくる計画となっている。これらの事業は阪神高速道路㈱と大阪市が事業を進めていくことになっている。

さらにこの一期の延長線にあたる淀川左岸線（二期）は、湾岸線と新御堂筋を結ぶ延長約十キロメートルの自動車専用道路の一部（約四・三キロメートル）を構成するもので、地下構造部を東行きと西行きに完全分離させたり、淀川のスーパー堤防との整合をはかることによって、治水上の目的もあわせて達成させることを目論んでいる。大和川線は、大和川の左岸に計画されているが、道路構造は地下、掘割で構成されており、スーパー堤防との一体整備が考えられており、三宝ジャンクション計画は大きな変更が考えられている。

このように日本ならではの計画と技術の真髄が大都市大阪で示されているが、これらのプロジェクトの実現には多くの時間が見込まれる（高速道路二号線〈神戸山手線〉と京都高速道路については割愛する）。

7―外国の大都市圏高速道路の事例

世界の多くの大都市圏では、放射・環状型で高速道路が整備されている。この点は外国の都市のほうが日本よりもかなり進んでいる。外国の都市でも建設当初は日本と同じように、まず放射型の整備を進めているが、途中早い段階で環状型の整備も同様に進めてきている。

代表的なものとしては、パリ、ロンドン、ベルリン、ワシントンＤＣ、ローマ、モスクワ、北京をあげることができる。このうちモスクワと北京を除く首都の環状高速道路の整備率は、ワシントンＤＣ、ロンドン、ローマの各都市とも一〇〇％、ベルリン九七％、パリ八四％となっているが、すでに交通量は飽和状態になっており、将来さらに環状道路の整備が必要になってくると考えられる。日本の首都東京を含む首都圏の場合は、満足に整備された環状の高速道路はなく、わずか延長距離で三五％にしか過ぎない（図表6参照）。

これらの首都のうち、東京と比較的環状高速道路のパターンが類似しているといわれるパリの場合、市をとりまいた旧城壁跡地を一九六〇年代から活用化し始め、四十年をかけて「ペリフェリック」と呼ばれる環状高速道路につくり変えた。また、このペリフェリックから西約七キロメートル離れた郊外には、Ａ八六号線と呼ばれる延長約八十キロメートルの環状高速道路が住民の合意が整い完成を目指して現在、建設中である。さらに外側にはフランシリエンヌと呼ばれる延長約百二十キロメートルの高速道路の計画も

図表6　世界の主要都市の環状道路整備状況

首都圏

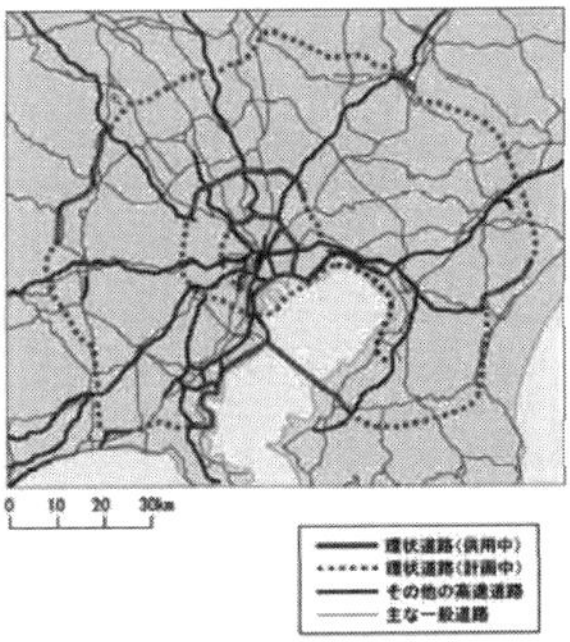

延長：2006年３月調査
人口：2005年３月調査

計画延長	521km
供用延長	180km
整備率	35%
人　口：2,857万人	
人口密度：4,459人/km²	

パ　リ

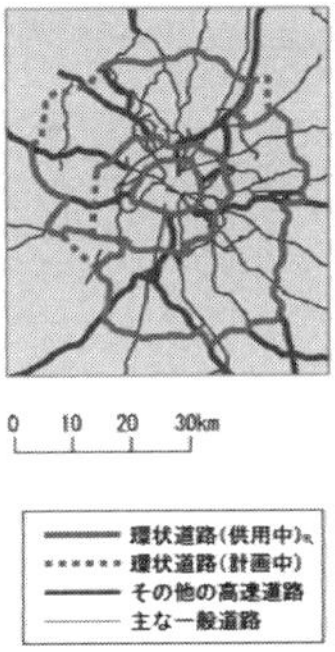

延長：2006年調査
人口：1999年調査

計画延長	313km
供用延長	262km
整備率	84%
人　口：861万人	
人口密度：4,482人/km²	

ロンドン

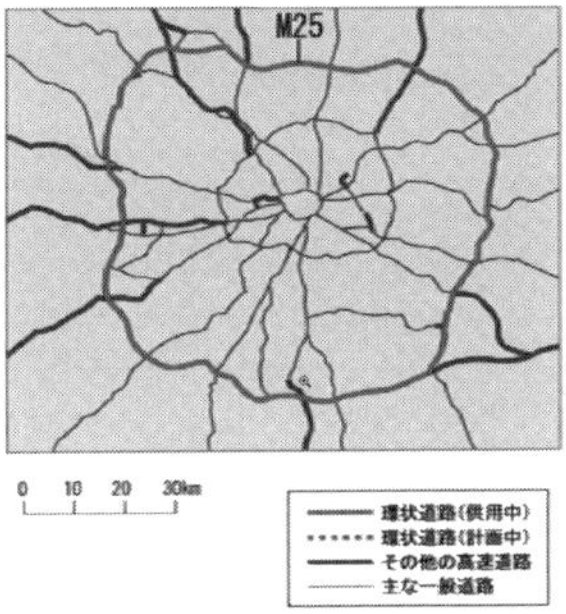

延長：2003年調査
人口：2004年調査

計画延長	188km
供用延長	188km
整備率	100%
人　口：906万人	
人口密度：2,208人/km²	

ベルリン

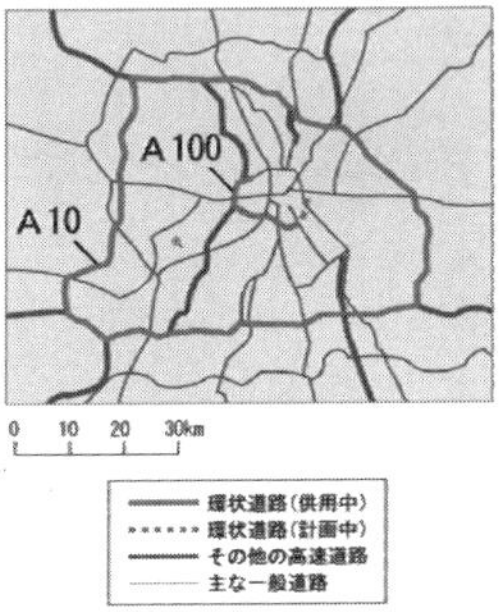

延長：2006年調査
人口：2003年末調査

計画延長	222km
供用延長	216km
整備率	97%
人　口：419万人	
人口密度：994人/km²	

ローマ

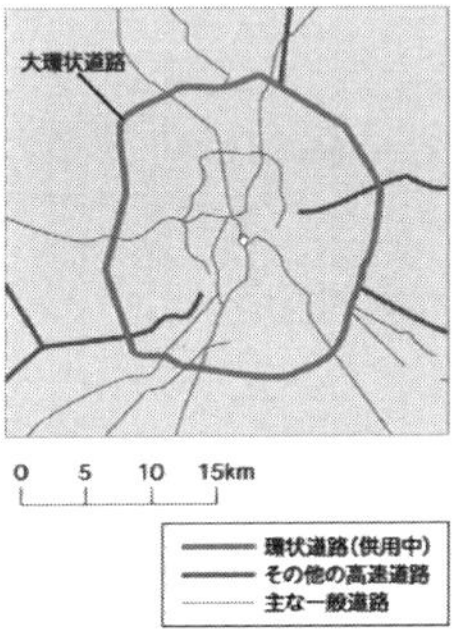

延長：2000年調査
人口：2001年調査

計画延長	68km
供用延長	68km
整備率	100%
人　口：255万人	
人口密度：1,982人/km²	

ワシントンD.C

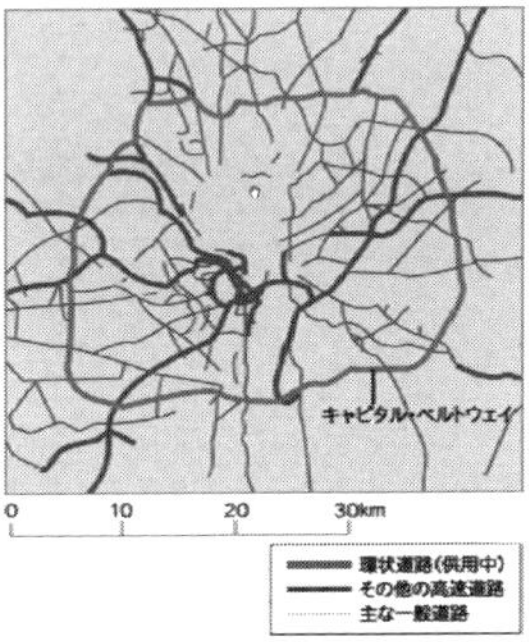

延長：1998年調査
人口：2000年調査

計画延長	103km
供用延長	103km
整備率	100%
人　口：57万人	
人口密度：3,596人/km²	

（出所）　国土交通省資料

図表7　1994年から2004年に至る日本と外国の高速道路整備比較（km）

	1994年	2004年	年平均増加量（km/年）
日　本	5,930 （1996年3月）	7,389 （2006年3月）	146
アメリカ	87,816	91,420	360
フランス	7,956	10,509	255
ドイツ	11,143	12,174	103

（出所）国土交通省資料

あり、事業が動き始めている。

このように外国の首都では、放射・環状型の高速道路が比較的よく整備されているが、日本の首都圏とりわけ東京圏では環状道路の整備が大幅に立ち遅れており、大きな問題であるといわざるを得ない。

8　急がれる国土交通体系の確立

日本の国土全体の交通体系を高速道路の建設によって確立させることは不可欠である。**図表7**に日本と他国の高速道路整備状況の比較を示す。このなかでアメリカやドイツの高速道路整備延長が群を抜いていることがわかる。これは両国とも第二次世界大戦以前から高速道路の整備を進めてきたことによると思われる。年平均増加量を見るとドイツは少ないが、過去から現在までの整備努力を考えると将来は楽観できる。フランスの場合は、一九六〇年代から積極的に建設を進めてきており、年平均整備の量も大きく、よく健闘していることが伺える。

この欧米の例に反し、**図表7**からもわかるように、日本の場合は一九六三年に名神高速道路の一部が開通して以来半世紀近くになるが、整備量は引き続き小さい。一層の努力が必要である。

9　少子・高齢化社会に向けての高速道路の必要性

日本では少子・高齢化社会が急速に進行している。国立社会保障・人口問題研究所の調査によると、日本の合計特殊出生率が下がり続けてきていることなどから、二〇五〇年には、日本の国民の三人に一人が八十歳以上で占められる老人社会になると予測されている。この他にも多くの将来分析がされているが、日本の将来が力強さを保持していくうえで、この予測や分析に基づく未来社会は明るくない。近い将来、日本は少子・高齢化社会に対応する政策比重を高めていかざるを得ず、おのずと高速道路のインフラ整備の減少が予想され、国力の低下につながることが懸念される。国力を増強するためには全国的な高速道路網の整備・完成を可能な限り急ぐことが求められる。

10　新体制下の高速道路整備

日本の都市間高速道路は、半世紀以上にわたり、日本道路公団等によって建設されてきたことは前述したとおりである。そのうち高規格幹線道路の総延長は現在、八千八百八キロメートルに及んでいるが、将来ネットワーク一万四千キロメートルに到達するのには、さらなる努力が必要である。二〇〇六年二月に開催された「第二回国土開発幹線自動車道建設会議」は、高規格幹線道路一万四千キロメートルのうち「整備計画区間」として指定している九千三百四十二キロメートルの未開通部分千九百七十五キロメートルの整備主体を決定している。それによると千百五十三キロメートルについては、二〇〇五年十月に日本道路公団に代って創立された東日本・中日本・西日本高速道路株式会社が「有料道路方式」で整備していくこと、残る八百二十二キロメートルについては、地域住民の暮らしと安全などを守る観点から、国自らが「新直轄方式」で整備することに決定されている。

一方、二〇〇五年十月、首都高速道路公団および阪神高速道路公団も民営化され、今後、首都高速道路㈱および阪神高速道路㈱が前公団の業務のうち建設管理を引き継いでいくこととなった。一方、「独立行政法人日本高速道路保有・債務返済機構」も十月に設立されて所掌業務にあたることとなった。

ここに至るまでには、二〇〇一年秋から政府の「四公団民営化推進委員会」で熾烈な議論が交されてきたのであるが、今後は、いま述べた新しい体制による高速道路整備の成り行きを注意深く見守っていかざるを得ない。詳細は避けるが、筆者個人としては今後の高速道路建設の推進や管理運営等の調整で多くの困難が予想されると考えている。

また、各公団時代の職員には当時多くの士気がみなぎっていたが、今は全体に静まり返っている観があるので、新会社のリーダーたちが常に大きな夢や希望を新社員に与え続け、社会が〝なるほど〟と評価する成果が出せるように一丸となって高速道路整備に邁進させていくことが大切であると考える。

11　存続が必要な道路特定財源制度

政府は一九五四年五月、第一次道路整備五箇年計画を決定し、総額二千六百億円の予算で全国的な道路整備を始め、現在は平成十五年度を初年度とする十三次五箇年計画、総額三十八兆円の規模で事業が進められている。この目的達成のために、一九五四年から道路特定財源制度が引き続き先人の知恵として運用されてきている。

そもそもこの道路特定財源制度は、受益者である自動車利用者が道路整備に必要な費用を負担する当然の制度であり、合理性、公平性、安定性の理念にかなうものであると評価できる。この制度は一九五四年の揮発油税創設によって特定財源化されたのを契機として、その後、地方道路譲与税、軽油引取税、石油ガス税、自動車取得税、自動車重量税が、国と地方で目的に応じて徴収・配分されてきているが、この制度があったゆえに、日本は世界の国々から大幅に立ち遅れていた道路整備を大幅に改善させてきたといえる。

しかしながら、この先人の知恵が生み出した結晶ともいえる貴重な道路特定財源制度を一般財源化するべきだとの論調が、政治やマスコミの一部によって最近主張されている。

日本の道路整備水準は、一見充足されているように思えるが、先進諸国と比較してあまりにも不十分である。もし一般財源化すると、現行の消費税を完全な目的税にしてこなかったことに例を見るように、言葉は適切でないかもしれないが、国家予算の不足分の一部の穴埋めに使われることとなり、今後の道路整備の進展がおぼつかなくなる可能性がある。およそ明治時代以来、日本の毎年の国家や地方予算が十分であったなどということは一度もなかったし、今後もないといえる。日本に限らず世界の国々でも同じことである。

一方、国土交通省の行政資料によれば、国および地方の年間道路整備費は、一九九二年をピークに二十年前の一九八七年当時に下がっており、今後の成り行きが懸念される。前述した「3　国家構想としての高速道路誕生」の中で、日本は明治時代から道路整備が常に遅れてきていることを筆者は指摘したが、グローバル化している今の日本の力の根幹であるべき高速道路や道路の整備は、推進されていかなければならないといえる。

日本の社会は急速な少子・高齢化社会に進んでいくことが明らかに予想されていくなかで、道路特定財源制度によって道路や都市の整備を進めていくことは重要である。日本が様々な国際的競争から脱落していかないためには、日本の経済力アップにとって不可欠な高速道路整備は明らかに必要であり、道路特定財源制度の存続は不可欠である。

12 さらなる飛翔を求めて

日本の道路や高速道路整備のあゆみをみると、あまりにも多くの時間と費用を必要としてきている。日本は災害の多い国土であるが、災害の少ない他の先進諸国のように高速道路の整備が進んでいれば、日本の国土構造はより盤石な重みをもったものになっていたと想像はしつつも、国土や都市社会がめまぐるしく変化を遂げていく今日、その変化に十分応えていけるだけの道路や高速道路の整備は、やはり不可欠である。

最近、これ以上の道路や高速道路の整備はムダという声が聞こえてくるが、ムダといえる道路や高速道路はないと考えられる。各々の道路や高速道路には、それなりの応分の機能や役割が存在しており、一面的に判断することは避けなければならないといえる。

近隣諸国は高速道路整備が、国力や経済力アップの妙薬であることをよく認識している。日本も熾烈な国家間競争、とりわけ近隣諸国からのいわゆる追い上げに負けるわけにはいかない。めまぐるしく変わる世界情勢を正しく認識し、より広い国際的視野と深い洞察力を持って高速道路整備のためにさらなる飛翔を求めて、対処していくことが必要であると考える。

謝辞

本稿の記述にあたっては、多くの人から関連参考資料の提供と多くの貴重なコメントをいただいた。とりわけ、国土交通省道路局企画課長 岡本博、東京都建設局道路監 道家孝行、同建設局道路建設計画課長 西倉鉄也、都市整備局参事 山口明、同都市基盤部外かく環状道路担当課長 山下幸俊、同部職員、首都高速道路㈱計画・環境部長 吉兼秀典、阪神高速道路㈱計画部長 大井健一郎の各氏には深謝申し上げる。

なお、本稿中の所見は、筆者個人の責に帰するものであることを付言する。

主要参考文献・資料（順不同）

・国土交通省編『国土交通白書（二〇〇六）』、二〇〇六年四月
・国土交通省道路局企画課「「使える」ハイウェイ政策の推進に向けて」、二〇〇五年二月
・全国高速道路建設協議会『高速道路便覧（二〇〇五）』、二〇〇五年六月
・同右『見えてきた高速道路ネットワーク効果』、二〇〇二年十月
・国土交通省作成内部資料
・同右『高速道路二〇〇六』
・川勝平太監修、日経コンストラクション編『環状道路の時代』日経ＢＰ社、二〇〇六年四月
・国土交通省道路局、国土交通省都市・地域整備局「平成十八年度道路関係予算概算」、二〇〇六年一月
・国土交通省道路局「第四回社会資本研究会説明資料」、二〇〇六年四月
・東京都都市整備局・同建設局（中央環状線・外かく環状線・首都圏中央連絡自動車道資料）

・日本道路公団『日本道路公団三十年史』、一九八六年四月
・首都高速道路公団『首都高速道路公団史』、二〇〇五年九月
・阪神高速道路公団史編集委員会『阪神高速道路公団史』、二〇〇五年九月
・㈳日本道路協会『日本道路史』、一九七七年十月
・首都高速道路㈱「首都高速道路㈱作成資料」（二〇〇六年分）
・阪神高速道路㈱「阪神高速道路㈱作成資料」（二〇〇六年分）
・山田正男『時の流れ都市の流れ』都市研究所、一九七三年五月
・堀江興「東京の幹線道路形成に関する史的研究」一九九〇年九月（平成二年度都市計画学会論文賞受賞）
・堀江興「戦後の東京の民間会社による外濠高速道路建設経緯」『土木学会土木史研究』一九九四年六月（平成六年度土木学会論文賞受賞）

五 中国の都市と国土

――これからの都市化の課題を探る

阿部 和彦
Abe Kazuhiko
㈶日本開発構想研究所

1 中国の都市化をめぐる課題

中国の急激な都市化、国土利用の変貌の過程を見ると、戦後日本が経験した様々な課題に加え、世界経済の新たな段階に対応した課題に直面しており、戦後日本の反省を踏まえて、有効な課題解決方策を提案すべきではないかと考えた。中国が適正な国土利用・都市化の歩みを進めることは、中国にとってのみならず、日本および東アジア、ひいては世界全体、地球全体にとって極めて重要な課題である。

現在、中国が抱えている国土・都市のあり方をめぐる諸問題としては以下のようなものがあげられる。

① 環境問題への対応（大気汚染、水質汚濁、水資源問題、森林の減少、砂漠化の進展）。日本は高度経済成長期の公害問題を克服し、いまだに豊かな「森の文明」を維持している。

② エネルギー消費の抑制（自動車利用の抑制、公共交通網の整備）。地球の石油資源の問題であり、地球環境問題への最も有効な対応策でもある。

③ 食料自給体制の維持（都市的土地利用と農業的土地利用の調整、農業・農民・農村のあり方等）。日本

は農村の安定、農民の所得水準の向上には成功したが、食料自給率を維持することに基本的に失敗した。

④　所得格差、地域格差の是正（社会的安定、国内市場の拡大のためには、所得格差、地域格差の是正は必要）。日本では地域の均衡ある発展、地域格差の是正については極めて成功している。

⑤　無秩序な都市の膨張、無個性な都市の形成の防止（歴史的環境、地域の個性の維持）。

これらの課題を意識しつつ、持続可能な国土・都市のあり方について若干の考察を試みる。

2　中国の都市化の現段階と日本との比較

中国の都市化の経緯

一九七八年十二月に鄧小平の指導の下に始められた改革開放後、急速な経済発展が生じ、それに伴い都市化が進展した。八〇年代の経済発展は、農村を基盤にした農村工業化であり、郷鎮企業の拡大であったため、都市化は主として農村の「城鎮化」として生じている。統計的には九〇年代前半は、省内での農村部から都市部への人口移動が中心で、中小規模の都市が拡大している。

一九九二年の鄧小平の南巡講話、江沢民・朱鎔基政権下での再度の改革開放の推進、社会主義市場経済体制への移行のなかで、九五年以降都市化が加速した。この時期の経済発展は、外資系企業への門戸開放、外資系企業の拡大によってもたらされている。これらの企業が大都市のインフラを活用できる地域に工場等を立地させたところから大都市圏の拡大が生じ、メガロポリス化が進展した。統計的には九〇年代後半に全体の人口移動が拡大、そのなかで省間の人口移動も拡大、内陸部（中部）から沿海部（東部）への人口移動が大きくなっている。

日本との比較

都市化と一次産業の比率について日本と比較してみると、ほぼ四十年の差があるように見える（図表1参照）。

・二〇〇一年の中国のWTO加盟と、一九五五年の日本のGATT（WTOの前身）への加入
・二〇〇八年の北京オリンピックの開催と、一九六四年の東京オリンピックの開催
・二〇一〇年の上海万博開催と、一九七〇年の大阪万博開催

以上の点が相似しており、国際的に開放された貿易体制への移行や国際的なイベントの開催が、経済規模の拡大、産業構造の高度化、所得水準の上昇のなかで生じた都市化の一定の段階で行われていると理解できる。

中国における都市化の現段階

経済発展に伴って、産業構造が一次産業から二次・三次産業へと比重を移していくにつれて、都市人口の割合が拡大している（二〇〇五年で二次・三次産業就業者の割合が五三・九％、都市人口の割合が四三・二％。「中国統計年鑑二〇〇五」より推計）。

農村人口は一九九五年まではわずかであるが増え続け、その後の十年間で一・二億人の減少に転じ、七・四億人となっている。城鎮人口は一貫して増大しており、一九九五年以降は二・一億人増加して五・六

図表1　中国と日本の都市化の比較

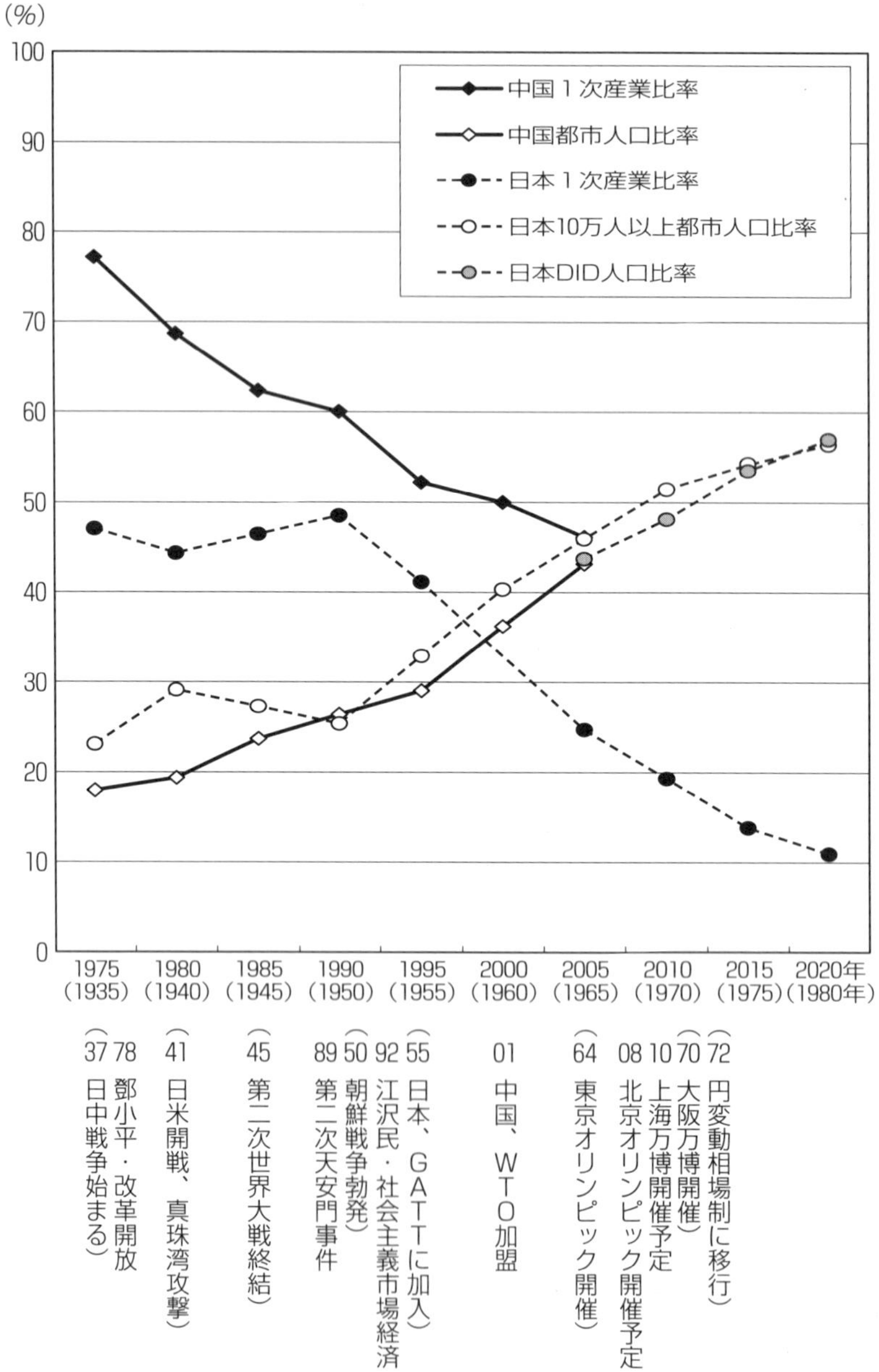
(%)
100
90
80
70
60
50
40
30
20
10
0
中国１次産業比率
中国都市人口比率
日本１次産業比率
日本10万人以上都市人口比率
日本DID人口比率
1975 (1935)
1980 (1940)
1985 (1945)
1990 (1950)
1995 (1955)
2000 (1960)
2005 (1965)
2010 (1970)
2015 (1975)
2020年 (1980年)
(37 日中戦争始まる)
78 鄧小平・改革開放
(41 日米開戦、真珠湾攻撃)
(45 第二次世界大戦終結)
89 第二次天安門事件
(50 朝鮮戦争勃発)
92 江沢民・社会主義市場経済
(55 日本、GATTに加入)
01 中国、WTO加盟
(64 東京オリンピック開催)
08 北京オリンピック開催予定
10 上海万博開催予定
(70 大阪万博開催)
(72 円変動相場制に移行)

億人となっている。この統計に表れていない数値として、この他に農村からの出稼ぎ「農民工」が約一・四億人いるといわれている。

都市人口、城鎮人口の増大に伴って、都市地域、城鎮地域の拡大が生じている。都市地域は中国の統計では建成区面積（城鎮あるいは城市市轄区）としてとられており、城鎮の建成区面積は、二〇〇三年で二・八三万平方キロメートルあり、国土面積の約〇・三%を占める。この他に、全国の各種開発区が六千七百か所強、三・七五万平方キロメートルあるといわれており、建成区面積を凌駕している。

都市化、城鎮化は、経済発展の必然的な流れで、それを抑えることはできない。ただし、都市化、城鎮化はその地域の有する自然・気候条件、自然・気候条件等に規定された農耕の形態、歴史的な都市の形成経緯等により、その姿は多様に展開する。

急速に都市化が進展している現在の中国において、自然・気候条件等に規定された都市化、城鎮化の姿を考察し、地域の条件に適合した都市化の形態を考察することは、今後の国土計画、都市のあり方を考える上で重要な視点になるものと思われる。

3　中国におけるゾーン別の自然条件と都市化の特徴

都市の発展要因の考察

都市の発展を考える上で、基本的に以下の条件を考慮する必要がある。

①　自然・気候条件…気温や降雨量・乾燥度等。水資源の状況（河川）。自然地形としての平地の広がり。

②　土壌条件、農耕・牧畜文化、農業集落形態の違い…稲作文化（泥の文明）、麦作・牧畜文化（石の文明）、玉蜀黍・牧畜文化（新大陸の文明）、遊牧文化（砂の文明）。
③　都市形成の歴史…人間居住の歴史、都市形成の要因、その後の歴史。
④　近代産業の立地（都市との関わり）…どの産業の時代に近代化・都市化が生じたか。綿工業、鉄鋼業、電気・電子産業、自動車産業。
⑤　自動車の普及と都市の郊外化（大都市圏の形成が可能になる）。
⑥　情報化の進展…情報関連産業（ソフトウェア産業等）の立地、就労形態の変化。

中国におけるゾーン別の自然・気候条件と都市化の特徴

都市の発展要因のうち、①自然・気候条件については、中国の場合、自然地理区域という区分がある。それによると、大きくは次の三つの区域に区分される（図表2参照）。
一．東部季風区域、二．西北干旱区域、三．西蔵高寒区域
さらに、東部季風区域は以下の四つに区分される。
⑴東北湿潤半湿潤温帯地区、⑵華北湿潤半湿潤暖温帯地区、⑶華中・華南湿潤亜熱帯地区、⑷華南熱帯湿潤地区
この区分を尊重しつつ、②土壌条件・農耕文化の違いと沿海、内陸といった交通条件を加味して、中国の地域を六つに区分し、都市化の特徴を探ってみた（図表3、4参照）。

図表2　中国自然地理区域

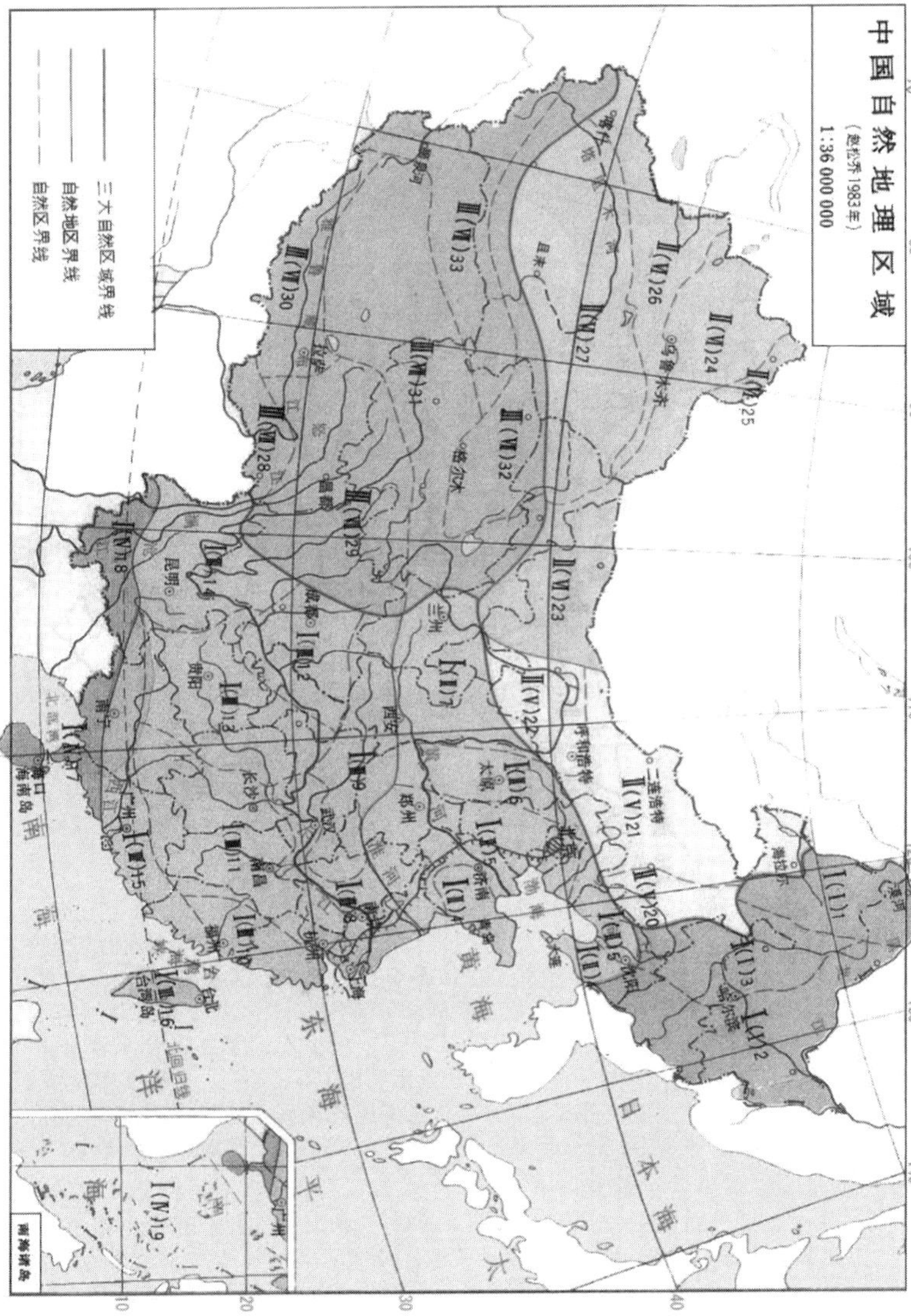

（出所）『中国自然地理図集』中国地図出版社編成出版 1998

図表3　中国におけるゾーン別の自然・気候条件と都市化の特徴

ゾーン	都市化の特徴と今後の都市化の方向
①東北湿潤半湿潤温帯地区3省 遼寧省、吉林省、黒龍江省 玉蜀黍（高粱）と牧畜（新大陸の文明）	ゾーン全体の人口密度は139人/km²と低いが、城市市轄区人口の全人口に占める割合は34.5%と高く、都市化が進んでいる。また、市轄区における農業人口の割合が20.9%と低く、農村と都市の区分が比較的明確である。50万人以上の大城市（市轄区総人口）に居住する人口の比率は31.4%で、6ゾーンのなかでは最も高く、大都市化が進んでいる。 今後の都市化の方向としては、城市内市轄区の人口密度を高め、農村と都市の区分が明確な大城市、特大城市、超大城市を形成していく方向が考えられる。気候区や農耕文化との類似性からすると、アメリカの中西部やロシア東部の都市化のパターンである。
②華北湿潤半湿潤暖温帯地区7省 北京市、天津市、河北省、山西省、山東省、河南省、陝西省 麦作と牧畜（石の文明）	ゾーン全体の人口密度は395人/km²とかなり高いが、城市市轄区人口の全人口に占める割合は25.6%と、6ゾーンのなかでは3番目で全国平均並である。また、市轄区における農業人口の割合は39.2%（北京市、天津市を除く5省では42.0%）であり、西南ゾーン、内陸ゾーンほどではないが農村と都市の区分が明確でない。北京市、天津市を抱えているにもかかわらず、50万人以上の大城市（市轄区総人口）に居住する人口の比率は24.6%で、大都市化が進んでいるとはいえない。 今後の都市化の方向としては、北京、天津大都市圏との連携のなかで、城市内市轄区の高い人口密度を維持・発展させ、農村と都市の区分が明確な特色ある中小城市を形成していく方向が考えられる。気候区や農耕文化との類似性からすると、イギリス、ドイツ、フランス等の北ヨーロッパ型の都市化のパターンである。
③華中・華南沿海湿潤亜熱帯地区6省 上海市、江蘇省、浙江省、福建省、広東省、海南省 稲作と漁労（泥の文明）	工業化が急速に進み、それに対応して都市化が進んでいる。ゾーン全体の人口密度は529人/km²と6ゾーンのなかで最も高い。城市市轄区人口の全人口に占める割合は30.9%と東北ゾーンに次いで高い。また、市轄区における農業人口の割合は39.6%あり、西南ゾーン、内陸ゾーンほどではないが農村と都市の区分が明確でない。上海市を抱えていることもあり、50万人以上の大城市に居住する人口の比率は28.9%（上海市を除く5省では25.7%）と東北ゾーンに次いで高く、大都市化が進んでいる。 今後の都市化の方向としては、城市内市轄区の高い人口密度を維持・発展させつつ、農村と都市との区分を明確にすることが難しい地域であることを前提に、連担した大都市圏、メガロポリスを形成していく方向が考えられる。気候区や農耕文化との類似性からすると、日本の太平洋沿岸、東海道沿道の3大都市圏で展開された都市化のパターンである。

ゾーン	都市化の特徴と今後の都市化の方向
④華中・華南内陸湿潤亜熱帯地区5省 安徽省、江西省、湖北省、湖南省、広西チワン族自治区 稲作と漁労 （泥の文明）	華中・華南の沿海ゾーンほど工業化が進んでおらず、第1次産業に依存した地域になっている。ゾーン全体の人口密度は296人/km^{2}と比較的高い。城市市轄区人口の全人口に占める割合は23.1%とそれほど高くなく、都市化の進展は遅い。また、市轄区における農業人口の割合が51.7%もあり、農村と都市が混在している。50万人以上の大城市（市轄区総人口）に居住する人口の比率は20.9%と高くなく、大都市化はまだ進んでいない。 今後の都市化の方向としては、城市内市轄区の人口密度を高めつつ、農村と都市との区分を明確にすることが難しい地域であることを前提に、中小城市、大城市等の都市のヒエラルキーを形成していく方向が考えられる。気候区や農耕文化との類似性からすると、日本の3大都市圏以外の地方圏で展開された都市化のパターンである。
⑤西南湿潤亜熱帯盆地高原地区4省 重慶市、四川省、貴州省、雲南省 稲作、麦作、玉蜀黍の栽培が混在	ゾーン全体の人口密度が177人/km^{2}と低く、第1次産業への依存度が大きいため、都市化（人口、就業人口ベース）の進展は6ゾーンのなかで最も遅い。城市市轄区人口の全人口に占める割合は20.1%と低い。また、城市の中心部である市轄区において農業人口の割合が58.7%もあり、農村と都市が混在している。50万人以上の大城市（市轄区総人口）に居住する人口の比率は19.3%と高くなく、大都市化していない。 今後の都市化の方向としては、城市内市轄区の人口密度を高めつつ、農村と都市との区分を明確にすることが難しい地域であることを前提に、特色ある中小城市、大城市を形成していく方向が考えられる。気候区や農耕文化との類似性からは、先進地域の類似の都市化のパターンは見つけづらいが、日本の地方圏で展開された都市化のパターンは参考になる。
⑥西北乾燥・西蔵高寒区域6省 内蒙古自治区、西蔵自治区、甘粛省、青海省、寧夏回族自治区、新疆ウイグル自治区 かつては遊牧（砂の文明）	ゾーン全体の人口密度が16人/km^{2}と極めて低く、都市化があまり進んでいない。城市市轄区人口の全人口に占める割合は20.3%と低い。また、市轄区における農業人口の割合は40.3%ある。50万人以上の大城市に居住する人口の比率は15.1%と高くなく、大都市化が進んでいない。 今後の都市化の方向としては、城市市轄区の人口密度を高め、都市の消費に対応する農業をも取り込んだ中小城市、大城市を形成していく方向が考えられる。気候区や農耕文化との類似性からすると、西北乾燥区域は中東や中央アジア地域の都市化のパターンである。西蔵高寒区域については類似の都市化のパターンは見つけづらい（強いてあげれば南米アンデス山地が類似している）。

図表４　ゾーン別就業・産業構造、土地利用・農耕形態、都市化（2003～2004年）

ゾーン 人口・就業・所得	年末総人口 2004年 センサス ベース（万人）	増加総人口 1990～2004 （万人）	就業構成 第一：第二 第三	１人当たり 生産総額 （元/人）
東北地区３省	10,938	1,004	43:22:35	11,844
華北地区７省	35,652	4,427	47:25:28	10,532
華中・華南沿海６省	28,760	6,631	32:33:35	16,563
華中・華南内陸５省	27,812	2,736	52:17:31	7,040
西南高原地区４省	20,145	2,488	57:15:28	5,723
西北・西蔵地区６省	8,660	1,629	55:15:30	7,266
全　国　計	131,967	18,915	47:22:31	10,271

ゾーン 都市化	人口密度 全地区 （人/平方公理）	城市市轄区 人口比 （%）	城市市轄区内 農業人口割合 （%）	大城市以上 城市人口比 （%）
東北地区３省	138.6	34.5%	20.9%	31.4%
華北地区７省	394.8	25.6%	39.2%	24.6%
華中・華南沿海６省	528.7	30.9%	39.6%	28.9%
華中・華南内陸５省	295.6	23.1%	51.7%	20.9%
西南高原地区４省	176.9	20.1%	58.7%	19.3%
西北・西蔵地区６省	16.4	20.3%	40.3%	15.1%
全　国　計	137.4	25.6%	42.2%	23.8%

ゾーン 農耕形態	経営耕地面積 ／第一次産業 就業人員（ha）	水稲／食料作 物作付面積 （%）	小麦／食料作 物作付面積 （%）	玉蜀黍／食料 作物作付面積 （%）
東北地区３省	0.850	17.8%	8.1%	44.6%
華北地区７省	0.314	3.2%	44.6%	30.1%
華中・華南沿海６省	0.217	59.7%	18.2%	4.9%
華中・華南内陸５省	0.207	59.6%	15.4%	8.0%
西南高原地区４省	0.173	26.8%	21.6%	21.5%
西北・西蔵地区６省	0.772	2.4%	36.4%	23.5%
全　国　計	0.311	27.5%	26.2%	22.2%

4 中国における都市化

中国における都市化を考える場合、国土・空間計画的視点、大都市圏計画的視点、それに個別の都市に焦点を当てたアプローチが考えられる。ここでは前二者について考察する。

国土・空間計画的視点①…地域の自然・気候条件等を踏まえた都市システムの構築

工業を中心とした高度経済成長期、産業構造が急速に高度化する現在の中国においては、「中国都市発展報告」にあるように、三大都市群（珠江、長江、環渤海湾）、七大都市帯、各中心都市を整備することを中心に、都市化に対応していくことになろう。

ただし、これらの都市化は、地域の自然・気候条件等に規定されて、それぞれの地域に適合した形態で進むことになると思われる。また、持続可能な都市化をめざすとすれば、地域の自然・気候条件等に適合した都市化を政策的に推進する必要がある。

たとえば、都市人口比率については、一般に「石の文明」といわれる西欧の先進地域においては、イタリアを除き、七五〜九〇%になるが、「泥の文明」の日本では、経済的に先進的であるにもかかわらず、六五%止まりである。新大陸のアメリカは八〇%、オーストラリアは九二%である。

国土・空間計画的視点②…地域間の所得格差の拡大への対応

中国では最も所得の高い上海市と最も所得の低い貴州省の間で、一三・一倍の格差がある。日本では最も所得の高い東京都と最も所得の低い沖縄県の格差は二・一倍である。

日本はこの地域間の所得格差是正、地域の均衡ある発展に成功し、内需の拡大を通じて、新たな経済の発展段階に進むことができた。所得の低い地域から高い地域への急激な人口移動（それによって所得の平準化が進む）、公共投資や地方交付税等による財政移転等、製造業の地方への誘導（工業再配置）、米価政策を中心にした手厚い農業、農村対策によって、地域の均衡ある発展を図ってきた。

中国の場合、人口の移動が日本ほど自由ではなく、所得平準化の最大の手段を活かすことが容易ではないが、公共投資、財政移転等の日本の施策の経験を活かしつつ、所得格差の是正を図っていく必要がある。

国土・空間計画的視点③…食料自給の観点からする都市と農村・農業のあり方

農業については、それぞれのゾーンの自然・気候条件を踏まえた適切な政策の選択が必要で、大規模経営や兼業主体の農業、大都市近郊農業や商品作物を中心とした農業等を多様に展開していく必要がある。

日本においては、戦後の農地解放による大量の自作農の創出以降、食料不足に対応して新たな農地開発を進めつつ、兼業農家化、米価の維持、公共投資の投入等により農民と農村の生活安定に腐心してきた。しかしながら、その後に展開された大規模農業化もはかばかしく進まず、現在、総合食料自給率（カロリーベース）は四〇％にまで低下しており、自国の食料生産には基本的に失敗している。

中国では、適正な土地利用、農業施策を行いつつ、食料が自給できるような国づくりをすべきである。

大都市圏計画的視点①…農業的土地利用が混在したアジア的大都市の整備

中国においては都市のことを「城市」と呼んでいるように、都市とそれを囲む城壁とは密接不可分な関係にある。ヨーロッパと異なり、平地の河のほとりなどに四角か矩形の城を設ける形が一般的である。

こうした前近代の城市を核に、城市の中やその周辺の地域、開発区等に、国営企業や郷鎮企業、そして近代的な外資系企業等が立地し、新しい都市圏を形成している。その際、特に華中・華南の稲作地帯において顕著であるが、大都市圏の内部に大量に農業的土地利用を抱え込むことになる。

農業的土地利用を抱え込みながら城市が拡大することは、欧米の土地利用が純化された都市とは異なり、都市圏内の都市基盤（特に下水道）、公園緑地、公共交通のあり方等に大きく影響する。

「泥の文明」下に形成されたアジア的大都市の特質を踏まえた都市政策・都市計画が必要である。

大都市圏計画的視点②…近代化・広域化する大都市圏に対応した公共交通網の整備

中国の大都市では、これまでは大都市圏内でも比較的職住が近接したコミュニティが形成されていた。国営企業や官庁、軍等が、職場、住宅、福利厚生施設等をワンセットで供給していたことに象徴されるように、生活圏レベルで都市型コミュニティが完結していた。

こうした生活圏の構造が随所で崩れ、近代化していくことに伴い、否応なく生活圏の広域化が進んでいる。それに伴い、交通手段も徒歩・自転車からバスや乗り合い自動車に急速に変化している。

日本の大都市圏においては、その拡大過程に対応して郊外鉄道や地下鉄を整備しており、濃密な公共交通網を生み出している。そうした経験を活かして、大都市圏の広域化・近代化に対応した計画的で十分な公共交通網の整備が必須である。

大都市圏計画的視点③…大都市圏における成長管理の必要性

都市化の移行過程においては、大都市圏、大都市等における人口・機能の受け入れ能力の課題（都市・交通基盤整備、都市財政、土地・水・環境等の制約）が顕在化する。産業構造の高度化に対応して増加する都市人口を受け入れることを基本としつつ、都市化が定常状態で安定する時期をも見据えた大都市圏の適切な成長管理が必要である。

情報社会を迎える段階では、中枢的な大都市圏での世界都市機能の整備、また、成熟社会を迎える段階では、豊かな生活環境を求める志向性が高まり、個性的な都市・地域を求める動きが強まってくる。

中国における都市化は、そうした時代の到来をも見据えつつ、当面の時代の要請に的確・迅速に応えていく必要がある。

第5章

日本都市問題会議三十年の軌跡

一 日本の都市問題の過去・現在・未来を考える

大橋三千夫
Ohashi Michio
埼玉県農林部

1 終りなき都市問題を考える

都市は常に問題を抱えている。ある都市問題を解決したからといって、すべての問題がなくなってしまうわけではない。また、都市問題は複雑化していることも事実である。例えば、多くの都市で中心市街地活性化が課題となっているが、その対応には土地利用などの都市計画問題、商店街活性化の商業問題、まちなか居住の住宅問題、都市内の交通問題、福祉や医療など様々な問題に総合的に対応しなければならない。日本人をはじめ多くの人類は将来にわたって都市に住み、働き、集い、休息することになり、未来の都市のありようを考え、問題をできるだけ少なくすることが、いま生きている私たちの責務ではないだろうか。

そこで、過去の都市問題を学び、現在の都市問題の解決方法を考え、未来の都市問題を予測し、希望のもてる都市とすることを考えてみたい。

「過去」「現在」「未来」をどの年代で考えるかについては様々な考え方がある。特に過去をどの時代で考察するのかについては、都市が形成されたときから昨日まで広範なレンジが存在する。最近の社会情勢の変化のスピードの速さや日本都市問題会議で議論してきたこの三十年間を考慮し、まず、会議が発足した一九七八年の出来事を中心に都市問題を考え、次に会議の例会や地方集会の議論のなかから特徴的な都市問題について考えてみたい。

2　日本都市問題会議発足年（一九七八年）から都市問題を考える

一九七八年とは

日本都市問題会議が発足した一九七八年はどのような年だったのだろうか。都市問題的には、次のような年だった。

・四月…国土庁が定住圏モデル地区指定、サンシャイン六〇
・五月…成田・新東京国際空港開港
・六月…宮城県沖地震、福岡市で深刻な水不足
・九月…京都市の市電全廃

高度経済成長に伴って生じた様々な都市問題であるスプロール問題、密集住宅地問題、大気汚染・水質汚濁などの公害問題、大量消費・使い捨ての廃棄物問題、遠距離・混雑の通勤問題、自動車の増加による交通事故や公害問題に対応しつつも、なお問題を引きずっていた時代だったといえるのではないだろうか。

現在においても、スプロール問題、密集住宅地問題、廃棄物問題や通勤問題は解決されたとはいえない状

況である。

定住圏モデル地区指定

一九七八年の出来事の都市問題関連は、まず四月に旧国土庁が定住圏モデル地区の指定を行った。定住圏モデル地区に関連する全国総合計画は都市問題の過去から現在、そして未来を考えるうえで大きな示唆を与えてくれる。

全国総合開発計画は、全総（一九六二年）の第一次から「二十一世紀国土のグランドデザイン」（一九九八年）の第五次にわたって計画されてきた（図表1参照）。経済的には高度成長経済への移行から高度安定成長経済、バブル景気とその後処理と変化してきている。経済状況を反映し都市的には全総の過大都市問題から新全総（一九六九年）の人口・産業の大都市集中問題と大都市と地方との格差解消が課題となり、三全総（一九七七年）では人口・産業の地方分散の兆しが見えたものの、四全総（一九八七年）では再び人口・諸機能の東京一極集中が問題となり、第五次では地球環境問題やアジアとの関係等から地球を意識する必要性が生じ、現在課題となっている人口減少・高齢化や高度情報化時代を迎えている。根拠法である国土総合開発法（一九五〇年制定）は半世紀を経て国土形成計画法（二〇〇五年制定）に抜本的に改正されている。開発指向の全国総合開発計画の役割は終了したが、国土のあり方について考えることは必要である。

サンシャイン六〇

四月にはサンシャイン六〇がオープンした。当時、日本一の超高層ビルは東京のスカイラインに影響を

図表1　全国総合開発計画

名　称	全国総合開発計画（全総）	新全国総合開発計画（新全総）	第三次全国総合開発計画（三全総）	第四次全国総合開発計画（四全総）	21世紀の国土のグランドデザイン
閣議決定	1962年10月5日	1969年5月30日	1977年11月4日	1987年6月30日	1998年3月31日
目標年次	1970年	1985年	1987年	2000年	2015年
基本目標	地域間の均衡ある発展	豊かな環境の創造	人間居住の総合的環境の整備	多極分散型国土の構築	多軸型国土構造形成の基礎づくり
背　景	①高度経済成長へ移行 ②過大都市問題、所得格差拡大 ③所得倍増計画	①高度経済成長 ②人口、産業の大都市集中 ③情報化、国際化、技術革新の進展	①安定成長経済 ②人口、産業の地方分散の兆し ③国土資源、エネルギー等の有限性顕在化	①人口、諸機能の東京一極集中 ②産業構造の急速な変化による地方圏の雇用問題深刻化 ③本格的国際化の進展	①地球時代（地球環境問題、大競争、アジア諸国との交流） ②人口減少、高齢化時代 ③高度情報化時代
基本的課　題	①都市過大化防止、地域格差是正 ②自然資源の有効利用 ③資本、労働、技術等の諸資源の適切な地域配分	①人間と自然との調和、自然の保護保全 ②開発可能性の全国土への拡大均衡化 ③国土利用の再編効率化 ④安全、快適、文化的環境の整備保全	①居住環境の総合的整備 ②国土の保全と利用 ③経済社会の新しい変化への対応	①定住と交流による地域の活性化 ②国際化と世界都市機能の再編成 ③安全で質の高い国土環境の整備	①自立の促進と誇りの持てる地域の創造 ②国土の安全と暮らしの安心の確保 ③恵み豊かな自然の享受と継承 ④活力ある経済社会の構築 ⑤世界に開かれた国土の形成
開発方式	【拠点開発構想】 ・工業の分散 ・開発拠点を交通通信施設で連絡	【大規模プロジェクト構想】 ・新幹線・高速道路等ネットワーク整備	【定住構想】 ・大都市への人口と産業集中抑制 ・過密過疎問題対処 ・人間居住の総合的環境形成	【交流ネットワーク構想】 ・地域整備推進 ・基幹的交通、情報・通信体系整備 ・多様な交流機会形成	【参加と連携】 ・多自然居住地域 ・大都市リノベーション ・地域連携軸 ・広域国際交流圏

（出所）　国土交通省のホームページを参考に作成

与え、大規模な複合機能開発であったことも東京の都市構造に影響を及ぼした。その後、アークヒルズ（一九八六年）、東京都庁舎（一九九一年）、丸ビル（二〇〇二年）、汐留シオサイト（二〇〇二年）、六本木ヒルズ（二〇〇三年）などの開発が続き、現在の東京のスカイラインを形づくるとともに、東京の都市構造を変化させてきている。超高層ビルを含む開発は都市の景観や再開発など様々な都市問題の要素を含んでいる。

成田・新東京国際空港開港

五月には成田・新東京国際空港が開港し、日本の国際交流時代の幕開けを告げた。その後、関西国際空港開港（一九九四年）、中部国際空港「セントレア」開港（二〇〇五年）へと続いていく。

また、国内の交流を活性化する基幹的交通体系の一つである新幹線では、東北・上越新幹線（一九八二年）、山形新幹線（一九九二年）、秋田新幹線・長野新幹線（一九九七年）、九州新幹線（二〇〇四年）が次々に整備され、すでに開業している東海道・山陽・東北新幹線とネットワークを構築している。

同様に高速道路関連では、中国自動車道全線開通（一九八三年）、関越自動車道全線開通（一九八五年）、青森～熊本八代間高速道路開通（一九八七年）、瀬戸大橋開通（一九八八年）、明石海峡大橋開通（一九九八年）、「瀬戸内しまなみ海道」開通（一九九九年）と全国の高速道路網をつくり上げている。

これらの整備で、国内外での交流の幹線的基盤がほぼ整いつつあるといえるのではないだろうか。今後はこの基盤を活かして交流を実のあるものにしていく必要がある。

宮城県沖地震、福岡市水不足

六月には宮城県沖地震（M七・四）が発生した。以降、地震による死者が出たものとして、日本海中部地震（一九八三年、M七・七）、北海道南西沖地震（一九九三年、M七・八）、兵庫県南部地震（一九九五年、M七・三）、芸予地震（二〇〇一年、M六・七）、十勝沖地震（二〇〇三年、M八・〇）、新潟県中越地震（二〇〇四年、M六・八）、福岡県西方沖地震（二〇〇五年、M七・〇）など大きな地震が頻繁に発生してきている。

同じく六月には福岡市で深刻な水不足が発生した。その後、首都圏渇水（一九八七年）と呼ばれる水不足や、高松市、松山市、福岡市、佐世保市で列島渇水（一九九四年）と呼ばれる水不足が生じている。

都市は自然の上に成り立った人工物である。地震や渇水など自然条件の激変に的確に対応する術を備えておく必要がある。

京都市市電全廃

九月には日本で最初（一八九五年）に路面電車を導入した京都市で市電が全廃された。その当時としてはやむを得ないことだったとはいえ、中心市街地の活性化や省エネルギー、高齢化社会に対応するため、市民の足としてLRT（LIGHT RAIL TRANSIT の略、軌道系交通システム）ブームを迎えている現在では皮肉なことである。富山市では、市民の足として中心市街地活性化や地球環境保護のため、富山ライトレールを二〇〇六年四月に開業した。都市内交通のあり方を考える必要がある。

3 日本都市問題会議の議論のなかから都市問題を考える

日本都市問題会議の例会や地方集会での議論のなかから特徴的な都市問題を考えてみよう。特に地方集

図表2　博覧会・オリンピック・テーマパーク等年表

開催年	名　　称
1981	神戸「ポートピア81」
1983	東京ディズニーランド開園
1985	つくば国際科学技術万国博覧会
1988	瀬戸大橋博（坂出市、倉敷市）など14博覧会開催
1989	横浜博覧会、アジア太平洋博覧会（福岡市）など
1990	国際花と緑の博覧会（大阪）
1996	世界都市博覧会（東京都）中止
1998	第18回冬季オリンピック長野大会開催
2001	ユニバーサル・スタジオ・ジャパン開園
	東京ディズニーシー開園
2002	第17回ワールドカップ日韓大会開催
2005	愛・地球博開催
2016	第31回夏季オリンピック東京大会開催か？

（出所）　戦後史年表等を参考に作成

会では地元の方々と議論をしてきているので、問題がより具体的かつ鮮明に浮かび上がっていると思う。

博覧会・テーマパーク

瀬戸市で「つちからはじめるまちづくり」をテーマに開催した地方集会（一九九六年）では、二〇〇五年に開催予定の国際博（愛・地球博）とまちづくりのあり方を考える必要があるとの意見があった。博覧会開催にあたっては、開催の意義を考察し、博覧会をまちづくりにどう活かすかを考える必要があった。博覧会が終了した現在、そのまちづくりの効果について検証してみることも必要ではないだろうか。二〇一六年の夏季オリンピックに東京都が立候補するが、まちづくりにも活かされる開催となるよう期待したい（図表2参照）。

テーマパーク関連では浦安市で「ディズニーリゾートのあるまち・浦安のまちづくり――テーマパ

ークをまちづくりにいかに活用するか」をテーマに地方集会を開催（二〇〇二年）し、東京ディズニーリゾート（東京ディズニーランド〈一九八三年開園〉、東京ディズニーシー〈二〇〇一年開園〉と商業・宿泊施設等）のまちづくりにおける位置づけなどを議論した。宇宙人のように出現した「ディズニー」とまちは今後も共生していかなければならないとの意見があった。将来にわたってどう共生していくのかがまちづくりで問われる。テーマパークのある都市は多くはないが、観光が主な産業となっていて、日常生活上の課題を抱えている都市とある部分で共通する問題ではないだろうか。

臨海副都心計画（東京テレポートタウン）

東西合同シンポジウム「ウォーターフロントの新しい展開を求めて─東京湾と大阪湾を考える」（一九九三年）では、東京湾岸の開発のあり方を議論した。過大な床需要をもとに計画された臨海副都心プロジェクトが進行している状況を見て「東京の辺境」という意見があった。日本都市問題会議有志による「臨海副都心を考える会」が提言案「臨海副都心計画の抜本的な見直しを求める」を取りまとめたが、多くの会員の賛同を得たにもかかわらず、提言として世に送り出せなかったことは、会議の限界を示すものであったのではないか。東京都知事選で世界都市博覧会（テーマ「都市─躍動とうるおい」）の開催が争点となり、青島幸男知事（当時）は一九九五年に翌年開催予定だった世界都市博覧会を中止にした。その後、開発に関連した東京臨海副都心建設㈱や㈱東京テレポートセンターなど第三セクターの破綻も起こった。このような巨大プロジェクトは将来を見据え、確かな理念のもとで着実に推進することの重要性を示しているといえる。

再び地震

地震についてはすでに述べたところだが、日本都市問題会議の地方集会では、一九九九年に発生した台湾中部地震（M七・七）の「震災復興における都市計画家の役割」をテーマに、会議を台湾で開催（二〇〇〇年）し、地元の大学や民間の方々と意見交換を行った。条件を付けない復旧時の被災者への一時金の効果や、山間部の少数民族地域での復興への取組み、復興における宗教団体の役割など多くの教訓を得た。また、二〇〇二年の新潟県中越地震では、長岡市において、地震発生半年後、一年後、一年半後に復興状況を視察し、会員の長岡造形大学教授の平井邦彦教授をはじめ、大学、行政、NPOなどの関係者の方々と意見交換を行ってきている。地震前に「長岡市の都市活力の再生と成長管理―まちづくりへの市民参加の視点を含めて」をテーマに地方集会（二〇〇一年）を開いていたことから、地震前の状況と地震後の半年ごとの復興状況がよく理解できている。豪雪地帯の中山間地域での復興の難しさを実感するとともに、復興へ向けた地元の方々のたゆまぬ努力に感動している。

4――未来の都市問題を考える

未来の都市問題を考えるうえで、こういう都市に住みたい、働きたい、集いたい、休息したいという都市のあるべき姿について考えてみたい。都市問題を考えるための統計指標も併記したので参考にしていただきたい。

安心・安全な都市

地震や台風などの自然災害に対し、都市は十分な備えがあるとはいえない。兵庫県南部地震での都市直下型の地震や新潟中越地震の中山間地での地震を教訓に、地震が起こる前に様々な減災の手段を講ずる必要がある。死者は出なかったものの千葉県北西部地震（二〇〇五年、M六・〇）では、首都圏で鉄道の運休やエレベーターの停止などが起き、都市活動が混乱したことは、大都市の地震に対する脆弱性を吐露したものだった。地球温暖化の影響といわれ、近年強大化してきている台風や梅雨時などの記録的な豪雨に対する備えも必要である。日本列島周辺でユーラシアプレートの下にフィリピン海プレートが、北アメリカプレートの下に太平洋プレートがもぐり込んでいること、日本列島が台風の通過地点であること、背後に急峻な山地を控えている都市があることなど、厳しい自然条件の上に都市が成り立っていることを絶えず認識し、まちづくりを行っていく必要がある。

また、都市での犯罪が増えていることも気になることである。あまり触れたくないことだが、テロも考慮しなくてはならない。オウム真理教による地下鉄サリン事件（一九九五年）が起きているし、アメリカニューヨーク等で同時多発テロ（二〇〇一年）があったことは記憶に新しい。犯罪を起こしにくくする都市空間の構成や防犯カメラなどのハード的対応も効果があるが、地域のコミュニティによって防げる面もあるのではないだろうか。地域のコミュニティは災害時の人々の救助や火災時の消火などの対応でも重要な役割を果たすことが、すでに実証されている。防犯面や防災面から平常時に健全なコミュニティを形成する必要がある。

最後に、マラリアや鳥インフルエンザなどの感染症の問題も触れざるを得ない。特にヒートアイランドなどによる温暖化で都市の気候がより熱帯に近づくことによる感染症にも配慮する必要がある。

【統計指標】

・刑法犯認知件数…二二三万五三二五件（一九九五年）→二一八万三三二六件（二〇〇五年）（二〇％増）

・東京の日最低気温（年平均）の上昇量…＋三・九℃（一九〇一年→二〇〇一年）

美しい都市

戦後の復興から今日まで、都市は経済発展の手段として形成されてきたといえるのではないだろうか。都市を形づくる手段としての都市計画法や建築基準法はその時々の経済状況によって翻弄されてきたといえる。超高層ビルなどによるスカイラインは統一されることなく、暴力的なまでに都市の空を切り刻んでいる。広告物や看板がまちを埋め尽くし、電線や電柱が目の前に広がっている。景観法が二〇〇四年に制定されたが、美しい都市を実現するため絶えざる努力が必要である。景観阻害の象徴といえる日本橋（一九一一年完成、重要文化財）上空の首都高速道路が一日でも早く撤去されることを望むものである。この撤去には移設などに多額の費用がかかるが、景観の国民的運動として多くの市民から知恵を募るとか、費用を市民からの寄付金でまかなうことも考えられるのではないだろうか。景観を良くするのは官だけでは十分でなく、市民の力による部分が大きいからである。なお、首都高速道路は東京オリンピック（一九六四年）開催に伴う整備であったことも認識しておく必要がある。北斎の富嶽三十六景「江戸日本橋」の正面に江戸城を望む景観は無理にしても、日本橋から日本橋川の後方左手に、いつの日か富士山を眺望できる景観を望むものである。

【統計指標】

・景観条例制定市町村数…二一（一九七一年）→四四五（二〇〇二年）（二一・二倍）

緑と水の豊かな都市

緑豊かな山地や田園地帯に比べ、都市には緑が十分あるとはいえない。公園＝緑ではないが、例えば、一人当たりの公園面積を他の国と比較してみても日本は少ない。緑には二酸化炭素を固定する効果や水の蒸発散による気温を調節する効果、緑の視覚的効果や木陰形成など様々な機能があるので、都市に緑を増やすことが必要である。

また、河川や水路など水も都市にとっては重要な要素である。水辺をもっと市民生活に近づける必要がある。例えば、金沢市では用水を復活し、水辺に近寄れる空間をコミュニティ形成の場として整備している。

【統計指標】

・一人当たり公園面積…全国平均八・四㎡／人（二〇〇一年）→ニューヨーク二九・三㎡／人（三・五倍、一九九七年）、ロンドン二六・九㎡／人（三・二倍、一九九七年）、パリ一一・八㎡／人（一・四倍、一九九七年）

文化の香りのする個性豊かな都市

都市の顔である駅前が全国どこへ行っても同じようだとよくいわれる。都市の個性をより発揮する必要がある。都市の個性は、その都市の自然や風土、歴史などの様々な要素で形づくられ、都市の文化ともいえるものである。現在、あまりにも文化の東京一極集中が生じているのではないだろうか。それぞれ個性豊かな都市の文化が花開くことで、日本の都市がもっと面白くなると思う。

また、つくっては壊してきた日本の都市において、歴史の記憶をとどめる建築物などは極めて少なくなってきている。過去の歴史を見つめ直せる場をしっかりと残し、未来へ継承していくことも必要である。さらに、新しい都市文化を創造し発展させることも個性豊かなまちづくりに不可欠ではないだろうか。

アジアをはじめ世界の人々と交流できる都市

情報技術や交通手段の発展によって世界の人々と交流する機会が増大している。また、年々増加している外国の人々との共生も重要なことである。とりわけ、地理的に近く歴史的に深い関わり合いをもってきたアジアの人々との交流や共生は大きな位置を占めるものになるだろう。今でも、経済的には中国やインドなどと活発に交流している。今後は経済だけでなく文化などあらゆる面で世界の人々と交流できる都市づくりが求められる。

【統計指標】

・外国人登録者数…一三五万四〇一一人（一九九四年）→一九七万三七四七人（二〇〇二年）（四六％増）

そのうち韓国・朝鮮、中国、フィリピンからの出身が約六割

ユニバーサルデザインされた都市

子どもから高齢者、健常な人、ハンディキャップを負った人など様々な人々が安心・安全で快適に生活できるユニバーサルデザインされた都市が求められている。そうすることで、子育ても安心して都市で行

うことができるし、高齢者も安心して都市生活を送ることができる。

また、自動車に依存しないで歩いて暮らせるまちづくりも、後で述べるコンパクトなまちづくりに関連して重要なことではないだろうか。例えば、公民協力してまちのあちこちに木陰のあるベンチを設置することなどによって、人々が安心・快適に都市生活が送れるようになる。埼玉県戸田市ではＮＰＯが中心となり、「おやすみ処」としてコミュニティスポットがネットワークを形成しつつある。

市民参画による自律する都市

西洋では都市は都市国家といわれていたように一つの自律したものだった。わが国においては、自律しようとする都市の動きはあるものの、依然として国などによる都市への関与がある。気候や風土の差異を考慮しきれない法律や、交付金化されてきているとはいえ、かつての補助金と同様の国の関与が存在している。先ほど述べた駅前の画一化も国の法律や交付金等が一つの要因となっていると思われる。

都市を良くしようとし、自ら考え汗を流す市民が行政と協働し自律する都市が求められているのではないだろうか。自律する都市では財政破綻するようなことは決してないであろう。市町村合併の流れがあるが、国や都道府県の押し付けではなく、市民自らの選択により自治体のありようを決定していくことが必要である。

【統計指標】

・市町村数…三二二九（一九九九年）→一八二〇（二〇〇六年）（四四％減）

・市　　数…　六七一（一九九九年）→　七七九（二〇〇六年）（一六％増）

農山村の人々と交流できる都市

都市は地理的や産業的に都市だけで自立することはできない。周辺の田園地帯や山地からの食料や山地からの水の供給を受け都市は成り立っている。日本の多くの都市は山地と極めて密接な関係にある。山地の健全な維持保全は都市への水の供給だけでなく、都市の洪水などの災害を防ぐ意味からも重要である。山地都市住民は都市を成立させている田園や山地のことを理解する必要がある。都市と都市を成立させている周辺の農山村の人々との交流は大きな意味があるのではないか。

また、先に述べた水不足と関連するが、食料生産はそれに伴う大量の水を必要とする。食料を海外に大きく依存していることは、水も海外に頼っていることを理解する必要がある。

【統計指標】

・国土利用の構成比変化（一九七五年→二〇〇三年）…農用地…一五・三％→一二・八％、森林…六七・〇％→六六・四％、道路…二・四％→三・五％、宅地…三・三％→四・八％

・食料自給率…七三％（一九六五年）→四〇％（二〇〇五年）（四五％減、カロリーベース）

・木材自給率…九五％（一九五五年）→一九％（二〇〇三年）（八〇％減）

地球環境にやさしい都市

地球温暖化は喫緊の課題となっている。都市においても、二酸化炭素放出量の軽減が求められている。交通量負荷の低減のためには、都市のこれ以上の拡散化をやめるコンパクトな都市づくりが求められている。ヒートアイランド現象を解決するためには、都市に風の道を導入して冷房負荷を少なくすることや、先ほど述べた都市に緑や水辺を増やすとともに、その効果をより高めるため、それらをネットワークすることなども必要である。また、河川水や下水処理水などからのエネルギー利用も拡大する必要がある。

【統計指標】

・東京の熱帯夜年間日数…一三・八日（一九六五〜一九七四年）→三〇・六日（一九九五〜二〇〇二年）（一二一％増）

日本都市問題会議の継承

日本都市問題会議では様々な都市問題について議論してきた。三十年間にわたる蓄積を未来の都市問題に活かす必要があるのではないか。このことに関して、今後、日本都市問題会議で議論されることを望むものである。

参考文献

・神田文人・小林英夫編『戦後史年表』小学館、二〇〇五年十一月
・石田頼房著『日本近現代都市計画の展開』自治体研究社、二〇〇四年四月
・『日本国勢図会』㈶矢野恒太記念会編集・発行

二 日本都市問題会議例会の軌跡

奈良 吉倫
Nara Yoshinori
㈶都市計画協会企画部長

1 発足

日本都市問題会議は昭和五十三年十一月四日に発足した。

昭和五十四年一月十一日のニューズレターによると、世話人として、井上喜代重、伊藤滋、石光研二、江端正義、大山邦夫、岡田清、川越昭、木原啓吉（朝日新聞東京本社編集委員）、菊竹清訓、山東良文、田村明（横浜市技監）、高橋徹、西田嵩、濱英彦（人口問題研究所人口政策部長）、平井邦彦（防災研究所）、三輪利英（大阪市都市開発局長）、本吉康浩（読売新聞社）、安好匠（神戸市教育長）、吉宗俊一（住宅金融公庫参事役）、があげられている。また、会計監査として一条幸夫、蕪木明雄氏が指名されている。代表世話人には山東良文、職務代表として伊藤滋が指名されている。

さらに特別会員として、飯沼一省（都市計画協会名誉会長）、磯村英一（東洋大学学長）、円城寺次郎（日本経済新聞社会長）、志村清一（宅地開発公団総裁）、高山英華（東京大学名誉教授）、吉国一郎（地域振興整備公団総裁）、渡辺誠毅（朝日新聞社社長）、榛村純一（静岡県掛川市市長）が掲げられている。

昭和五十五年は、昭和四十八年のオイルショックからようやく立ち直ったころである。また、都市計画法も昭和四十三年の大改正により、昭和四十五年の線引き制度、開発許可制度の新設を受けて、建築基準法の大改正を経て数年を経過した時期であり、官主導の都市計画から民主的な手続き、多様化しつつある社会的要請に、新都市計画制度がようやく動き出したころである。全国の地域整備は三全総の時代に突入し、安定成長、地方分散、資源エネルギーの限界性がいわれはじめた時代に、各界の人々による新しい都市政策・都市文化を形成しようとする都市計画サロンができたわけである。

2 会の趣旨

初代の代表世話人である山東良文氏は、会への思いと期待を日本都市問題会議ニューズレター第一号の「離陸断想」で次のように述べている。

「日本都市問題会議は、一年数か月の準備期間の後、一九七八年十一月四日に発足した。その間八回の例会を開いて三人、五人と会員を増やしながら、設立時には百十三名に達した。都市研究者、実務家、ジャーナリストのほか、哲学者、科学者、芸術家、実業家、ボランティアなど幅広い分野の人たちである。都市計画家というよりかなり広い意味合いをもたせてウルバニストの集まりだという人もいる。▽個人資格で結成された団体で、親密さと、自由で捉われない心と異なる意見の共存とが会の基礎にある。会員の多くは一定の職業をもち、それぞれの組織の中堅で実務にたずさわる知識階級であるが、組織を超えた自由な個人として協力し合うところに、都市問題の取り組みにも従来とは違ったものがでるかもしれない。▽会の主要テーマは実際的な領域の問題である。しかし、会員の層からして、考え方が目先の対象療法に走らず、長い目で社会の変化や文明の将来への深い洞察に支えられることができよう。▽まず、気持ちのよいサロンでありたい。例会は、誰かと話せる期待をもって足を運んでみたくなるところであって欲しい。地域交流も会の将来の大事な仕事である。東京以外のところでもう一つ、二つの例会が生まれることも望ましいし、神戸で、福岡で、盛岡で、或いはもっと小さな町で、シンポジウムをもつことができる。▽共通のテーマを定めてはどうかという意見もある。例えば「明治百年と二十一世紀の間」。会員の組織的な研究活動と提言は最も喜ばしい。会は社会発言の場でもある。大きな看板をかかげたこの小さな集団を、みんなで大事に育てていきたい」。

会の主要な活動は、毎月の例会と年に一度の地方集会を開催すること、集会記録を冊子として出版することで、平成十八年八月現在、第二百三十五回の例会と二十八回の地方集会と十四冊の著書を出版した。この間、事務局は五か所の企業・財団が受け持ってきた（図表1、図表2参照）。

また、会の開催場所は東京・内幸町にあるプレスセンターとしていた。これは、新聞人が数多くメンバーとして参加していたことから使用できたもので、私個人の興味としては、ニュース報道に出てくる場所での会議に大いに興味を持った。このプレスセンターは、ＮＨＫ跡地で、当時、東京海上火災が相当な価格で用地買収したことが話題となった場所である。その開発について言えば、第五十九回の例会で建設省の伴襄氏（現都市計画協会会長）が「空中権制度について」（プレスセンターをモデルにした容積移転について）として報告している。

図表1　出版物

発行年	書　名		出版社
1979年	地方の時代への模索	（掛川）	清文社
1983年	地方都市とアメニティ　酒田で考える		都市文化社
1984年	地方都市の活性化と快適性を探る	（弘前）	都市文化社
1985年	地方都市と情報化―盛岡で考える		都市文化社
1990年	掛川シンポジウム　宣言文（随所の時代グループ）		
1991年	小都市の魅力	（掛川）	清文社
	小都市ルネッサンスの方向と可能性	（宇和島）	
1992年	豊かな地方都市の創造とその自立	（恵庭）	会員限定
1994年	地方都市の未来を考える	（飯田）	会員限定
1996年	つちからはじめるまちづくり	（瀬戸）	
1997年	輝く、ひと、みず、そして“まち”	（沼津）	
1998年	大館シンポジウム	（大館）	会員限定
2000年	分権と変革の都市経営	（掛川）	清文社
2003年	仙台集会報告書	（仙台）	仙台都市総合研究機構

図表2　事務局

菊竹清訓建築設計事務所	78.11～82.10
都市農村計画アトリエ	82.10～87. 9
㈶建設経済研究所	87. 9～89. 9
㈶地域開発研究所	89. 9～99.9
㈶日本開発構想研究所	99. 9～

3　会の主軸事業の概観

例会

例会は、会員が登壇して意見発表をすることで運営され、昭和五十八年二月四日、伊藤滋氏からの「欧米諸国の市街地再整備」で第一回が始まり、人口問題研究所の濱英彦氏からの「大都市圏人口集積の転換と将来展望」と続き、二百三十五回の内藤氏の「メイン・ストリート・プログラム」までの例会を開催してきた。百五十回分の例会の記録を取りまとめて記念誌を作成している。百五十回以降の例会は八十五回である。今回三十年になろうとする二百三十五回の例会テーマを掲載することとした（図表3参照）。

定例会とシンポジウムのテーマをみると、会員の関心事は広くかつ、企画構想提案から具体的な事業に及んでいる。それを百五十回の時点で整理した資料によると、大きなくくりでは、環境、人間、情報、土地、交通、四全総などの構想、分権、東京圏、地方都市、海外の都市開発やコミュニティに及んでいる。そのなかでも、環境は環境共生から、暮らしの環境、水、緑、住宅、農村環境や災害分野を含め、広く例会で取り上げられてきている。最近の軌跡としては、近年の傾向としてＰＦＩやＰＩなどの新しい手法との関連や、近時の災害にかかる事例、また都市再生にかかる地方の取り組みについての事柄がみられ、日本都市問題会議の変遷を物語っている。また将来を見据えた環境面からの都市というより、社会そのもののあり方についても時代を反映して多く議論されてきている。海外についてもアフリカやアジアを含めたグローバルな展開が例会の話題となり、日本都市問題会議のメンバーの関心事の広がりをみせたところで

図表3　日本都市問題会議の定例会

回数	年月日	意見発表者	テーマ
1	78. 2. 4	伊藤　　滋	欧米諸国の市街地再整備
2	3. 4	濱　　英彦	大都市圏人口集積の転換と将来展望
3	4. 8	榛村　純一	一地方都市の市長の悩み
4	5.13	加藤　　辿	雨水…場を得ない資源…の活用
5	6. 3	西田　　崇	北九州の現状と将来の一考察
6	7. 1	大沼昭・平井邦彦	酒田市大火のその後
7	9. 2	江端　正義	東京湾から見た東京問題
8	10. 7	木原　啓吉	史的環境の保存
9	12. 2	三輪　利英	大阪市の将来展望と問題点
10	79. 2. 3	瀬底　　恒	イギリスのカントリーハウスとボストンの再開発
11	3. 3	田村　　明	横浜のアーバンデザイン
12	4. 7	長谷川徳之輔	東京近郊の土地流動の分析
13	6. 2	尾島　俊雄	省エネルギー都市の計画
14	7. 7	内藤栄太郎	セカンドスクールの現地実験報告―大都市と地方の交流
15	9. 1	四方　　洋	都市社会と情報社会
16	10. 6	戸沼　幸市	人間尺度と都市計画
17	11. 7	石光　研二	これからの農村整備
18	12. 1	加賀山朝雄	省エネルギー時代と国鉄
19	80. 2. 2	山本　孝夫	エネルギー危機下における鉄鋼業
20	3. 1	首藤　健一	産業コンプレックスと地域の関係
21	4. 5	山東　良文	大都市における都市形成の誘導と土地・住宅・通勤対策の総合化―鉄道投資先導型の政策形成について
22	5.10	毛利　　治	神戸における都市空間の創造―ポートアイランドの建設
23	6. 7	大村　虔一	都市の遊び場
24	9. 6	原田　敬美	米国のコミュニティカレッジ
25	10. 4	中谷芙二子	霧の彫刻
26	11. 1･2	神戸集会	豊かな都市と分権化社会
27	12. 6	小野　善邦	地震予知とマスコミの役割
28	81. 2. 7	武田　文夫	日本の道路の評価と今後の道路財源のあり方
29	3. 7	中島　猛夫	東京マイタウン構想
30	4. 4	磯村　英一	東京マイタウン構想
31	5.16	沢本　守幸	世界の都市の成長と衰退

32	6. 6	藤野　良幸	関西学術研究都市
33	7. 4	高橋　　弘	盛岡市における都市景観対策
34	9. 5	華山　　謙	宅地並課税を主張する
35	10. 3	延藤安弘・大海一雄	低層集合住宅の実践と評価
36	11. 7	高橋　　徹	まちづくりの今後の展望
37	12.5	正井　泰夫	江戸の地域構造から東京を考える
38	82.2.20·21	大阪集会	大都市環境の再生を考える
39	3. 6	安達　五郎	首都改造計画について
40	4.10	川端　直志	地方文化活動活性化の手法―童話の里をめぐって
41	82. 5. 8	永田　亮吉	住宅・都市整備公団の最近の活動
42	6.12	内藤　　勲	水辺環境の保全
43	7. 3	ホルヘ・アンソレー	アジアのスラムにおけるコミュニティづくり
44	9. 4	岡　　並木	都市装置としての交通技術―歴史の中に求める発想の原点
45	10. 2	川手　昭二	文化財と市街地開発
46	11. 6	橋元四郎平	最近の著作権をめぐる諸問題について
47	12. 4	上野真城子	米国の低所得者向け住宅政策の展開と公正評価
48	83. 2. 5	堀江　　興	明治・大正・昭和三代にわたる東京の幹線街路形成および都市政策の変遷について
49	3. 5	木原　啓吉	広がるナショナル・トラスト運動
50	4. 2	伊東　　孝	東京の橋と地域環境デザインの思想
51	5. 7	奈良　吉倫	《埼玉中枢都市圏構想・基本構想》について
52	6. 4	渡部興四郎	核都市育成と総合交通体系の確立―核都市の課題
53	7. 2	山本　　徹	緑資源について
54	9. 3	田中　栄治	全国地方自治体における廃棄物のリサイクルへの取り組みについて
55	11. 5	菊竹　清訓	世界の橋
56	12. 3	酒井　憲一	こどもと新聞
57	84. 2. 4	加藤　久和	国連と環境問題
58	3. 3	小澤紀美子	青少年の住環境意識
59	4. 7	伴　　　襄	空中権制度について
60	6. 2	長谷川徳之輔	東京の市街地形成と都市景観の変遷
61	7. 7	中山　高樹	東京ディズニーランド開発が浦安に与えた影響について
62	9. 1	川端　直志	アーバン・ウォーターフロント開発の現状–米国における事例を中心として

63	10.27	田村　　明	最近中国事情
64	12. 8	北本美江子	成熟社会(ヨーロッパ・パリ)での生活体験から
65	85. 2. 2	市村　　伸弘	赤坂・六本木再開発の計画と経緯―再開発に関する地元コミュニティの諸問題
66	3. 2	中嶋　猛夫	三宅島噴火災害の復興について
67	4. 6	山住　有巧	水は足りているのか―都市用水の実態と展望
68	6. 1	嶋田　洋一	みなとみらい21―MM21事業の現状について
69	7. 6	塩見　　譲	東南アジアの住宅事情
70	9. 6	沢本　守幸	OECD の都市レビューについて
71	10. 5	藤田　　真	土地信託による宅地供給について
72	12.14	紺野　靖彦	プロ野球とフランチャイズ
73	86. 2. 1	阿部　和彦	東京湾西部の今後のあり方について
74	3. 1	大川　信行	地方都市整備の促進について
75	4. 5	村田喜代治	東京における工業の動向
76	5.10	池本　　清	放送大学の現状と課題
77	7. 5	千葉　昭治	日本鋼管にとっての地域開発
78	9. 6	田中　英治	省庁のモデル事業
79	10. 4	田島　正興	都心の地価について
80	11. 8	瀬底　　恒	伝統と技術の継承
81	86.12. 6	山下　眞悟	東京湾国際文化圏構想
82	87. 2. 7	林　洋太郎	東京湾臨海部を民間から考える
83	3. 7	ある地上げ屋さん	東京の土地取引について
84	4. 4	菊竹　清訓	臨海都市について
85	5. 9	奈良　吉倫	首都圏内陸部の21世紀への胎動
86	6. 6	戸沼　幸市	新宿研究
87	7.18	伊東　　孝	東京下町の橋の配置計画とデザイン思想
88	9. 5	長谷川徳之輔	東京再開発をほめるかけなすかどちらかにする会
89	10. 3	本田　　裕	東京臨海部に関する討議
90	11.14	飯田久一郎	新行革審、土地問題緊急答申をめぐって
91	88. 2. 6	堀江　　興	最近における東京の都市計画道路整備
92	3. 5	春田　尚悳	四全総の実現をめざして
93	4. 2	田村　　明	首都機能の分散をめぐって
94	5.14	中嶋　猛夫	東京臨海部副都心開発基本計画をめぐって
95	6. 4	伊藤　　滋	都市の情報装置化
96	7.23	永尾　勝義	鉄道の新たなるスタート
97	11.26	山東　良文	21世紀への都市開発戦略
98	89. 2. 4	本吉　庸浩	最近の住宅政策の動向　とりわけ地価を反映させない住宅供給

99	3. 4	川口　　昇	横浜博覧会をめぐって
100	4.15	藤原　良一	土地基本法をめぐって
101	5.20	尾島　俊雄	大深度地下の活用をめぐって
102	6. 3	宮地　謙一	都市再開発裏話
103	7.15	上野真城子	アメリカの都市住宅問題と住宅政策
104	9.16	高橋潤二郎	日本の都市化―情報及び情報社会
105	90. 2.10	伊藤　　滋	私の理想都市論
106	4.14	嶋田　洋一 榛村　純一	港北ニュータウンの概要掛川シンポジウム報告
107	5.12	尾島　俊雄	フロー経済に飲み込まれた都市
108	6. 9	小出　　治	防災と都市
109	7.14	阿部　和彦	東京圏における大規模低密度利用地の現状
110	9.22	杉浦　章介	私の理想都市論
111	10.27	外岡　　豊	エネルギーと地球環境
112	11.10	大野　輝之	東京集中問題について
113	91. 1.19	菊竹清訓・三浦秀一・榛村純一	私の理想都市論―エコポリス掛川宣言文の反響報告
114	2.9	西村　幸夫	シビック・デザイン
115	4.13	宮本　忠長	小布施町の計画
116	6. 8	小浪　博英	理想国土論・理想都市論
117	7.13	上野真城子	シンク・タンクの政策決定における役割
118	9.14	堀江　　興	東京の幹線道路形成に関する史的研究
119	10.19	長谷川徳之輔	土地問題・その後
120	11. 9	東　　秀紀	漱石の倫敦、ハワードのロンドン
121	92. 1.11	伊藤　　滋	都市計画中央審議会答申について
122	2.18	三浦　周治	都市構成の原点としての住宅の制度と形態
123	4.12	原田　敬美	世界のマリーナを見る　水と棲む
124	6.23	岡崎　泰造	住宅金融から見た住宅建設の動向
125	7.21	Mrs. Judith Ann Herd	外国の方からみた東京（芸術の面から）
126	9.22	大江　守之	日本の人口分布変動とその将来
127	10.17	田村　　明	イギリス滞在６ヶ月半
128	11.28	黒川　宣之	土地解放―今日の土地問題
129	93. 1.23	尾島　俊雄	都市計画としての環境問題
130	2.27	菊竹　清訓	環境サミットに参加して
131	4.27	大西　　隆	テレコミューティングが都市を変える
132	5.25	佐藤　　滋	城下町都市の近代
133	7.27	伊藤　　孝	東京再発見―土木遺産は語る
134	9.28	木原　啓吉	都市の環境とは―暮らしの環境を守る

135	10.23	山東　良文	戦後日本の地域政策—その敗北と21世紀の課題
136	11.27	ワークショップ	東京臨海部を考える—Ⅱ
137	94. 1.29	高橋潤二郎	国際化の中の日本国土
138	2.19	冨田　正彦	新しい農業社会のあり方
139	4.26	真野　博司	産業立地から見た国土構造の変化
140	6.28	永田　尚久	変動期の国土を見つめて
141	7.30	フリーディスカッション	変動期の国土を見つめて
142	9.27	伊藤滋・尾島俊雄	変動期の国土をみつめる—21世紀の展望
143	10.22	山東良文・田村明	対談：地方分権と地方の自立
144	11.26	倉沢　進	社会からの逃走
145	95. 1.28	新年特別集会(鎌倉)	環境自治体共和国—環境と共生する都市をめざして
146	2.25	平井　邦彦	阪神大震災に学ぶ都市防災（特別討論）
147	4.25	伊藤　寛	地方都市の都市機能と田園居住を考える
148	6.27	秋山　登代子	日本人の意識の20年—変化を先導した女性たち
149	7.25	山下　徹	情報通信の最近の動き
150	9.26	首藤　健一	三春町都市構造の新しい展開への提案
151	10.28	尾島　俊雄	アジアの都市問題
152	11.25	長谷川徳之輔	地価の動向と土地住宅政策
153	96. 1.27	山東・木原・田村・本吉・尾島	21世紀の将来ビジョン
154	2.24	三田2丁目有志	バブルを乗り越えた住民主体のまちづくり
155	3.30	住田　俊介	世界の高速鉄道の現状とエピソード
156	4.27	中桐章裕・阿部和彦	瀬戸市の現状と課題
157	6.22	山岡　義典	社会的セクターからみた新たな市民像、社会像
158	9.28	永田　尚久	ハビタットⅡイスタンブール集会報告
159	10.26	清水　誠司	ウォーキング・トレイル事業のねらい
160		大崎　本一	東京の都市計画の過去と現在—道路整備を中心として
161	11.30	堀江　興 木原　啓吉	世界の都市づくりをみて明治以来の文化財保護政策—登録文化財制度の導入によせて
162	97. 1.25	北本美江子	都市問題における住宅
163	2.22	鈴木　俊治	都市の地下空間活用について
164	4.26	芹沢敏行・加藤裕孝・落合徹	沼津市の現状と課題：プレ・シンポ

165	6.28	小浪　博英	フィリピン近況
166	97. 7.26	阿部　和彦	MONOまちづくり105の萌芽―ものづくりとまちづくりの連携をめざして
167	9.27	村上　佳江	まちの　アバタを　エクボに―金沢区富岡・並木地区のガリバー地区とアリス地図
168	10.25	長谷川徳之輔	建設・土地不動産市場の構造的転換にどう対応するか
169	11.22	岸本　百合	高齢者住宅について
170	98. 1.24	戸沼　幸市	環日本海生活圏について
171	2.28	飯田　太郎	都市農業の新しい動き―まちづくりからの視点
172	4.25	小山内金仁・福原　淳嗣	大館―前知識講座
173	6.27	寺岡　豊博	建築士制度における建築家の職能
174	7.25	稲垣　道子	オランダに注目する
175	9.26	吉田　奉行	アメリカはなぜ日本を買うのか
176	10.24	榛村　純一	小都市経営20年とこれからの課題
177	11.28	山東　良文	州制度の創設と州地域の将来像について
178	99. 1.23	長谷川徳之輔・本吉　康浩	戦後の住宅・土地問題の回顧と展望
179	2.27	菊竹　清訓	ハイパー首都―1000年先を見据えた都市への提案
180	4.24	田村　明	まちづくりの50年を振り返って
181	5.22	木原　啓吉	環境を見つめる市民の目―都市環境と市民活動の20年
182	6.26	尾島　俊雄	21世紀の建築と都市問題―日本モデルの模範解答
183	9.25	阿部　和彦	戦後の東京湾開発の歴史と現局面
184	10.23	戸沼　幸一	新世紀の都市問題
185	11.27	相田　康幸	PFIとプロジェクトファイナンス
186	00. 1.22	平松　忠敏	ホテルになった村―岐阜県朝日村
187	1.26	中山　高樹	まちづくりの専門家市民達が、自分達のまちを題材に、市民向けのまちづくり教材をつくった話
188	4.22	平井　邦彦	台湾大地震－阪神と全く異なる被災、災害対応、被災者対応
189	7. 1	重川希志依	台湾視察・台湾集会報告
190	7.22	鈴木　俊治	アメリカ都市計画とニューアーバニズム
191	9.30	奈良　吉倫	三郷市の都市計画の課題―都市計画法の改正に伴う市町村都市計画の役割

192	10.28	平井　邦彦	長岡、新潟から
193	11.25	東　　秀紀	ヒトラーの建築家
194	01. 1.20	田村　　明	21世紀の国づくり、まちづくり
195	2.17	大江　守之	少子高齢化と東京圏の未来
196	4.21	樋口　栄治	長岡市の商工業の課題と中心市街地の活性化
197	6.23	澤登　信子	コミュニティー・ビジネスの新展開
198	9.22	後藤　太一	米国ポートランドの成長管理政策
199	10.27	阿部　和彦	中国における工業化の進展とメガロポリスの形成
200	12.08	井出　隆雄	日本版 PI（パブリック・インボルブメント）について…道路整備を中心に
201	02.01.19	竹内　　謙	８年間の鎌倉市政を終えて
202	03.02	増田　由子 福田　展淳	新宿区西富久地区の再開発にかかわって
203	04.27	原田　鎮郎	2005年日本国際博覧会（愛知万博）について
204	06.01	松島　　徹	USJ（ユニバーサル・スタジオ・ジャパン）の１年の歩み
205	09.28	藤森　　隆	京浜臨海部の都市再生の現場から
206	10.26	山東　良文 清水　泰吉	三大都市圏政策形成史（証言　首都圏・近畿圏・中部圏）について
207	12.07	取違　暁男	千葉臨海部における開発・再編・整備・保全の動向
208	03.02.22	平井　邦彦	長岡市における都市再生の最近の動向について
209	04.26	大村　虔一	仙台市における都市再生の最近の動向について
210	05.31	阿部　和彦	名古屋大都市圏のリノベーション・プログラム
211	07.26	福田　展淳	北九州市における都市再生の最近の動向について
212	09.27	奈良　吉倫	日本及び埼玉県の都市計画の30年
213	11.01	外岡　　豊	環境理想都市論
214	11.29	久保　金司	NPO 神田学会の活動
215	04.01.31	西山　賢一	現場学からの発想
216	03.06	伊豆　　宏、高野美樹、岡崎　泰造	再生　住宅不動産市場の予測
217	04.24	溝渕　祥明	香川県における都市計画—線引きの廃止
218	05.22	土田　　寛	汐留地区街づくり協議会について
219	06.19	伊勢崎賢治	ゼロからの国づくり・都市づくり

220	07.24	岡田　隆臣	独立行政法人都市再生機構の誕生にあたって
221	09.25	市村　次夫	在の町場小布施―町並み修景の背景と役割
222	10.23	阿部　和彦	アジアの世紀・21世紀論―中国の都市化
223	11.27	藤森　　隆	研究開発拠点 THINK の誕生とかわさき現代彫刻展2004の開催
224	05.01.22	木原　啓吉	歴史的環境の保存と創成―環境問題40年を振り返って
225	02.26	田村　　明	アフリカの世紀・22世紀論
226	06.04	阿部　和彦	愛・地球博『Creative Japan（クリエイティブ・ジャパン）』事業について
227	07.23	森野　美徳	美しい都市景観の形成に向けて
228	09.10	平井　邦彦	新潟県中越地震の被害と今後について
229	11.26	榛村　純一	小都市経営28年と森林経営50年とこれから―日本都市問題会議の歩みと共に
230	06.01.28	外岡　　豊	持続可能な地球社会をめざした都市と環境のパラダイムシフト
231	02.25	長谷川徳之輔	20世紀と21世紀の狭間に生きて
232	04.01	阿部　和彦	日本都市問題会議の本（題未定）第２回出版編集委員会
233	05.27	伊藤　　寛	小さな町の都市計画を回顧して　田舎町の都市再生―三春町の都市計画30年の歩み
234	06.24	菊竹　清訓	多チャンネル都市…日本の都市は多チャンネルのネットワークで再生するか
235	07.15	内藤　英治	メイン・ストリート・プログラム

ある。

理想都市

平成二年には、ロンドン郊外の都市レッチワース（田園都市）が百年記念を迎える事前イベントなどがあり、理想都市論をテーマとして例会運営を検討することとした。このときのテーマと語り手をリストすると第百十回／杉浦章介「私の理想都市論」、百十一回／外岡豊「エネルギーと地球環境」、百十二回／大野輝之「東京集中問題について」、百十三回／菊竹清訓他「私の理想都市論」、百十四回／西村幸夫「シビック・デザイン」、百十六回／小浪博英「理想国土論・理想都市論」、百十九回／長谷川徳之輔「土地問題・その後」となっている。

会合のまとめ

ここ数年例会のテーマは、地方圏にかかる例題が数多く、この会の近年における関心事が地方圏に向いていたことを示している。また、企画構想にかかるものと環境や文化財保護のジャンルも、最近の都市行政が向かいつつある方向を示唆するものと考えられる。海外事情についても数多く報告されており、この間の代表世話人であった方々や事務局の関心事が海外に向っていたことを示している。土地問題・住宅問題についてはバブル崩壊以前から長谷川徳之輔会員の問題指摘があり、バブル崩壊の予言者的な存在として影響を及ぼした。

都市問題会議の三十年の歴史を概観すると、前半十年は激動する課題への対応的な都市問題が中心で、中間の十年は地方の小都市を元気づけしようとする小都市に対する視点があった。後半の十年は頻発する自然災害や都市再生への動向のなかで、新しい都市整序に向けた動向が課題として例会が運用されてきている。そのなかで、掛川市の市長、三春町の町長がこの会に参加していた結果として、小都市における様々な試みに会員が触れることができた。朝日新聞社の論説委員であった竹内謙氏が「環境自治体の創造」を公約に鎌倉市長に当選され、当選後は「環境自治体会議」を提唱され、自治体間の環境行政の推進に寄与した。また、原田敬美氏が東京の港区長に選出され、都市計画家が、日本中で一番話題を呼んでいた六本木開発や都市再生の最先端の行政に関わった。日本都市問題会議は、このように掛川市、三春町、鎌倉市、港区という実際の行政のフィールドの一部を形成することにも寄与したものと考えている。

地方集会

地方集会は、地方の都市を訪問し、エクスカーションを行い、翌日は地元の各界の参加によるシンポジウムを開催し、都市の課題とそのあり方を提言してきた。なかでも掛川市については十年区切りの定点観測を行い、都市の成長管理の実験場として、長く各種の行政施策に反映させてきている。

東北シリーズとして、酒田、盛岡、弘前の地方シンポジウムを開催した。昭和六十一年には読売新聞の本吉編集委員を代表世話人にして東京にスポットを当て、地価急騰問題、東京一極集中、内需拡大等について例会を運営し、東京湾シンポジウムを開催した。平成元年には伊藤滋代表世話人と、その代行として尾島俊雄氏と高橋潤二郎氏を選任した。そして平成二年十二月には、第一回の地方シンポジウムを掛川市で行ってから十年を経過したことから、第二回目のシンポジウムを掛川市で開催した。「小都市の魅力」というテーマで、きらりと輝く、小都市の魅力について議論を重ねた。地方の活性化こそがまちづくりの原点とし、掛川シンポジウムの結果を小都市連合フォーラムの成果として「小都市の魅力―随所の時代をめざして」として宣言をまとめた。随所とは、それぞれの処々において自発的かつ永続的な取組みを行い、「随所」から独自に発信する時代になったということを主張したものであった。この宣言を小都市の連合と連帯を共有するものとして全国に発信することとした。この宣言文を全国の大都市圏を除く人口十万人以下の三百三十三都市にアンケートを添付して送付した。そのうち六十六都市から回答があり、大きな反応があった。「小都市連合フォーラム」の形成は、「あせらず時間をかけて準備を進める必要がある」との意見で、掛川市のシンポジウムの本を贈呈した。

三春町の集会も本当に小都市が元気に頑張っていることに感服したものである。三春ダムの柵のイメージや、自由民権運動の志士の歴史など、滝桜だけでない歴史と伝統に基づいたまちづくりに感心した。また、伊藤寛町長が、奥さんの看病のため職を辞したことなど、都市問題を超えたところでのありようを含め教示を得てきている。

地方集会については、すべてに参加しているわけではないので全体を網羅することはできないが、代表世話人との関わりで記憶に残ったことを記述してみる。第二代の代表世話人に菊竹清訓先生が就任され、菊竹先生と出雲大社を見学したことを鮮明に記憶している。先生の設計になる神殿の重奏な構造、反り返った破風の力強さに圧倒され、荘厳な大社の屋代に敬服した記憶がある。また、故瀬底恒先生には、柳宗悦、バーナードリーチにつながる民芸運動のルーツを松江集会で勉強させてもらった。戸沼幸市先生との台湾集会も、早稲田大学の覇気を有する現地のお弟子さんに接し、被災間もない台湾地震の現地を歩き、復興にたずさわる日本の各大学に感激した。日月湖の周辺で復興にかかるものかどうかは確認できなかったが「区画整理」の表示に、日本の災害復興は区画整理事業であったことを思い出した。また、折々に木原啓吉先生から、ナショナルトラストの運動や歴史的環境の保全等について、静かな深い教示を受けてき

図表4　歴代代表世話人〈(　) 内は代行〉

初　代	山東　良文（伊藤　滋）	78.11～80.10
第2代	菊竹　清訓（濱　英彦）	80.10～82.11
第3代	木原　啓吉（戸沼　幸市）	82.11～84.10
第4代	田村　明（瀬底　恒・本吉　庸浩）	84.10～86.11
第5代	本吉　庸浩（長谷川徳之輔）	86.11～89. 9
第6代	伊藤　滋（尾島　俊雄・高橋潤二郎）	89. 9～92.10
第7代	尾島　俊雄（阿部　和彦・大西　隆・高橋潤二郎）	92.10～95.10
第8代	瀬底　恒（長谷川徳之輔）	95.10～96.10
第9代	長谷川徳之輔（阿部　和彦・小浪　博英）	96.10～99.10
第10代	戸沼　幸市（阿部　和彦・重川希志依・平井　邦彦）	99.10～00.10
第11代	平井　邦彦（阿部　和彦・重川希志依）	00.10～03.10
第12代	外岡　豊（阿部　和彦・橘　裕子・奈良　良倫）	03.10～

ている。

会の運営

会の運営は、代表世話人と企画、会計・総務により運営され、メンバーが交代で参加し、完全なボランティアで運営されてきた。この間の代表世話人は十二代を重ね、主に大学人が就任してきていた（図表4参照）。

この間、事務局は五か所の企業・財団の持ち回りで運営されてきた（図表2参照）。この事務局については、各財団等の組織の理解が得られたことが、会の継続に大きく寄与してきていることを記述しておきたい。それに加えて、創成期から日本開発構想研究所の阿部和彦、日本都市センターの金子修、地域開発研究所の清水政司、菊竹清訓建築設計事務所から浦安市に転籍した中山高樹、都市農村計画アトリエの島淑子、都市防災研究所から富士常葉大学に転籍した重川希志依、大林組の御船杏里等の各氏の献身的な努力の成果が、この会を維持、継続させてきたことも忘れてはならない。

4　会員の表彰等の活躍

会が発足したこの年、菊竹清訓先生が第八回のオーギュスト・ペレー賞を受賞されたことが報告されている。この賞は、ＵＩＡ（ユニオン・インターナショナル・ド・アーキテクト＝国際建築家連合）の初代会長であり、現代建築の父といわれるフランスの建築家ペレーを記念して設けられた賞である。建築家にとって最高の賞といわれ、日本人では前川国男についで二人目である。菊竹先生はそのプロフィールにあるように、日本を代表する建築家として現在もご活躍で、第二百三十四回の例会で「多チャンネル都市…日本の都市は多チャンネルのネットワークで再生するか」をお話いただいたところである。

(注)　菊竹先生のプロフィール…昭和三十九年出雲大社庁の舎の設計により、芸術選奨文部大臣賞、日本建築学会賞、アメリカ建築家協会汎太平洋賞の各賞を受賞。昭和五十三年世界建築家協会オーギュスト・ペレー賞、五十四年毎日芸術賞、五十五年ＢＥＬＣＡ賞ロングライフ・ビルディング部門受賞。これまで沖縄海洋博の空間プロデューサーをはじめ、筑波科学博マスタープラン作成委員、なら・シルクロード博ハードプロデューサー、長野オリンピック冬季大会空間構成監督を務めた。公職として、東京建築士会会長、日本建築士会連合会会長等を歴任。

平成十四年には、都市計画学会の石川奨励賞を山東良文氏が受賞。「三大都市圏政策形成史（証言　首都圏・近畿圏・中部圏）」の労作である。国土庁が国土交通省に統合されるのに先立って、国土庁の政策を振り返り、単なる組織の変遷ではなく、大都市圏の形成にいたる政策形成をアーカイブとして取りまとめたもので、山東氏が従前から主張されている道州制の試みが、北海道をモデルとして取り組まれる時代にあって、先駆的な取組みが日本都市問題会議を通じて取り組まれていたことを記録しておきたい。

(注) (社)日本都市計画学会は、都市計画愛知地方委員会の初代幹事、その後は東京の戦災復興計画の立案をし、戦災復興事業の全体を指揮する責任者となった石川栄耀の多大なる業績を記念して、昭和三十四年度に「石川賞」「石川奨励賞」を制定している。都市計画に関する業績において独創的・啓発的な業績をあげ、都市計画の進歩・発展に貢献をした個人または団体を対象とする賞である。

埼玉県庁でお世話になった牛見章氏は、埼玉県公園緑地協会を経て、東洋大学の教授として教壇に立つとともに、埼玉県都市計画地方審議会の会長として十年務められた。当時、私は浦和市の都市計画部長として地下鉄七号線関連の線引き、用途地域、都市計画道路、都市高速鉄道の都市計画決定で政治的な反対運動の関係者が押しかけるなかで大変お世話になった。平成十五年には、東京工業大学名誉教授の黒川洸先生から話があり、都市計画学会の都市計画功績賞を、主に都市計画審議会会長としての功績により受賞され、日本都市問題会議の会員でもあった先生の記念出版会には、都市問題会議のメンバーにも遠路ご参加いただいた。

(注) 功績賞は、平成十二年選定、平成十三年度から表彰実施されたもので、長年にわたって日本都市計画学会の発展、ならびに都市計画学の進歩・発展に寄与してきた者で、その貢献が、社会的・学問的にみて顕著な者を対象とする。

5 日本都市問題会議について

会に参加して

昭和五十四年の夏ごろ、私は埼玉県庁の都市計画課に所属していて企画財政部から戻って地域計画係長として、建設省から来られた牛見章住宅都市部長の下で仕事をしていた。牛見氏から日本都市問題会議のことを聞き、参加したらどうかと話があった。月一回、土曜日の午後に、都市問題について議論をしているとのことであった。同僚の吉村直樹氏にも話があり、二人で参加してみることにした。

会のメンバーリストには東京大学の伊藤滋先生をはじめ法政大学の田村明先生、早稲田大学の戸沼幸市先生等の名前が並んでいた。戸沼先生には以前、総合研究開発機構からの調査、埼玉県南防災都市構想の共同研究で、埼玉県庁の若林文祥氏の紹介でお世話になっていた。著名な先生方が参加している会で私のような若輩が参加して議論についていけるかと思ったのが本音である。代表世話人の山東良文氏は、私が埼玉県に採用になった最初の仕事が、首都圏整備委員会の仕事で、係りの名称も首都圏整備計画係であった。そのときに、都市開発区域の拡大、熊谷・深谷に行田市と南河原村を含める計画検討の基礎調査を担当していた。まだ、近郊整備地帯という法改正の前のことである。その関係で総理府の首都圏整備委員会に、たびたび出向き調査の打ち合わせをしていた。あるとき、廊下で三十～四十センチはあると思われる原稿を抱えた山東氏を見かけている。当時の首都圏整備委員会は、埼玉県の元知事の大沢雄一氏が首都圏整備委員会の委員でおられたこともあったのか、行くたびにお茶が出て、椅子をすすめてもらいながらの打ち合わせであった。当時の建設省では、旧内務省の建物の古色蒼然とした室内で、座るところもなく、半日待ちくたびれることから比べれば雲泥の差であった。私の駆け出しのころの印象に鮮やかに残っている。またその後、大沢雄一先生には、埼玉県の都市計画審議会の会長として、審議会の事前説明でご自宅にたびたびお伺いして永年お世話になった。

記憶が定かでないが、戸沼先生の「人間尺度論」の例会に参加したのが最初の例会であった。昭和五十四年十月六日のことである。前述したが、戸沼先生とは、埼玉県庁で県南防災都市構想の調査研究で直接ご指導をいただいた経緯がある。この県南防災都市構想は、発足間近の総合研究開発機構の委託研究で、川口から大宮までの中心市街地の防災構想を提案するもので、ＪＲ鉄道線を基軸に防災軸を形成し、東西に横断的な遮断帯と緑地空間地を配置する壮大な提案で、これが埼玉県南地域のグランドデザインとしてその後のプロジェクトに寄与した。当時埼玉県では新幹線プロジェクトが動き出し、県としての対応策をどうするかで企画財政部に環境整序企画室という組織をつくり、その対応をする仕掛けをしていたことから、先生との再会も懐かしいものであり、その後も地震後の台湾集会にも同行しご教示をいただいた。

人々との往来

昭和五十四年六月以降に会員になられた方のリストが整理されているが、総合研究開発機構の檜槇貢氏、横浜市企画調整室主幹の岩崎駿介氏、川崎市企画調整局調査部の君島武胤氏、地域総合研究所の森戸哲氏、DO Tank DYNAX廃棄物問題研究所の田中栄治氏の方々は既知の関係もあり、仕事を離れていろいろ話ができることが、非常に楽しい機会であった。名簿には、その後、埼玉大学に就任され埼玉県の鉄道新線の計画でお世話になる八十島義之助先生、新幹線と現在の埼京線でお世話になる日本国有鉄道建設局停車場第二課長の永尾勝義氏、埼玉県の技術職員研修の講師にお願いする朝日新聞社編集委員の岡並木氏、その後、千葉県の浦安市に転籍される菊竹清訓建築設計事務所の中山高樹氏、現在の都市計画協会でもお世話になっている日本開発銀行営業第二部の相田康幸氏、日本経済新聞社地方部編集委員の塩見譲氏、盛岡市都市開発部次長の本田裕氏、東京大学農学部の富田正彦氏の各氏のお名前が見え、この間のご厚誼は感謝に堪えない。

この会に感動したのは、企画財政部のときに埼玉大学の政策科学大学院に研修で在籍していたときに、首都圏の人口動態についてシステム・ダイナミクスを使いプログラムミングを組み、シミュレーション実験をしてきており、その際に濱英彦先生の著書を読んだりしており、その先生が会員で身近にお話できたことに興奮したことを覚えている。また、今回の例会でめぐりあった方の一人に延藤安弘先生がいる。早くから低層集合住宅の実践をされており、現在のコーポラティブハウスの先達としてご活躍され、埼玉県で講演をお願いしたこともある。

私が最初に参加した地方集会は昭和五十五年の神戸シンポジウムである。このような地方シンポジウムは、地方の側から三十周年記念とか、建造物の落成記念とかに自主的な地方の要請があって開催されてきていたが、都市問題全般にわたり、地元の青年会議所、婦人会、その他地元の有識者を交えて議論し、意見交換をし、その成果を著書にまとめる集団は、この時代、世に存在しなかった。そういう点では、地方都市で都市問題を市民参加で開催できる先駆的な役割を果たしてきていると考える。昭和五十五年八月以降の会員動向には、地域振興整備公団都市整備部調査課長の荒木英明氏、建設省都市局都市計画課の小浪博英氏とあり、日本都市問題会議での事務局の開発構想研究所の阿部和彦氏、日本都市センターの金子修氏、埼玉県庁の大橋三千夫氏、橘裕子氏等々を含め、現在にいたるまでご厚誼をいただく人々とめぐり合ってきている。

その意味では、各例会や地方シンポジウムでの知見に加えて、この日本都市問題会議での出会いが、埼玉県で関わった運政審での鉄道計画や新幹線プロジェクトとそれに続く大宮操車場の跡地利用計画、新都心計画にどれほど役に立ったことか筆舌に尽くしがたいものがある。

なかでも、伊藤滋先生とは昭和四十三年の新都市計画法の施行以来、東大の都市計画演習講座の当時の対象都市が埼玉県川越市であったことから、その実習に参加したことなどで、以前から承知していたが、日本都市問題会議で種々ご同伴するなかで、その後のさいたま新都心の建設では、直接、建設計画にかかわりをいただき、その全体計画を総括され、けやき広場のコンペ、行政支分庁の移転、政令指定市への移行、その後のタワー計画に至る道筋を示していただいた。

埼玉新都心建設局の課長をしていたとき、現在のさいたまアリーナの世界コンペのときに会場を訪れた菊竹清訓先生から、「今、世界中で一番のコンペテーション」と耳元でいわれ、興奮と感慨を覚えたことを思い、あわせて現在につながる諸先輩にただただ感謝の極みである。

三 「まちあるき」のすすめ

橘 裕子
Tachibana Hiroko
埼玉県都市整備部

1 ストップ・ザ・新幹線

「ストップ・ザ・新幹線」――掛川会議はこの言葉に沸きかえった。会議は掛川で行われたが、一行が宿泊したのは嬬恋リゾートである。当時の掛川市にはまだホテルはなかった。もちろんお城もない。集会で日本都市問題会議の若手研究者や官僚、ジャーナリストたちは活き活きと都市のあり方を、そして都市への希望を語った。「なんとうまく語るのだろう」。このとき、地方集会の事務局を務めたメンバーの一人はその熱気と言葉に圧倒され、日本都市問題会議を支える重要なメンバーとなることになった。「都市の定点観測をしたい」。都市問題に興味を持つ方々なら一度は考えたことがあるだろう。幸運にも日本都市問題会議は掛川という都市に巡りあう。当時掛川市長になられたばかりの榛村純一氏の存在が大きかったことはもちろんだが、メンバーそれぞれの好奇心が日本都市問題会議を続けてきた。何も背負うことなく、個人の立場、第三者的な視点から都市を見つめた三十年である。

当時から参加しているメンバーの一人はこう語る。「この三十年間で都市をとりまく情勢や理論、そして都市問題そのものが大きく変化してきている。その変化のなかで、ひとつの都市が年をとっていく様子を、見ている側も同様に年をとりながら見つめることができたことが重要なのです」。

集会で、都市を見つめながら語った自由な意見のなかに、まちづくりのタネが潜んでいたと信じたい。このような意見を受ける側でもある榛村氏は、この日本都市問題会議から市民や職員が刺激を受けることがまちづくりを進める上で大変重要だったと語っている。意見のなかには若干冷やかし的なものもあり、辛辣なものもあるが、それが役に立つ。

この地方集会では青年会議所や婦人会など地元の有識者の方々を交えて意見交換を行ってきた。発足当時はまだ、地方都市では、都市問題を市民参加で語る機会は少なく、その意味で日本都市問題会議は先駆的な役割を果たしてきたといえよう。会議が都市論ではなく、都市問題を論点としていたこともあって、訪れた地方都市が抱える悩みを見つけ、その解決のきっかけを探ることが主となった。メンバーが専門とする分野も、地方都市そのものも多様だったのである。

シンポジウムの前日には、メンバーはまちを歩き、まちを感じ、考える。そして語らう。このまち歩きが地方集会を支えている。そしてこのまち歩きがまた楽しい。地方集会は昨年で三十六回となった。ここではその様子の一部を紹介したいと思う。

2 日本都市問題会議二十一年目の掛川

一九九九年、掛川で三回目の地方集会が開かれた。最初のシンポジウムから二〇年、その歳月は掛川を磨き上げていた。

掛川駅に着いて駅前広場の木煉瓦歩道を歩く。雨が降ると滑るので人気がないと聞くが、晴れているときは大変気持ちがよい。個人的にはこの木煉瓦の空間は心地よいと思う。

新幹線駅の開設には市民の寄付が大きな力となったと聞いている。故郷に錦を飾る、この言葉どおりに、掛川から出て成功するとふるさと掛川に還元する、そんなうらやましいような気風があるとも聞いた。掛川という都市を育ててきた力なのだろう。

掛川集会については記録が出版されているが、定点観測を続けてきた方々のコメントを紹介したい。「二十一世紀に向けてまちづくりも転換点にきている」。当時の日本都市問題会議の代表世話人であった長谷川徳之輔氏はこう切り出した。「日本都市問題会議の設立当時のリーダーだった五十歳代の方々はすでに古希を迎えている。子どもだった人がもうすでに社会で活動する時代を迎えている。この時代は大変特異で、幸運な時代だったと思う。……掛川市でも人口がのび、新幹線ができ、掛川駅が生まれ、高速道路のインターができた。この地方集会には五十人の会員が参加しているが、掛川市の二十年間の結果をみて非常に感動した会員も多い」。

掛川は二十世紀後半の経済力にのって大変上手に発展してきた都市である。日本全体が人口減少期に入り、構造転換していくと従来のシステムでは動かなくなる。そんななかで、いいまちづくり、都市づくりをどうしていくのかについてみんなで考えてほしい。これが三回目の集会のテーマだったように思う。

そして掛川には、おかみさん会をはじめとするまちづくりを支える方々がいた。

3　小さな世界都市のりんご並木

「りんご並木に大変魅力を感じていて、さぞリンゴ並木が炯炯《けいけい》とそびえその周りの環境がリンゴ並木に沿ってつくられているのでないかと思っていた」。シンポジウムで菊竹清訓氏はこう発言した。「りんご並木を見たい」。社会科の教科書に載っていた一枚の写真は強い印象を残している。それは、中学生がリンゴの木にはしごで登って収穫する風景を写したモノクロの写真で、りんごの樹は生徒の背丈の何倍もあったと思っていた。

ところが、実際に飯田を訪れてみると様相はちょっと違っていた。りんごの樹は背が低く、思ったより小規模である。考えてみればりんごは果樹である。実をとるための果樹であるのだから、はしごをかけないと実がとれないような高さに仕立てるはずはなく、また、こんもり茂った並木であるはずもない。けれども、申し訳ないがちょっとがっかりした。

翌日のパネルディスカッションで田村明氏は、「りんご並木がものすごく立派に見えた。現場にいきまして周辺の建物をもう少しどうかしたら、なんていいましたけど、周辺にある想いがすばらしい」と語っている。確かにりんご並木の周囲は、寂れて元気がなく、どこにでもありそうな風景に見えた。この風景は現在では一変しているが、飯田のまちづくりを考えていく上で忘れてはならない風景だったと思う。飯田市で地方集会を開催した一九九四年のことである。

飯田シンポジウムでは、地元で活動する方々からの「まち歩き」の提案があった。「飯伊景観ウオッチング」と題した発表を行った「観耕隊」は、飯田市役所の有志が結成したグループである。通勤途中に四季の趣を感じられるお気に入りの竹藪の囲いが痛んでいるのが気になりだしたことをきっかけに、市役所の仲間に声をかけたという。これを受けてメンバーがそれぞれ気に入ったスポットを洗い出し、「まち歩き」を始めたそうである。

観耕隊ではまちを歩くことで、改めて飯田のまちの良さを実感し、風景として残していくための方策を探っていた。観光ガイドブックではお目にかかることのできない「良さ」である。

このような活動も田村氏のいう「周囲の思い」のひとつなのではないだろうか。

それから十余年を過ぎた現在、そんな周囲の思いはりんご並木の周辺を一変させた。きれいに整備されたりんご並木に面して、古い蔵を改修した三連蔵という名称の三つの交流拠点ができている。メンバーに「周囲が？」といわせた辺りには、再開発ビルが立ち上がり、新しい形の再開発として注目を集めている。中心市街地の活性化のために設立された㈱飯田まちづくりカンパニーというまちづくり会社が、再開発ビルの保留床を取得し、賃貸、売却、不動産管理・斡旋、建設から売却までのつなぎ資金調達を行うことで再開発を立ち上げたこと、地方都市での都市居住を提示したこと、などがその理由である。二〇〇六年十月には並木に面して二つめの再開発事業が完成したと聞いている。

余談ではあるが、地方集会でまち歩きを紹介してくれた「観耕隊」を立ち上げた粂原和代氏は、この再開発をサポートしてきたことで知られており、街元気リーダーとして活躍されている。

ところでこの二つ目の再開発ビルには川本喜八郎氏の人形美術館がオープンする予定になっている。飯田は「人形フェスティバル」のまちでもある。地方集会当時は一つだった人形劇用の劇場も現在では四館と増え、フェスティバル自体も様変わりしている。

シンポジウムを開催した当時は「小さな世界都市」、すなわち規模は小さくてもきらりと光る都市が注目されていた時期である。一九九七年に飯田で開催された世界地方都市十字路会議では、人形劇を媒体とした文化や情報の交流拠点としての都市づくりが話題となったようである。世界都市論自体はあまり論じられなくなっているが、きらりと光る部分は、まちの誇りとなり、現在の元気は飯田をつくりだしているように思える。

当時と変わらないものもある。シンポジウムにおいて課題とされていた時間距離である。新宿から高速バスで四時間、長野県庁まで三時間と、国内各地と比較して遠い。適度な独自性が保てると考えるか、アクセス性が悪いと考えるのか、とらえ方次第といったところかもしれないとも思える。

なお、このまち歩きには続きがある。地方集会に参加したメンバーの有志は、人形フェスティバル見たさに再び飯田を訪れた。街角のあちこちで人形劇が演じられ、街全体がなごやかで、楽しそうな雰囲気に包まれていた。劇場の中で観た「ごんぎつね」の悲しく、美しい印象的な舞台は今でも瞼に残っている。改めていうことでもないが、テレビの放映で見たときとは違う。劇場でしか味わえない雰囲気がある。さらにこのフェスティバルには気軽さもあった。このとき見た「ごんぎつね」は二〇〇〇年に亡くなられた水田外史氏が率いたガイシ人形劇団による上演であったと思う。一行がこの人形フェスティバルを満喫したことは言うまでもない。

4　ガーデン・シティを求めて

エベネザー・ハワードの提唱したガーデン・シティは、日本で最初に紹介されたときには「花園都市」という名称で紹介されている。『明日の田園都市』が出版されてから百年を経過したこともあって田園都市が話題となることが多かったが、北海道恵庭市の地方集会でも庭園都市がテーマになった。

一九九二年五月、日本都市問題会議・恵庭市シンポジウムは、恵庭市恵み野・恵庭リサーチパークで開催された。テーマは「豊かな地方都市の創造とその自立—恵み豊かな庭園都市をめざして—」。

恵庭はその名のとおり非常に恵まれたロケーションを持った都市である。当時の人口は約六万人と規模的には小さいものの、札幌からも多少離れ、空港のある千歳に近接し、広い北海道のなかで余裕があり、しかもコンパクトな都市をつくりだしている。「掛け値なしにいいところ」とシンポジウムで日本都市問題会議のメンバーは語っている。

エクスカーションで訪れたサッポロビールの北海道工場は、伊藤豊雄氏の設計である。ビール製造工程の見学コースは芸術的でもあり、見学者を飽きさせない。工場の周囲に整備された「恵みの庭」は三万坪の規模といい、美しく、地元にも人気があるという。

会場となったリサーチパークも、住宅地も、五月の陽光のなかで輝いて見えた。

そんな住宅地を見ながら伊藤滋氏は、「北海道は建物の足もとが汚いんだよね」とつぶやいた。シンポジウムでも牛見章氏から「建物の足もとが汚いのが気になる」との発言があった。さらに「北海道全般の傾向でもあるが、雪が降るから、火山灰でうまく木が育たないからといった理由はいいわけにすぎず、方法はある」と伊藤氏は指摘する。

これに対して地元の方からは、自分たちの家のまわりに花を植えてきれいにしようという花のまちづくりが紹介された。シンポジウム当時の恵み野では、新築されたばかりの住宅がきれいな景観をつくりだしていたが、この新しい住宅もいずれ老朽化する。住まい手の方も一緒に年をとっていくわけで、その住まい手とともに、年月を経過してもなお美しく都市を保つための方法として期待されていたようである。それは建物の足下を美しく彩ることにもなる。

「恵庭はいいところ」とほめた出演者も、それに見あうだけの内的蓄財は少ないとしていた。「知力を高める必要がある」のである。そのためには、外からの人の流入や、知的波及効果をもたらすような場も必要だとする、今後の発展を見つめる視点も提示されている。

シンポジウムではちょっと楽しい提案もあった。バイ・ハビテーションの勧めである。「二百坪以上の敷地と美しい住宅、それに羽田・札幌間の終身利用の航空券がほしい。そうすれば、『広さは三倍、値段は三分の一』の住み方も夢ではないのかもしれない」。

東京には家庭と職場、そしてそのどちらとも違う第三の空間が存在し、匿名性を持ったこの空間が東京の魅力の一つになっている。一方、地方都市は家族と職場が近く、コミュニティが機能する空間が魅力であるが、逆に息がつまることもある。だからバイ・ハビテーションがいいとの提案である。大都市と地方都市のよいところをどちらも、といった欲張りなこの提案は、地方都市の抱える悩みを表したものである。

ところで、日本ではガーデン・シティは「田園都市」と訳すのが一般的であるが、どちらかというと庭園都市としたほうがイメージに近いとする論もある。恵庭のまちづくりには、開発利益の還元といった田園都市本来の主張はないものの、ハワードが提唱したガーデン・シティという言葉から受けるイメージに近い感じがする。恵庭には「庭園都市」の名称がふさわしいとの印象を持った。

一方、田園都市という名のほうが似合うまちでも地方集会を開催している。三春町である。この三春という地名は梅・桃・桜の花が一度に咲き、三つの春が一度にくることからついたといわれ、滝桜の開花時は人があふれかえるという。三春集会は一九九五年に開催された。

三春ではダム建設を上手に活用してまちづくりを進めてきている。さくら湖と呼ばれるダム湖の周辺は季節により美しい風景をみせているが、その詳細は、三春町前町長の伊藤寛氏が書かれているのでそちらをご覧いただくこととして、ここでは、田園都市という視点から感じたことを紹介したい。

三春では正確には田園生活都市という言葉が使われている。郡山から十三分という立地のため、三春の一部は郡山のベッドタウンといった様相を呈している。集会で宿泊したのは田園生活館という、都市住人には田園の豊かさを、田園の住民には都市的な香りをとのコンセプトでつくられた交流施設である。前三春町長は、おそらく前述の「知力」の使い方にも長けていて、日大郡山校や福島大学、建築研究所などの研究者の知恵を借りながら、協働でまちづくりを進めていた。知恵者たちの力を借りたユニークな小学校や中学校は、楽しい学校生活がおくれそうな、空間が印象的であった。

また、「新しい田園都市型の地域開発」も行われてきた。町と大工、工務店、設計事務所といったまちの住宅関連産業の集まりである「三春町住宅研究会」とでつくりだしたものである。派手ではないが、工夫された住宅が町内に豊かな風景をつくりだしている。

「美しいまちをつくる三春町景観条例」という名の条例も、三春らしい景観を追求している。異論があるかもしれないが、紙漉の里として町がツーバイフォー住宅分譲に乗り出した一画は、日本語でいう田園都市のひとつのイメージを表しているのではないかと思うのである。

5　長岡集会と中越地震

二十一世紀に入って最初の地方集会は長岡での開催となった。コミュニティ・ビジネスという言葉が出始めた時期である。集会では、給食の残渣により養豚を行い、育てた豚を給食に利用する試みなど長岡で始められている市民活動が紹介され、循環型社会を支える仕組みとして、さらにはその仕組みを支えるコミュニティ・ビジネスの可能性を感じた集会となった。

その後中越地震が発生したため、近年は長岡特別集会（中越支援集会）として、二〇〇五年四月（半年イベント）、一〇月（一年イベント）、二〇〇六年四月（一年半イベント）に参加してきた。降雪地域でのまちづくりの難しさは前回の地方集会でも課題となっていたが、豪雪地域での地震は、今後も同じ地に住み続けるか否かという選択を迫っていた。その状況は、集まっていた防災の専門家にして「阪神・淡路大震災とは全く違うものと考えなくてはいけない」といわせたほどである。

集落は基本的には一本の道でつながっている。その道路が何か所か通行止めになれば、集落は孤立無援となる。住民の力だけでは復興は難しい。もともと、豪雪地帯では、過疎化が進む集落の高齢者に冬場の集団疎開を検討しはじめているところもある。

長岡市では「帰ろう山古志へ」をスローガンに、みんなで山古志に帰るという選択を行った。長岡市に合併した旧山古志村は中越地震復興のシンボルともなっているが、被害にあった集落が必ずしも同じように戻ろうとしているわけではない。山古志へのスローガンにあわせた道路復旧は、国の直轄事業ならではの早さがある。集会を通じて、被害を実感し、復興の早さに感動しながら、あらためて中山間の暮らしの豊かさと厳しさ、暮らしを取り戻すことの難しさを感じさせられた。震災前までは美しい棚田の風景だったのだろうと容易に想像できるからこそ、地震の爪痕はいっそう痛々しい。

なお、台湾集会でも台中を襲った地震からの復興がテーマのひとつとなっている。

台湾地震を経験した方は、地震の様子を山が動いたと表現している。山間部では土地形状が変わり、敷地境界の目印も動いたため、土地の所有者にもどこからが自分の土地なのかわからなくなっているという。

被災したそれぞれの地域に大学の研究室が入り復興作業中であったが、地図の作り直しから始めなければならないと聞いた。

この二つの国の仮設住宅をみると、南と北という機構の違い、国の違い、支える社会の違いなどから援助や支援の方法が異なっているし、暑さ対策、寒さ対策と機能上求められる点も異なってくる。しかしながら、まちの立て直しを図る人々とそれを支援する人々の力強さがそこにあった。

6 ―― 誰が都市を担うのか

「『大館はいかなる未来を担うのか』――誰が担うのかということが実はきっと大事なのだろうと思うのですよね」。戸沼幸市氏はこう語った。

一九九八年の大館は杉の香りのする都市であった。北秋クラブには一本の杉の丸太からつくられたという和室がある。建築の先生が来ているのならぜひ見てほしいと、女将が誇らしげに案内してくれた和室である。杉のトラスで構成される樹海ドームも、杉の香りがする。「厳しい冬を生き抜く北国でこそドームというものが威力を発揮するんだな」と戸沼氏はさらに語る。ロシア正教のハリスト教会も杉でつくられている。

大館能代空港の開設を控え、各地からのアクセス性が格段に高まるとの期待されるなかでの地方集会だったが、東京から一日二便の計画であることで、その効果はどのくらいになるのかとの疑問もあったようだ。現在でも二便の状況は続いている。

大館は北東北三県の中心に位置している。これは言い換えれば秋田、盛岡、青森のどの都市からも一定の距離があるということである。そして相次ぐ鉱山の閉山にともない、人口流出が課題となっていた。これに対して、大館市が手をこまねいていたわけではなく、地方集会の会場となった秋田桂城短期大学（現在の秋田看護福祉大学）、大館能代空港、さらにバイパスの誘致に成功してきた。それでも、めぬき通りにはシャッターが目立ち、まちに人影は少なく、駅前の忠犬ハチ公の銅像も心なしか寂しそうに見える。すでに市役所などの公共施設は郊外に移転してしまっていた。

大館シンポジウムは「世界最大級の多目的ドーム、秋田桂城短期大学の誘致、高速道路網の整備、大館能代空港の開港、鉱山跡地の利用計画など、大館市及びその周辺地域の将来像について様々な観点から検討を行うことにより、地方都市の魅力あるまちづくりを考える機会」として開催された。大館まちづくり協議会、大館シンポジウム実行委員会（委員長　明石久和）と日本都市問題会議が主催、大館市の共催である。会場となった秋田桂城短期大学（現在の秋田看護福祉大学）は市が誘致した大学である。大変きれいな大学であり、そのカフェテリアは土・日曜日に開放すれば気持ちのよいレストランになるのではと思えるほどである。

「デートに使えるレストランがほしいんですよ」。地方集会の一環として企画された夜なべトークの場で地元の若手の方からこんな言葉を聞いた。小さな都市では、はじめのデートで行きたいレストランを探すことは難しいだろう。雰囲気も良く、知り合いにも会わない、そんな場所が欲しいのである。匿名性のある空間は地方都市では見つけにくいものである。さらに、同じひとりの人でも、年をとったり仕事や活動が変われば、都市に求めるものが異なってくることもあって、希望するようなレストランはなかなか成立しにくいのだろう。

大館はもともと美しい自然に囲まれ、比内鳥やきりたんぽ鍋などのおいしい味を持つ豊かな地方都市である。樹海ドームのおかげで冬場でも運動ができるようになったし、空港ができアクセス性もよくなる。この地方集会で大館を訪れたときには、東京盛岡間より、盛岡大館間のバスのほうが時間がかかったのである。その一方で、大館の廃鉱では首都圏の廃棄物を受け入れ続けていた。同じ廃鉱の一部で新しい環境ビジネスの研究も進められているとのことだったが、良さも、悩みも持ったこのまちが、今後どのような方向に進んでいくのか、大変興味のあるところである。

「大館はいかなる未来を追うか」、この答えは、戸沼氏が最初に語った「誰が担うのか」にある。その誰かが今後の都市のあり方を大きく変えていく。これは、日本都市問題会議が、それぞれの地方集会で問うてきた課題の根幹に流れているテーマでもある。

7　まち歩きがまちをつくる

地方集会は、当初は、日本都市問題会議を発足させた当時のメンバーが、小さな地方都市が自立して発展していく方法を模索しようとしたものである。エクスカーションとして前日にまちを歩き、地元の方々と懇談する。翌日は地元の方を交えてシンポジウム、意見交換、——というスケジュールで三十年近く続けられてきた。

日本都市問題会議のメンバーのまち歩きは、あらゆるものに興味津々であり、まちを見て、そしてまちを感じてきた。もちろんその中には土地の味も含まれている。

「浦和の味はトマトの味」。以前にある新聞のコラムでこんなエッセイを見かけたことがある。著者が子どもの頃に浦和の祖母の家で食べたちょっと青臭いトマトの味だという。その祖母の家は浦和駅の近くにあり、農家だったと書かれていたと思う。浦和と聞くとそのトマトの味を思い出す、こんな内容だった。

鯛飯とじゃこ天、ひつまぶし、港の朝すし、きりたんぽ鍋、旬の桃の味等々。これらが、筆者にとって地方集会の味である。この鯛飯は醤油のたれに入れた鯛の刺身をご飯にのせたもので、鯛飯という名前からくるイメージとは違っていたこともあってよく覚えている。さっぱりとして大変おいしかった。

鯛飯と聞くと、いただいたときの周辺の風景、海の青さ、そこで交わされた会話を思い出す。そして、宇和島のまちで感じたこと、そこで語られた地元の方々の悩みや誇りがよみがえってくる。

味覚はその土地のイメージをつくりだし、またそのイメージを呼び覚ます要素のひとつといえるだろう。味わうこと、それ自体がまちを感じる手段の一つともいえる。さらに、地元の方々との語らいの中からそのまちの姿が見えてくる。住んでみなければわからないことも多いが、まちへのアプローチの方法としては有効だと思う。地方集会はこの楽しさがあったからこそ続いてきたのだろう。

さらに、何事にも興味津々のメンバーたちとまちを歩いてみると、様々な場面に出くわすこともある。大館の駅前にあるハチ公の像を見ながら、「本物のハチ公の耳は片方が折れているんだよね」と田村氏はいった。本物のハチ公とは渋谷で主人を待っていた本物のハチ公である。そして若い頃に訪れた大館の様子を楽しそうに語りだした。まちの変化を楽しむ、そんなところから、まちづくりがはじまる。そして、それはまちづくりを考えるための貴重な経験となっている。

自分の住んでいるまちも、ゆっくり歩いてみると違ったまちが見えてくることがある。手段はなんでもかまわない。車であれば車の、自転車であれば自転車の視点からまちを感じることになる。

地方集会では、さらにもう一日そのまちで過ごすメンバーがいたりする。そして、まちで活動する方々が話す言葉の本当の意味を考える。筆者は宇和島集会で不思議な楽しさを感じ、それ以降ずっとこの集会

図表　地方シンポジウム

地方シンポジウム	開催年月日
掛川シンポジウム	79. 7.21・22
神戸集会	80.11. 1・ 2
大阪集会	82. 2.20・21
酒田集会	83.10. 8・ 9
津軽集会（於弘前）	84. 5.12・13
東西合同会議（於大阪）	84. 9. 8
盛岡集会	85. 5.11・12
川口集会・東西合同会議	85.11. 9
松江集会	86. 6.14・15
東西合同会議（於大阪）	86. 9.13
東京湾シンポジウム（於横浜）	87. 6.27・28
高岡集会	88. 9.15・16
東西合同会議（於京都）	88. 9.17
水俣集会	89.10.28・29
掛川集会	89.12.16・17
宇和島集会	91. 5.11・12
恵庭集会	92. 5.30・31
ウォーターフロント・シンポジウム（東西合同：於東京）	93. 6.12
首都機能移転と地方分権（東西合同：於京都）	93.10.16
飯田集会	94. 5.21・22
鎌倉集会（新年特別例会）	95. 1.28
三春集会	95. 5.27・28
瀬戸集会	96. 5.25・26
沼津集会	97. 5.24・25
東西合同会議（於大阪）	97.10.18
大館シンポジウム	98. 5.23・24
掛川集会	99. 7.24・25
東西合同会議（於京都）	99.10.16
台湾視察・集会（於台北）	00. 6. 2～ 4
長岡集会	01. 7.13・14
浦安集会	02. 7.12・13
仙台集会	03. 6,28・29
小布施集会	04.11.13～14
長岡特別集会―中越支援集会（半年イベント）	05.04.23～24
長岡特別集会―中越支援集会（1年イベント）	05.10.22～23
長岡特別集会―中越支援集会（1年半イベント）	06.04.22～23

に参加し続けている。文献や画像、ネットの世界からは得られない、実際にまちで感じる感覚が、頭で考えただけの計画を修正していくのである。これからも自らの目で、感覚でまちを感じ、まちづくりについて考えてみる、そんな時間をもっていたいと考えるのは筆者一人ではないだろう。

なお、ここでは約三十年間の集会について、後半に行われた地方集会からの紹介となったことをお詫びしたい。

終章

二十二世紀論序説

――二十二世紀の文明と都市

田村 明
Tamura Akira
地域政策プランナー

はじめに

私は十年ほど前、皆が二十一世紀論を始めた頃、二十一世紀を論ずるよりは、人類文明の曲がり角にきた現在、論ずべきは二十二世紀ではないかといっていた。私なりの二十二世紀論の一端をある人に話したところ、《まだ早すぎる。もう少し取っておいたほうがよい》と窘められた。私自身も確かめておくべきことも多く、暫くは取り止めた。

二十二世紀を問題にしようと思ったのは、未来を語るときに、単純に現在の延長としては語れないのではないかという疑問が起きたからである。かつてH・G・ウエルズが未来を語ったときに、その夢のような話は、科学技術の発展により次々に実現していった。それは予測を上回る早さであった。累乗的に上がってゆく右肩上がりの時代だったのだ。だが、そんな単純な現在の延長で進むとは思われなくなった。それよりも二十一世紀中には、大きな文明の断絶の危機がありそうだ。それをどう乗り越えられるかのほうが大問題だ。二十二世紀はその後に来る世界である。

私は二〇〇五年に、NPO法人「日本の未来をつくる会」を友人たちと設立した。すでに東京、岡山、札幌で地元の知事も交えたシンポジウムを行っている。これは三百年ぐらいを見通した日本の未来のグランドデザインを行おうというものだが、この会では文明の断絶を想定はしていない。私個人としては、この会とは別に、文明の断絶とその先のことも考えておく必要があると思っている。だが、まだ機が熟していないので、ここでその全貌を述べることはできない。

そこで、ここでは、二十世紀後半の戦後から今日までを概観し、二十二世紀論の前提になる課題を瞥見する序説段階に止めておく。

1　戦後の三十年――日本都市問題会議成立まで

日本都市問題会議が生まれたのは一九七八年だから、今から三十年前になる。現在は敗戦から六十年以上を経過しているので、三十年前とは、敗戦から現在までのほぼ折り返しの時点に、この会が始まったということだ。

敗戦後からの三十年間は、まさに激動の時代だった。一口でいえば縄文時代から近代都市までを一挙に駆け抜けた三十年だった。

敗戦によって日本の主な都市は、いったんゼロに近い状態に返った。あの東京の都心や下町一帯の焼け野が原を今でも鮮明に覚えている。その焼け跡に、ありあわせの焼けトタンなどで囲ったバラックがそこここに建つ索漠たる風景だった。そのうえ、食料がなかった。配給は遅配や減配。やっと来るのは、家畜の飼料に使うようなバサバサの玉蜀黍の粉。ヤミ市ができたが、金やモノのある人はいい。そこで買うための金かモノがなければ、指を咥えて見ているだけだ。日本人は五百万とも一千万とも餓死するだろうといわれた。東京に住んでいた私たちは、そこここに生えている野の草の食べられるものは食べた。まるで縄文時代のような採取時代にまで逆戻りしてしまったのだ。

文明の断絶をじかに味わってしまったのだが、それでもこの時代の断絶は、敗戦国という日本だけの問題だった。その対極にある戦勝国アメリカの物質文明の豊かさを同時にいやというほど見せつけられた。しかし、二十二世紀までにあるかもしれない文明の断絶は、一国だけの問題ではなく、地球的な規模に広がってしまう恐れがある。

戦後の我々は、とにかくゼロからスタートした。細々と復興に喘いでいるときに、突然朝鮮戦争が起こり、その特需の波に乗って戦後復興を果たした。「もはや戦後ではない」という時代を抜け、ついに戦前には予測もつかない自動車時代や超高層ビルの建設ラッシュという今まで経験したことのない「都市の時代」までの道筋を一挙に駆け抜けた。それはかなり異常な体験だった。私は戦前のことも記憶にあったから、断絶状態に陥ったこともよく見ている。またその後の展開までのすべての過程を体験してきた。

その三十年間は断絶を乗り越え、高度成長の恩恵を受け復興から未来への展開を行う一方、反動として一通りの都市問題も体験した。なかでも、公害、モータリゼーション、スプロールと乱開発、ごみ処理問題などは典型的なもので、その対応に悩まされてきた。

一九七二年にストックホルムで行われた国連の人間環境会議では、世界の国々が共通の問題として環境問題に取り組むべきことが確認された。この会議では、環境問題として戦争や飢餓、貧困も取り上げられている。その頃の我々にとって、これらを含めて環境として考えるのには、少し違和感があったのだが、それは日本が恵まれていたからだろう。だが、世界的にみれば、戦争や貧困は、生存にかかわる基本的な環境問題であったのだし、日本だって戦中戦後にそういう体験をしてきたところだったのだ。

一九七〇年代になって、都市問題を解明するために、本格的な「都市政策講座全十三巻」が岩波書店から刊行された。この編集には私も参加して二冊を担当し、三冊に論文を載せた。これは始めは「都市問題講座」という案だったものを、もう「問題」の時代ではなく、それをどう解決するかの「政策」の時代だという認識が高まり、「都市政策講座」という名称として刊行された。

2　日本都市問題会議の創立からの三十年間とその後

日本都市問題会議は、そうした戦後三十年の後に結成された。我々の名称は都市問題といっているが、問題提起に止まらず、それをどのように解決していくかが大きな課題だということでは、共通の認識を持っていた。

しかし、対象がはっきりしている問題よりも、都市の矛盾、文明の矛盾として起きてくる問題のほうが深刻になってくる。たとえばクルマ社会にみるように、車を持つということは大衆の夢が実現し多くの人々が幸福を味わい、全国の流通を促進し飛躍的に便利にさせたが、同時に排気ガス、騒音、事故など様々な問題を引き起こしている。さらには都市構造を変え、犯罪の形態を変え、人々の意識まで変えた。個人の幸福を追求することが、同時に企業の利益、社会の発展へと繋がっているうちは良かったのだが、その欲望と利益追求が、社会に様々な波紋を引き起こす。現代の情報社会もよく似ている。利点と問題点が共存し交錯しているので、一概に良い悪いは言えない。被害者に見えているものが、実は原因になる加害者になりかねない。こうした矛盾を内包したシステムから逃れることはできなくなっている。

日本都市問題会議結成の一九七八年は、神奈川県の長洲一二知事が「地方の時代」を提唱した年でもある。中央の施策に任せるのではなく、それぞれの地域が、地域の実情に合わせて自信を持って政策を立て経営を行わなければならないという理念は、全国に浸透していった。

ちょうどその頃、国でも、大平正芳首相が「田園都市国家構想」というものを打ち出した。首相は道半ばで倒れたので、その詳細は明らかにされないままだったが、理念としては、国から打ち出された「地方の時代」と考えてもよいのではないか。それまでの単純な高度成長路線の反省をこめて、ようやく自治体からも国からも、「地方」や「質」の問題が大きく取り上げられようとしていた。

その後、いわゆるバブルの時代といわれる不毛な時代が到来し、地価は急上昇から暴落して土地神話は崩れ、不良債権が続出して経済は混乱した。まだバブルの後遺症に悩んでいる一九九三年になって、地方分権に関する国会決議が行われ、九五年には「地方分権推進法」が成立した。これにより、従来の機関委任事務が廃止され、国と自治体との関係は「上下主従」ではなく「対等協力」の関係であるという、自治体本来の姿として確認された。また二〇〇〇年には「地方分権一括法」が施行されることになった。

財政問題などの積み残しの問題は大きいとはいうものの、確実に地方分権の方向へ動いてきたといえる。それは、紆余曲折はあっても今後とも進んでゆくだろう。都市のような複雑なものを、成熟した国で一元的、画一的にコントロールすることには無理があるし、無駄も多い。成熟国家日本では、列島を地ならしして画一化にすることではなく、地域ごとに個性ある展開を図ってゆくことである。そうでなければ、誇りを持って各自がそれぞれの地域で暮らしてゆくことはできない。

地域分権を進めれば、自治体を地域市民の信託を受けた《市民の政府》にしてゆく必要があるだろう。地方分権を国と自治体との権限の取り合いのような問題に終わらせてはならない。自治体とは、主権者である市民が、まず身近な範囲でまとまってつくった《政府》であるという認識が必要である。とくに、基礎自治体を自分たちの政府としてしっかり認識し機能させることである。

一方では、国の範囲を越えた国際化が進んだ。環境問題には国境を越えて協力し合うことの必要性が確認された。

また、この会が始まった三十年前には、東西の冷戦が解消するとの願いはあっても、現実になるとは夢にも思っていなかったが、劇的に実現した。しかし、それで問題がなくなったわけではなく、イスラエルとアラブ世界との緊張、国際テロ・核拡散など、新たな問題が次々と起き、問題はかえって深刻化、複雑化している。

一九八五年になると、ヨーロッパではEUが十五か国で始まり、しだいに拡大している。ヨーロッパ諸国では国境など感じられなくなったし、特定の国以外は通貨さえユーロに統合されてきた。これも三十年前には考えられないことだった。さらに、東欧からイスラム文化の異なる国までもがEUへの統合への道を目指している。

そのEU統合がスタートした一九八五年には、同時に《ヨーロッパ自治体憲章》が制定され、とくに基礎自治体の役割を確認したことを忘れてはならない。つまり、国際化が進み、従来の国家の役割が相対的に小さくなって国際社会に移行する一方、自治体の役割も同時に欠かせないものになってきた。市民がいきなり国際的な課題を扱う政府だけを頼りにすることはできない。国際化すればするほど、他方では市民に身近な政府である自治体が機能しないと、市民は日常生活ではもちろん、非常時には裸で放り出されてしまうことになるだろう。

現在の国民国家が形成されたのは、せいぜいこの百五十年とか二百年余りのことである。今やその役割は、国際社会と市民の政府の両極に相対的にウエイトを移してゆくようになる。そのための中間的な装置として先進国では連邦制をとっている。国よりも身近な立場にいる州が基礎自治体をサポートする必要があるだろう。日本の道州制論は、府県合併のようなニュアンスが強いが、それでは意味がない。中央集権の国家を、より市民に身近な単位にするために分けることであるし、基礎自治体をサポートするためのものである。自治体としての州制への移行が望まれるだろう。

とくに、美しい国をつくろうというなら、いきなり中央からの指令で画一的に行うことは無理だ。それぞれの地域が自分たちの個性に目覚め、それを愛し育ててゆこうとしない限り、美しい国もできない、維持されない。たんなる権限の分権ではなく、地域が主体性を持ち、政策に責任を持つ時代が期待される。

3――二十二世紀への課題

時代は常に流れる。二十世紀に入ったばかりだが、そのまま時間がたてば、漠然とした連続性の中で二十二世紀を迎えるということにはなりそうもない。

古典的な都市問題ともいうべき公害に代表される環境問題の解決には、二十世紀中にかなりの進展があったのだが、生活を脅かす様々な問題は、より複雑化し、より深刻化している。それは単純に相手があって対策を立てればよいというよりも、利点と同時に問題を引き起こし、複雑に絡み合う矛盾として示されることが多くなった。
今我々の抱えている課題はあまりにも多いし、文明の矛盾と綻びが目立つようになってきた。それらの問題を次に列挙しておきたい。大きく、地球次元にかかわる問題と、比較的身近な地域の問題との二つに大別できる。しかし両者は実は様々な形で絡み合っており、明確に二分することはできない。ここでは一応便宜的に二分しておくことにする。

地球次元にかかわる課題

①大量破壊手段の取得と行使……核爆弾、大陸間ミサイル、生物化学兵器
②戦争と内戦……国際間の紛争、人種間の軋轢、経済的・文化的対立
③テロ……個人攻撃、集団攻撃、無差別攻撃、大量破壊手段の使用
④難民流出……内戦、差別、虐待、報復
⑤人口爆発……地球百億人口、地球の容量
⑥貧困と飢餓……富の偏在、食糧の偏在、食糧難、大飢饉
⑦自然災害……地震、火山爆発、台風、津波、竜巻
⑧地球温暖化……CO_2ガスの増加、氷床・氷河の融解、海面水位の上昇
⑨オゾン層の破壊……フロンガス、皮膚癌
⑩酸性雨……森林破壊、湖沼汚染
⑪砂漠化……気候変動、雨量の偏在化、乾燥化、黄砂
⑫森林破壊……木材資源の浪費、酸素補給量の減少、生物多様性の減少、価格の高騰

⑬　埋蔵資源の枯渇……エネルギーの過剰利用と危機、資源争奪戦
⑭　水資源の枯渇……地表水の囲いこみ（ダムなど）、地下水の枯渇、アラル海の縮小
⑮　ウイルス・感染症……インフルエンザ、エイズ、出血熱

これらの問題は、すべて人間の今までの活動の結果として生じたものである。それらのなかには、人間生活により多くの便益を与えるはずだったものが、逆に反動として害を与えるものも多い。地球温暖化や砂漠化、森林破壊、資源の枯渇などは、人間生活を便利にするために生じた問題だ。

自然災害という天災は人類が存在する以前からあるのだが、それが人類の築き上げてきた蓄積に重大な被害を及ぼすので「害」になり「災害」と呼ばれる。さらに人為的な「人災」が加わり、被害をいっそう大きくする。人類がいなければ、災は「害」にはならない。

現在の人類は、欲求がとめどなく拡大してゆく生物である。グローバル化によって、欲望は局地的なものに止まらず、地球次元にまで広がった。人間の様々な欲求が、新しい発明や発見を生み、今まで利用されないものまで開発し、人間に便利さと快適さを与えたことは確かだが、それは幸福ばかりではなく、逆のマイナスを伴うという矛盾を包含し、思わぬところに問題となって現われている。

さらに戦争のように、人類の存在そのものを否定するような事態さえも招いている。この戦争や内戦を「文明の衝突」ととらえるハンチントンは単純すぎる。たとえば、イスラムとユダヤ教を単純な衝突とみるのは誤りで、中世のサラセン帝国内では、アラブ人も、ユダヤ人も、キリスト教徒も、一つの都市の中で平和に共存していたし、その期間も長い。その共存の知恵を放棄して、欲望の衝突に切り替え、しかもそれを利用したり煽ったりする近代文明のシクミに問題があった。

文明的次元でみれば、それまでの戦争とは全く異なるものになった。それまでの戦争が局地的で、原則的に戦闘要員同士によるものに限られていたのが、第一次大戦のときに、一般市民を巻き込むものに質的に変化した。さらに第二次大戦で、核爆弾を持った今、戦争は文明の危機であり、断絶につながりかねないものになった。

日本の戦後の救いは、外国との戦争はもちろん、国内で互いに殺しあうような内戦がなかったことであろう。徹底的な武装解除がなされ、銃はおろか日本刀も取り上げられた。世界ではアフリカのルワンダのように、八十万人という人口の一割以上が内戦の殺し合いで死んだという事実があちこちで起きていたが、日本では心理的にも物理的にも、そういう可能性はなくなっていた。

また、今でも世界中に難民は沢山いるのに、日本には難民となって他国に流出するなどということは考えられないし、難民が大挙来訪することもなかった。そのような、平和の国日本を実現させ、維持できたことは、世界に対しても大きな誇るべき点であろう。

地域次元のかかわる課題

①大気汚染・水質汚染・騒音・悪臭・土壌汚染……古典的公害
②地盤沈下・陥没……地下資源の採取（石材、石炭など）
③乱開発……土地所有権の乱用、大型土木機械の利用、全体計画と規制の不備
④景観の混乱……景観意識の欠如、土地利用・空間利用の無秩序
⑤コミュニティ崩壊……地縁社会の希薄化、遠距離通勤、相隣トラブル
⑥高齢化……階層別人口のアンバランス、社会的役割の喪失

⑦　少子化……高学歴、子育て環境の脆弱、欲望の多様化、生物機能の低下
⑧　医療・介護要員の不足……若年層の不足、報酬システム
⑨　家庭崩壊……核家族化、生活時間のズレ、共同目的の喪失
⑩　青少年問題……引きこもり、犯罪の年少化、人生目標の喪失、
⑪　麻薬、ドラッグ……ヘロイン、コカイン、ＬＳＤ、不安、情報過多
⑫　環境ホルモン……内分泌かく乱物質、ＤＤＴ、ＰＣＢ
⑬　ストレス……うつ病、自殺、社会的救済の脆弱性
⑭　凶悪犯罪・不条理犯罪……強盗殺人、家庭内殺人、幼児殺害
⑮　モータリゼーション……飲酒運転、マナー悪化、高速化、混雑渋滞、排気ガス、事故多発
⑯　廃棄物処理……産業廃棄物、最終処分地、リサイクル社会の未熟
⑰　放射能汚染……放射能漏れ、放射能汚染、放射能は器物の処理
⑱　情報操作、情報犯罪……ウイルス、不正アクセス、サイバー犯罪
⑲　被災害脆弱性……インフラの複雑化、高層化
⑳　バーチャル社会……ブラックボックス化（耐震偽装、都市装置の非可視化）、匿名性の拡大

これらの問題も、基本的には人間の欲望を自由に実現してゆく結果、その充足とともに反動として生ずる問題であり、現在の人類文明の矛盾である。自由を制限する封建的抑制を打破することによって、近代社会は発展してきたのだが、自由を享受する利益が一方的に強者だけに偏らないためには、市場原理だけに委ねずに新しい社会的秩序が必要になる。それが十分に整備されていないと、自由によってかえって矛

盾は拡大するばかりである。そこで地域社会における自治体が市民政府として働き、国はそれをサポートする体制が必要になるだろう。

しかし、人間同士の関係や家庭の問題になると、国はもちろん、自治体などでも、法で縛る問題ではない。そこで成熟した社会としては、それに相応しい慣習やルールを構築する必要がある。それは家庭と学校教育と地域社会とによって実現されるものである。

4 二十二世紀への対応

ここでこれらの問題について、いちいち詳細に述べるゆとりはない。それらは改めて語らなければならない。いずれにしても、これらの問題について大方の答えを出して実行してゆかなければ、二十二世紀は開けない。

可能性としては大きく三つに分かれる。第一の可能性は、その答えを全く誤ってしまって答えを出せない場合である。このときは、人類は絶滅の危機に瀕する。

第二の可能性は、その答えに失敗はするのだが、なんとか絶滅を免れた人類が生き延びてゆく場合である。この場合は、現在とはかなり違った文明を再建することになる。

第三の可能性は、これらに、おおむね適切な答えを見出し実行していった場合である。人類文明は継続するが、それには現在のような文明をそのまま延長するのではなく、相当に違った文明として再編成することになるだろう。最も軽度な断絶でおさめる場合である。

そのどれになるか、まだ結論を出すわけにはゆかない。結論は今後の人間の行動にかかわるからである。

ここでは概括的に、次の幾つかの点を指摘しておくに留めたい。だが、これらの点は、三つの可能性のどの場合になっても、問題にしなければならない点である。

しかし、いずれにせよ、現代の価値観と行動様式をそのまま延長してゆくということはありえないだろう。

核戦争について

最大の問題は、人類が地球の全員を何度も殺せるほどの大量破壊兵器を手に入れてしまったことである。手に入れてしまった以上、それを完全に放棄しない以上、どこかで意識的に利用されるか、あるいは予想されない暴発をするかもしれない。幾つかの大国だけは核を保有し、他の国には持たせないという現在の核拡散防止態勢は、原理的に無理がある。核がある以上は、それが何時何処で使用されてもおかしくないということだ。

第二次大戦以降、人類は自分自身の手で、自分たちがつくり上げた文明すべてを、一瞬にして破壊し尽くせるほどの大量破壊兵器を開発、保有してしまった。人類最大の危機を拡大させながら、その危うさの上に都市をはじめ膨大な現代文明を築いてきた。その矛盾する姿を視覚的に提示して見せたのが、二〇〇一年九月十一日のニューヨーク産業貿易センタービルの、テロによる航空機激突による崩壊であった。核の使用が行われないでも、まさに現代文明の最高のシンボルが、一瞬にして崩壊してしまう姿を多くの人々が目の当たりにした。

だが、現実はこんなものではない。この事件は、それよりはるかに危うい状態の上に、現代文明が存在していることを如実に示したものだった。核爆弾が使われれば、あの何層倍化の悲劇、いや地球上の人類が絶滅するという危機までが、一瞬にして起こりうるという予告編を見たような気がする。

大量破壊兵器の使用は、特定の人々の手に握られているが、それらの人々が、常に冷静に行動するとは限らない。また、これらが地上に存在する以上、小型化され、多数のテロリスト——しかも自爆テロリスト——の手に渡り拡散してゆく危険がないとは言えない。これを克服するのは核兵器の完全廃絶のほかはないが、それできるかどうかは、まさに人類の英知に関わっている。

環境の限界と安定化

二十世紀文明は、人間の欲望をすべて肯定する上に成り立ってきた。それが文明を大きく進展させたが、自然の飽くなき改変を許し、資源やエネルギーへの無限の欲求になって現われた。大量生産、大量消費を肯定する社会経済状態をつくり、都市はその頂点として実現し巨大化していった。大量消費の結果は大量廃棄につながりその処理も限界に達しつつある。文明が無限に進展した例はない。必ず限界を迎えるのは宿命である。その宿命を遅らせ、限界のなかでも人類を幸せにするにはどうしたらよいのかを考え、努力してゆくのかが、人類文明を継続させるカギである。

人類は環境を改変することで現在の姿を得てきた。これを元に戻して、他の生物と同じように、自然のままに暮らしてゆくということは不可能である。「自然に返れ」という声も時々上がったが、それは本当に自然に返るのではなく、忘れていた自然に思いを致すということに止まるであろう。建設を行えば、必ず何かを破壊し、何かを喪失する。喪失されたものは量や金銭では測れないものも多いので、軽視されがちであったが、そのツケが膨大になってきた。そこで、自然に目をむけ、循環型、ゼロエミッションのシステムが求められることになる。

現代の科学技術を活かして、自然に大きな負荷を与えないようにすることは、ある程度可能であろう。地球に降り注ぐ太陽エネルギーを有効に利用して、エネルギーも素材もバイオマスに頼ることを目指して行くべきだろう。木で作った家、泥で作った家は自然の素材から作り、用がすめば自然に返っていった。雑木から得たエネルギーは自然との間に太陽の力を借りて循環していた。

地球は太陽の衛星だから、その恩恵を受ける限度で暮らせばよい。現在は菜の花油などやバイオマスエタノールが燃料として有効だ。将来は太陽発電で水素をつくり、燃料電池をエネルギーとする範囲内で生活すれば、原理的には地下資源に頼らなくてもすむ。

現在ではコストが問題になるが、短期的な収支計算による行動をやめて、地球環境からみた長期的で総合的な計算に立って、必要なコストを適切に負担しあう社会経済システムを構築することが重要だ。現在の欲望を満足させるだけで成立するシステムを続ければ、どの場合にも破局が到来する。それをどのように持続可能なシステムに切り替えるかが課題である。

個人欲望の制御について

個人の欲望を必要以上に煽り立てて需要を喚起することが正しいとされてきた社会システムにも、一定の自動制御が働くように構築しなおされなければならない。しかし、それが極端な管理社会になり、人間の自由度を奪ってしまうなら問題だ。政府の政策を頼りにするのではなく、人間自身の自発的な制御が必要になってくる。これは政策の次元を超えた、人間そのもののあり方の次元である。

二十世紀末から二十一世紀へかけて、個人としての人間の欲望が解放されてきた。個人が尊重され、その希望の実現へ向けての行動が肯定されてきたことは、近代の成果である。だが、人間は一人では生きられない生物であり、個人は他の個人、社会との関係で生きていることはいつの時代でも変わらない。その調和を、権力や法令の強圧によって求めるのではなく、人間の内発的な倫理性のなかで求められるべきだろう。

これまで人間の欲望を制御してきたのは宗教の力であった。人間の欲望を物質世界から精神世界へと転化させることが行われた。極端な場合は、無に通ずる、悟りの世界だった。欲望に渦巻く人々も、そのような悟りの世界を理想の世界として認めていた。

ジャイナ教の教祖マハーヴィーラは一切の煩悩を断ち切り、一糸まとわぬ裸の姿で説法して歩いた。だが、この現在まで二千五百年も続いている宗教の信者は、意外なことに金持ちが多い。欲望の抑制は逆に、商売に熱心のようだ。

マックス・ウエーバーによれば、プロテスタントの禁欲的で勤勉な働きこそが、近代の資本主義を成立させた要因であるとする。個人の利益だけではなく、社会への奉仕の精神が初期の健全な資本主義を発展させた。資本主義は決して無制限な欲望の結果として実現されたものではなかったが、あるときから変化した。

日本の資本主義興隆の立役者、渋沢英一も決して個人の欲望の充足を優先させてはいなかった。資本主義のリーダーたちには強い社会的な倫理性を求めた。

イスラム社会では、金利の存在を認めなかったし、文化と科学を重んじた。ギリシャのアリストテレスをはじめとする科学者等を尊重し、アラブ世界のなかで独自の展開をみせた。とくに数学、医学は優れていた。それが西欧に伝えられ、ルネサンス文化を生みだす原動力になった。人間の欲望は金銭よりも哲学、医学、数学に向けられたし、それが今日の西欧の基礎になった。これらの学問に向けられたエネルギーは、環境に負荷をかけるものではなく、衝突を生むものでもない。人間の隠れた能力を引き出し、刺激を与えてきた。

成熟社会では、資源の浪費や、個人的満足だけを求めるのではない社会的な価値を、個人の自覚として持つべきである。これは近代的な自由を獲得した個人の責任として自覚すべきだし、それが成熟した社会といえるものだろう。そういう倫理観が自然のうちに浸透している社会が求められる。

市場原理の限界と人間の満足と幸福について

個人としての人間が、何によって幸福を得るのかが大きな課題だ。心理学者のマズローは、人間の欲求を生理的欲求、安全の欲求、親和の欲求、自我の欲求、自己実現の欲求の五段階とした。この欲求を満足させることにより幸福を得る。親和の欲求とは、他人と関わりたい、社会に帰属したいという社会性の欲求、自我の欲求とは社会のなかで価値ある存在として認められ尊敬されたいという認知欲求で、自己実現とは自分の持つ能力、可能性を発揮し、創造的活動により自分を高めたいという欲求だという。こうみても金銭的欲求は人間としてはかなり次元の低い欲求だが、なぜか現代ではそれが最高の欲求になってしまったのだろう。社会が病に侵されたとしか言いようがない。

市場原理への無制限な信頼が、その大きな要因になっている。そこに不公平な価格形成を行うルール違反は問題外だが、仮に手続的に公正でも、そこで形成された価格が万能であるとは市場経済至上主義のフィクションだ。市場は目に見えない次元を含め、グローバル化しており、市場の原理が「見えざる神の手」で動くという範囲をあまりにも越えて大きくなりすぎてしまったからだ。それが欲望を増幅させる。

しかし、私はマズローに加えて、六段階目に他者実現を加えたい。人間の自己実現は、特殊な芸術家は別として、何らかの他者や社会へ働きかけることによって、他者が喜び生き生きとする姿を見るときではないだろうか。自分が他人のために役立っていると思うときが、いちばん生きる悦びを感ずるときであろう。それは自己実現を超えた他者実現ともいうべきものであり、それによって初めて人間が人間らしい生きている実感を持てる。この六段階目の欲求の他者実現に至らなければ、自我の欲求も、自己実現の欲求も達成されないだろう。

戦後の日本では人間の欲求を極めて低い次元に留め、欲求は金銭に集約され、換算されてきた。青少年や子どもたちにまでその風潮が浸透していると、社会全体へは無関心になり、独善的になった。量的にはかれる欲望は、あまりにも単純化していて、無限の増殖するばかりで、どんなに多くのものを得ても、これで完全に満足するという数値は得られない。常に他と比較して不満のほうが募ってしまう。最終的な満足も得られないだろう。

二十二世紀の悦びについて――創造の世界

無制限な金銭表示できる欲求を抑制するということは、人間を禁欲的で退嬰的なものにすることではない。他者実現ということで十分な生きる悦びを実感できるだろう。教師とか医者、介護士、看護師などは他者への奉仕が目的の職業だから当然だが、他の職業にしても、基本的には他者に奉仕することで自分も利益を得るという構造のはずである。そこに悦びと誇りを感ずる社会をつくりあげてゆくべきだろう。

また、個人としても様々な創作活動を行うことで悦びを得ることができる。文芸、造形、音楽などは、プロにはならなくても、日常生活を十分に豊かに充実させ楽しませるものである。広い意味の芸術的な行為は、特別な報酬がなくても、生きる力を与える無償の行為である。

我々が未開といって軽蔑していた世界には、こうした優れた芸術的世界が展開されている。アフリカのドゴン族の仮面などは、ピカソの芸術を上回るものだ。経済的な価値でみればピカソの絵は一枚何億円とするが、こちらは価格としては問題にならないが、価値は価格だけで量ることはできない。人間の心には、いたるところにこうした創造的な精神が眠っている。経済価値だけに重きをおく現代は、多様な価値をあまりにも単純化した。様々な価値を認めれば、自分も楽しみ、他人も楽しませるものになるだろう。

創造的とは創作活動に限らない。様々な歴史探求や郷土史の研究なども創作的な行為だ。刊行や旅行も、写真やスケッチなどを加えた旅行記などを綴ることでそれに近い悦びを得るだろう。

何もできないという人は、鑑賞のほうに回ればよい。創造的世界を鑑賞できるのも、人間の美しさを愛する心を育て、品位を高めて生活を豊かな充実したものにするだろう。

また、学ぶということも、人間を活性化させ生きる力を与える。学問は無限であり、とくに他人や自然に害を加えることもない。それどころか、自然と共存してゆく知恵をうることにもなるだろう。人間の脳の力は一生の間にせいぜい一割くらいしか使っていない。もっともっと脳を活性化させることは悦びを伴うものである。

身体的能力について

人間も一個の生物として、身体的能力がモノをいいそうだ。近代文明は、その人間の身体的能力を補うために様々な文明の利器を発達させた。しかし、人類に文明の断絶が起きるときに、人間は再びその肉体的能力に頼るほかなくなるかもしれない。もちろん、断絶があったとしても、人間の獲得している様々な知恵を活かすことはできる。その知恵を活かすにも身体的能力がものを言うだろう。

スポーツも自分の健康のためであるが、イザというときの体力のためにも必要になるだろう。また人とのふれあいの機会を提供する。一流のスポーツ選手が多額の金を得るのを見て、それを夢だという言い方で、子どもたちを金の亡者にさせてしまってはならない。

スポーツとは、優れた人々にとっては純粋に人間の能力の限界を試してみることであるのだが、そうした特殊な能力よりも、人間全体の生物としての能力を維持し向上させ、非常の事態にも役立つようにしておくことが必要だ。そうでなければ、人間の能力は文明の発達とともに退化してゆくばかりになる。

身体能力の開発も一種の創造的行為であるかもしれない。モンゴルの少年たちは、広い草原で馬を駆り、生きる知恵と身体的能力を身に付ける。朝青竜が強いのも、子どもからの身体的な訓練による。それはどんな状態がきても生き抜く基礎条件になる。

人と人とのつながりについて

人間は多くの人の間にあって、その交流とつながりを持ってこそ人間である。都市の発生は人々の交流の場であるイチからであった。敗戦直後でも真っ先にできたのは、闇市だった。それに、池袋駅前の焼け跡の広場には、青空の将棋会所ができた。一局五円だったが、大勢の人々が集まって僅かな時間を楽しんだ。この時代には、まだ何の娯楽もないし、テレビもないが、人の交流とせめてもの憩いを求めたのだろう。また、地域のサークル活動も盛んだった。読書会やら話し合い、コーラスなどの地域活動があった。電車賃をかけて遠くに行くよりも、まず近くで今まで知らなかったもの同士が互いに交流を求めた。これからどうなるかという不安と期待もあった時代だった。

ところが戦後、交通・通信手段が飛躍的に発展し、かえって基本的な会話による人間のコミュニケーション能力を下げてしまっているところがある。パソコン、ケイタイと通信手段にはこと欠かないし、その利用は盛んなのだが、対面による会話能力はかえって落ちているし、地域の人のつながりも、家族間の会話さえも減ってしまったという。

匿名性が許されるのは、社会的正義や人間の尊厳の維持のために、どうしても他の手段に頼れない緊急避難的な場合に限られるだろう。一方ではミクシィに代表されるようなSNS（ソーシャルネットワークサービス）といわれるような、特定のコミュニティをインターネットでつくるということも行われるようになった。ここでは匿名性よりも、実名性を尊重している。不特定多数とのコミニュケーションは意外な面白さはあるが、トラブルも起きやすいし、かえって人間関係を希薄にしてしまう面もあるので、その是正がはかられているのだろう。だが、表情・仕草などを含む総合的なコミュニケーションとしては、フェイスツーフェイスにまさるものはない。

都市とはそのような出会いとコミュニケーションをつくりだす場であるのが、その本質であった。将来とも、都市は多くの異なる人々が集まる出会いの場だという本質はなくならない。どのように自由に異なる人々の自由な出会いと交流が可能にさせるかが都市の課題だ。むしろ通信手段の発達した今日は、かえって人の繋がりを希薄化させている。直接の出会いの場としての都市こそ、その必要性が求められる。

家庭もコミュニティも、意思疎通から始まる。そこに出会いの驚きや悲しみや、喜びがある。肥大化した巨大都市では、人間関係もバーチャル化してきた。もっとフェイスツーフェイスの出会いの場をつくってゆくのが課題である。

おわりに

これははじめに述べたように、まだ二十二世紀論の序の口である。だが、現在はそうのんびりした時代ではない。文明の断絶の危機が迫っている。これをどう乗り越えてゆくかが大きな課題だ。それには異なる人々が自由に出会い、様々な交流のなかに悦びを満たしてゆけることが必要だ。都市という異なる人々を繋げる、人間の発明したシステムと装置の利点を世界の規模で最大限に活かしてゆくべきである。互いの違いを認めあい、そこに新たな発見と喜びを感じあうべきだろう。世界の平和はそこにこそ構築されるし、そのなかで大量破壊兵器を永久に封印する時代がくることを望みたい。

鈴木　俊治（すずき・しゅんじ）
昭和35年東京都生まれ。61年早稲田大学大学院理工学研究科修了、平成12年カリフォルニア大学バークレー校大学院都市地域計画学科修了。国内の都市計画実務、カルソープ・アソシエイツを経て、平成12年㈲ハーツ環境デザイン設立、現在に至る。国内各地で住民参加型都市デザイン、都市計画、まちづくり、住宅づくりなどに従事。東京・神楽坂地区のNPO 粋なまちづくり倶楽部理事、早稲田大学芸術学校、東京大学ほか講師。

竹内　謙（たけうち・けん）
昭和15年東京都生まれ。40年早稲田大学理工学部土木工学科卒業。42年同大学院理工学研究科修士課程（都市計画学専攻）修了。朝日新聞社入社、政治部記者、編集委員（都市問題・地球環境問題担当)。平成５年神奈川県鎌倉市長就任（～13年まで２期)。現在、日本インターネット新聞社代表取締役社長、江戸川大学社会学部、早稲田大学大学院公共経営研究科各客員教授。

橘　裕子（たちばな・ひろこ）
栃木県生まれ。昭和53年早稲田大学理工学部建築学科卒業。55年同大大学院理工学研究科博士前期課程（都市計画専修）修了。大成建設勤務を経て埼玉県庁入庁。総合研究開発機構派遣、住宅都市部、総合政策部、新都心事業調整課を経て現在、都市整備部市街地整備課勤務。

田村　明（たむら・あきら）
大正15年東京都生まれ。昭和25年東京大学工学部建築学科、28年同大法学部法律学科卒業、29年同大法学部政治コース卒業。工学博士。運輸省、労働省、日本生命、環境開発センター、横浜市企画調整局長、法政大学法学部政治学科教授を経て、現在、都市政策プランナー、㈶横浜市政調査会理事長、現代まちづくり塾主宰。

戸沼　幸市（とぬま・こういち）
昭和８年青森県生まれ。早稲田大学大学院理工学研究科博士課程修了、工学博士。早稲田大学理工学部助手、助教授、教授を経て、現在、同大名誉教授。㈶日本開発構想研究所理事長。早稲田大学オープンカレッジにて「新宿学」を主宰。

外岡　豊（とのおか・ゆたか）
神奈川県生まれ。昭和48年早稲田大学理工学部建築学科卒業。50年同大大学院理工学研究科修士課程（都市環境工学）修了。㈶計量計画研究所都市計画研究室、環境資源研究室、㈶地球環境産業技術研究機構システム研究室（兼務）、大阪大学客員教授（兼務）を経て埼玉大学経済学部社会環境設計学科教授、環境政策担当。Imperial. College, CEP 兼務。

奈良　吉倫（なら・よしのり）
昭和17年函館生まれ。39年東京農業大学卒業後、埼玉県に入庁。土木部計画課、企画部、55年埼玉大学大学院政策科学研究科研修生、越谷土木、秘書課、浦和市都市計画部長、新都心建設局都市施設課長、東松山土木事務所所長を経て平成４年に土木部参事で退職。玉野総合コンサルタント埼玉支店。三郷市理事兼市長公室長。玉野総合コンサルタント東京支店参事から㈶都市計画協会に出向、嘱託、企画部長。

長谷川徳之輔（はせがわ・とくのすけ）
昭和11年静岡県生まれ。34年東北大学法学部卒業後、建設省入省。道路局、計画局、経済企画庁、水資源公団、日本住宅公団等の調査企画担当、㈶建設経済研究所常務理事等を経て、現在、明海大学不動産学部教授。

原田　敬美（はらだ・けいみ）
昭和24年東京都生まれ。49年早稲田大学大学院修了。44－45年ウースター大学、46年スウェーデン、クリスティアンソン建築事務所、49－51年ライス大学大学院留学。52－55年菊竹清訓建築設計事務所。55年 SEC 計画事務所設立。平成12－16年港区長。16年都市政策研究所設立。建築家。工学博士。

堀江　興（ほりえ・こう）
昭和９年東京都生まれ。34年早稲田大学第二理工学部土木工学科卒業。東京都建設局勤務、フランス政府招聘国費留学（パリ都市計画研究所等行政研究機関)、首都高速道路公団計画部調査役、東京都都市計画局参事等を経て、新潟工科大学大学院教授。現在同大学名誉教授、放送大学東京多摩学習センター都市計画演習担当講師。工学博士。

■執筆者プロフィール（五十音順）

阿部　和彦（あべ・かずひこ）
昭和18年ソウル生まれ。42年東京大学経済学部卒業、45年東京大学大学院経済学研究科修士課程修了、45年産業材料調査研究所入所、47年㈶日本開発構想研究所設立とともに入所、現在、常務理事・事務局長・研究本部長。

伊藤　滋（いとう・しげる）
昭和６年東京都生まれ。30年東京大学農学部林学科、32年東京大学工学部建築学科卒業。37年東京大学大学院工学系研究科建築学専攻博士課程修了、工学博士。38～40年ハーバード大学・MIT共同都市問題研究所研究員、56年東京大学教授。東京大学退官後、慶応義塾大学教授を経て、現在、早稲田大学特命教授、東京大学名誉教授。国土審議会委員、都市計画中央審議会会長等を歴任。

伊藤　寛（いとう・ひろし）
昭和６年福島県生まれ。29年一橋大学経済学部卒業。郷里の農業協同組合、農林中央金庫を経て、50年三春町助役、55年三春町長。平成15年に自己都合退職まで６期24年弱在任。

稲垣　道子（いながき・みちこ）
昭和20年東京都生まれ。44年東京大学工学部建築学科卒業。㈱日本設計勤務の後、平成元年都市計画コンサルタントとして独立し㈱フェリックスを設立。市民啓発、市民活動に携わり、立教大学法科大学院（都市環境法）ほか講師。

牛見　章（うしみ・あきら）
大正15年神戸市生まれ。昭和25年京都大学工学部建築学科、26年同大学大学院修了、工学博士。建設省住宅局、日本住宅公団、鹿児島県、愛知県を経て51年埼玉県住宅都市部長、58年東洋大学工学部建築学科教授、平成５年から15年まで埼玉県都市計画地方審議会会長を歴任。

大橋　三千夫（おおはし・みちお）
昭和29年東京都生まれ。53年早稲田大学理工学部建築学科卒業。55年同大大学院理工学研究科修了、工学修士。埼玉県庁入庁、住宅都市部、企画財政部、商工部、新都心建設局、東松山市役所、県土整備部、都市整備部を経て現在、農林部木材利用推進室勤務。

尾島　俊雄（おじま・としお）
昭和12年富山県生まれ。35年早稲田大学理工学部建築学科卒業。40年同大大学院修了、工学博士。49年早稲田大学理工学部教授（現在）。EXPO'70、沖縄海洋博等の会場、新東京国際空港、多摩ニュータウン・センター地区等の基幹施設の基本設計、平成９年日本建築学会会長。

亀野　辰三（かめの・たつみ）
昭和27年大分県生まれ。慶応義塾大学経済学部卒業。大分大学大学院経済学研究科修士課程修了。同大学院工学研究科博士後期課程修了、工学博士。現在、国立大分高専都市システム工学科教授。著書に『道づくりのソフトサイエンス』（鹿島出版会）など。

菊竹　清訓（きくたけ・きよのり）
昭和３年福岡県生まれ。25年早稲田大学理工学部建築学科卒業。竹中工務店に入社後、28年に独立して菊竹清訓建築設計事務所を設立。当初は島根を舞台に活躍。その後早稲田大学教授、国際建築アカデミー教授等を経て、現在、菊竹清訓建築設計事務所代表、日本建築士会連合会名誉会長。

北本　美江子（きたもと・みえこ）
昭和20年栃木県生まれ。44年東京大学工学部都市工学科卒業。専業主婦（仙台、東京、パリ在住経験）、コーポラティブ住宅コーディネーター、積水ハウス㈱都市開発事業部勤務等を経て、現在、都市住生活アトリエ主宰。

木原　啓吉（きはら・けいきち）
昭和６年鹿児島県生まれ。28年東京大学法学部政治学科卒業。朝日新聞社入社、環境問題担当の編集委員を経て、千葉大学教授となる。現在、㈳日本ナショナル・トラスト協会名誉会長、千葉大学名誉教授、江戸川大学名誉教授。

山東　良文（さんどう・よしふみ）
大正12年和歌山県生まれ。昭和21年９月京都大学法学部卒業、25年東京大学文学部社会学科卒業。建設省、経済企画庁、首都圏整備委員会を経て、国土庁大都市圏整備局長。現在、㈶地域開発研究所顧問。

榛村　純一（しんむら・じゅんいち）
昭和９年静岡県生まれ。35年早稲田大学文学部卒業。36年家業の林業経営に従事し、静岡県森林組合連合会専務理事（現会長）、静岡県監査委員等を経て、昭和52年掛川市長に（平成17年まで７期務める）。現在、㈶森とむらの会理事長、帝京平成大学客員教授。

■日本都市問題会議の連絡先
[事務局]
㈶日本開発構想研究所
〒105-0001
東京都港区虎ノ門1-16-4　アーバン虎ノ門ビル7階
TEL：03-3504-1768　FAX：03-3504-0752

都市《とし》は誰《だれ》のものか——都市《とし》の主体者《しゅたいしゃ》を問う

2007年2月15日　発行

編　者　日本都市問題会議《にほんとしもんだいかいぎ》©
発行者　小泉　定裕

発行所　株式会社　清　文　社
東京都千代田区神田司町2-8-4（吹田屋ビル）
〒101-0048　電話03(5289)9931　FAX03(5289)9917
大阪市北区天神橋2丁目北2-6（大和南森町ビル）
〒530-0041　電話06(6135)4050　FAX06(6135)4059
URL http：//www.skattsei.co.jp/

■本書の内容に関する御質問はファクシミリ(03-5289-9887)でお願いします。
亜細亜印刷株式会社

ISBN978-4-433-37366-5 C0036